O SER E O TEMPO DA POESIA

ALFREDO BOSI

O SER E O TEMPO
DA POESIA

8ª edição revista e ampliada

3ª reimpressão

COMPANHIA DAS LETRAS

Copyright © 1977, 2000 by Alfredo Bosi
1ª edição: Editora Cultrix, 1977

*Grafia atualizada segundo o Acordo Ortográfico da Língua Portuguesa
de 1990, que entrou em vigor no Brasil em 2009.*

Capa
Ettore Bottini
sobre *Vegetal-analítico*, 1932, de Paul Klee; guache sobre tela 53,5×19 cm
Oeffentliche Kunstsammlung Basel, Kunstmuseum, Martin Bühler /
Legs Richard doetsch-Benziger 1960.

Preparação
Márcia Copola

Revisão
Beatriz de Freitas Moreira
Ana Maria Alvares
Isabel Jorge Cury
Eduardo Russo

Índice onomástico
Cristina Yamazaki

Atualização ortográfica
Página Viva

Dados Internacionais de Catalogação na Publicação (CIP)
(Câmara Brasileira do Livro, SP, Brasil)

Bosi, Alfredo, 1936-2021
    O ser e o tempo da poesia / Alfredo Bosi. — São Paulo :
Companhia das Letras, 2000.

    ISBN 978-85-359-0019-4

    1. Poesia 2. Teoria literária I. Título.

00-2166   CDD-801.951

Índices para catálogo sistemático:
1. Discurso poético : Teoria literária   801.951
2. Poesia : Análise literária : Teoria   801.951
3. Poesia : Crítica : Teoria literária   801.951

Todos os direitos desta edição reservados à
EDITORA SCHWARCZ S.A.
Rua Bandeira Paulista, 702, cj. 32
04532-002 — São Paulo — SP
Telefone: (11) 3707-3500
www.companhiadasletras.com.br
www.blogdacompanhia.com.br
facebook.com/companhiadasletras
instagram.com/companhiadasletras
twitter.com/cialetras

Para Dora e José Paulo Paes

SUMÁRIO

Prefácio: Poesia e historicidade 9

1. Imagem, discurso 19
2. O som no signo 48
3. Frase: música e silêncio 77
4. O encontro dos tempos 130
5. Poesia-resistência 163
6. Uma leitura de Vico 228

Posfácio: A poesia é ainda necessária? 259
Notas 275
Índice onomástico 287

Prefácio
POESIA E HISTORICIDADE

Repensando a matéria deste livro, pergunto-me de novo — e com a mesma inquietação de vinte e cinco anos atrás — o que faz de um poema *poesia*, e como esta resiste à usura do tempo, roedor silencioso de tantas coisas.

O título da obra pode parecer ambicioso, mas "o ser e o tempo da poesia" define cabalmente o objeto e desenha o seu horizonte.

O alvo a atingir era e ainda é compreender uma linguagem que combina arranjos verbais próprios com processos de significação pelos quais sentimento e imagem se fundem em um tempo denso, subjetivo e histórico.

Revendo o projeto de compreender a natureza da fala poética, percebo que a noção de *encontro dos tempos* é o lugar privilegiado de todo o percurso teórico empreendido.

Qual o núcleo da proposta? Em um primeiro momento, captar o nexo íntimo entre o fluxo sonoro do texto, a sua constelação de figuras e o seu *páthos*; até aqui, o ser da poesia. Em seguida, atentar para a sua presença e o seu significado no curso do tempo intersubjetivo, social, que é a cultura vivida por gerações de leitores: o tempo histórico da poesia.

Quando se mantém alheia a esse encontro de forma expressiva e temporalidade, a teoria do poema arrisca-se a isolar e a sobrestimar um determinado estrato do texto, daí resultando esquemas explicativos parciais e excludentes. A história de não poucas doutrinas literárias do século xx ilustra essa forjadura de modelos que, a rigor, dariam conta de apenas um ou outro subconjunto de fenômenos presentes no poema.

O texto, assim visto de modo unilateral, ora é reduzido a uma dada estrutura de fonemas da qual teria emergido aleatoriamente o seu sentido; ora é identificado com algumas de suas imagens às quais se emprestaria uma coerência psicológica ou mítica; ora, enfim, é decifrado como uma alegoria atrás da qual se perfilariam lugares ideológicos do autor ou da sua cultura.

Isso posto, *abusus non tollit usum*. Cada uma dessas vias de acesso pode apreender um aspecto da expressão poética capaz de diferençá-la dos discursos convencionais, pragmáticos ou puramente teóricos. De todo modo, o leitor sensível ao poema pressente que cada face de um poliedro já não será mais *face-de-poliedro* se for cortada e separada da figura múltipla e una que ela integra. Pois o que é um som, vogal ou consoante, desgarrado do signo que é a palavra-feixe de conotações? E o que é a palavra arrancada ao movimento rítmico e melódico da frase? E a frase isolada do texto? E o texto fora do seu contexto? Enfim, o que é um contexto datado quando subtraído à memória e à consciência presente que o interroga e ilumina? Tudo são fantasmas, pseudoconceitos, que uma pretensa ciência da literatura converte em objetos reais e passíveis de serem tomados como verdadeiros conceitos. Mas o risco maior é juntar pseudoconceitos em um sistema que, pela sua parcialidade, acabará sendo um pseudossistema.

Quando me pus a escrever este livro no começo dos anos 1970, era precisamente o espírito de sistema que prevalecia tocando aquele ponto extremo que, em geral, prenuncia a sua desintegração. O estruturalismo linguístico aliado a seu parceiro, o estruturalismo antropológico, servia de modelo a uma corrente hiperdeterminista de marxismo representada por intelectuais prestigiosos como Althusser e Poulantzas. O sentimento do tempo cedia a uma análise espacializadora dos processos econômicos de produção. O sujeito — com sua memória, imaginação e consciência — eclipsava-se ou, na melhor das hipóteses, aparecia apenas como efeito de mecanismos estruturais e causais cuja consistência lembrava a petrificação das categorias da sociologia positivista do começo do século. O materialismo "histórico", mas refratário à História, era levado a sufocar sob o peso acachapante da Coisa econômica todas as suas inspirações humanistas, hegelianas ou proféticas; e à força de esconjurar toda e qualquer visada existencial, apertava os parafusos da sua engrenagem de causas e efeitos. Não por acaso na prática das opções políticas alguns "marxistas"-estruturalistas pagavam, às vezes ingenuamente, tributo ao círculo de ferro do maoismo e da chamada revolução cultural chinesa. Mas toda "racionalidade" pouco razoável, cega e surda à dúvida, à diferença e à invenção fecha-se em uma rigidez compulsiva que já é, em si mesma, violência. E como sentir e pensar a poesia nesse quadro de ideias marcado por tão poderosos esquematismos?

Escrevendo estes ensaios sobre o ser e o tempo da poesia, a intenção era relativizar (no sentido forte de pôr-em-relação) algumas fórmulas autocentradas, inclusive nos discursos da Linguística, então moeda corrente nos meios universitários; e sustentar, contra a maré, que a interação de sons, imagens, tom expressivo e perspectiva é um processo simbólico delicado, flexível, polifônico, ora tradicional, ora inovador, numa palavra, não mecânico.

Quanto às relações do poema com os tempos da sociedade, importava trazer à luz da consciência as respostas muitas vezes tensas que a obra poética dá às ideologias dominantes, venham estas do mercado, do poder do Estado ou das várias instituições senhoras da palavra. Valendo-me das reflexões de Hegel expostas nos seus cursos berlinenses de Estética, o intuito era *confrontar*, e não meramente identificar, a poesia com "o estado intrincado da vida burguesa e política".

A poesia aparecia, ao longo da obra, não como um objeto fabricado pelas combinações da *Langue*, seu suporte, ou por uma onipotente máquina ideológica, mas como um processo singular e inventivo de significação que, em vez de ópio de literatos alienados, almejava e às vezes conseguia ser "a alma de um mundo sem alma".

A leitura assídua de Vico e de Hegel impedia-me de cercar o poema de uma aura fantasmática, a-histórica, mas ao mesmo tempo me fazia reconhecer nos grandes poetas de todos os tempos uma dimensão transversal e resistente, que permite lê-los com olhos de hoje e permitirá que outros os leiam com olhos de amanhã. Basta, para tanto, refletir sobre as razões da permanência da poesia de Homero, de Hesíodo, de Safo, de Sófocles, dos Salmos, do Cântico dos Cânticos, de Lucrécio, de Virgílio, de Catulo, dos provençais, de Dante, de Petrarca, de Villon, de Shakespeare, de Ariosto, de Camões, de Tasso, de Juan de la Cruz, de Donne, de Racine, de Goethe, de Schiller, de Blake, de Hölderlin, de Leopardi, de Heine, de Púchkin, de Hugo, de Poe, de Baudelaire, de Rosalía de Castro, de Whitman, de Emily Dickinson, de Mallarmé, de Pessoa, de Lorca, de Rilke, de Ungaretti, de Eliot, de Valéry, de Bandeira, de Brecht, de Pasternak, de Celan, de Neruda, de Jorge de Lima, de Drummond... Complete o leitor o elenco e talvez não tenha mãos a medir.

Estou convencido de que é preciso repensar dialeticamente o conceito de historicidade da obra poética. Uma coisa é encerrar o texto na sua contingência imediata que, a rigor, a diversidade das testemunhas mostra ser bem menos fácil de apanhar do que pode parecer ao cronista curioso. Outra coisa é vazar os muros de um cronologismo apertado, e ler a obra do poeta à luz da história da consciência humana, que não é nem estática nem homogênea, pois traz em si os trabalhos da memória e as contradições do pensamento crítico. Glosando Pascal, pode-se dizer que o verdadeiro senso histórico zomba do historismo e, pondo-o em brios, exige que se abra, se alargue e se aprofunde tomando a sério a dinâmica interna de cada período com todas as suas nostalgias, angústias e expectativas. E qual fase da história foi vivida só de instantes presentes, pura e abstrata contemporaneidade sem memória nem projeto, sem as sombras ou as luzes do passado, sem as luzes ou as sombras do futuro? A pergunta ganha toda pertinência quando se trata de história da cultura e, mais ainda, de história de uma prática simbólica tão densa como a poesia.

Contextualizar o poema não é simplesmente datá-lo: é inserir as suas imagens e pensamentos em uma trama já em si mesma multidimensional; uma trama em que o eu lírico vive ora experiências novas, ora lembranças de infância, ora valores tradicionais, ora anseios de mudança, ora suspensão desoladora de crenças e esperanças. A poesia pertence à História Geral, mas é preciso conhecer qual é a história peculiar imanente e operante em cada poema.

Que experiência calada no sujeito terá suscitado esta e não aquela imagem metafórica? No caso do texto narrativo, que lembranças ou que sonhos deram vida àquela personagem? Terá sido uma emoção que tomou corpo em uma figura. Ou a memória de uma situação sofrida há anos, se não quase perdida na infância. Ou a leitura empática de outro texto que serviu de estímulo à nova escrita. Ou a necessidade de amarrar com o fio da alegoria um nó existencial recorrente. Ou, enfim, mais de uma dessas possibilidades chamadas a se atualizar na palavra ficcional.

O fato de essas várias pistas serem pertinentes leva o intérprete a assumir uma posição de cautela na hora sempre arriscada de historiar a gênese de um texto que traz em si marcas de tempos diversos convergentes na sua produção. Só uma concepção renovada de historicidade da prática simbólica pode dar conta das imbricações de sujeito e trama social, mesmo porque o que chamamos genericamente de "sociedade" entra no sujeito na medida em que o sujeito se forma e se transforma no drama das relações com outros sujeitos e consigo mesmo.*

Da noção de encontro dos tempos tanto pode emergir uma teoria retórica que vê o texto como variante de um tópos

(*) A leitura da obra de Pirandello foi para mim uma revelação pungente do conflito entre a vida subjetiva e a fôrma social pública. Mais tarde, o conhecimento dos textos de um sociólogo original e profundo, Georg SIMMEL, ajudou-me a pensar o caráter imanente e contraditório da relação entre o indivíduo e o papel social. "Este conflito entre o todo, que impõe a unilateralidade da função parcial sobre seus elementos, e, a parte, que por si luta para ser um todo, é insolúvel" (em *The Sociology of Georg Simmel*, Illinois, The Free Press, Glencoe, 1959).

extraído do cânon literário (ou seja, o passado regendo o presente), como uma leitura do poema como expressão poliédrica, em parte herdada, em parte inventada, pela qual o poeta enfrenta a rotina retórico-ideológica usando livremente, para seus fins, instrumentos da tradição. Diz Hegel: "É exatamente a liberdade da produção e das configurações que fruímos na beleza artística". Se preferi esta segunda alternativa e a trabalhei no capítulo "Poesia-resistência" composto nos dias de agonia da ditadura militar, o mínimo que poderia dizer é que não me faltavam então fortes motivações. O que não significa que se deva ignorar o peso de uma literatura que espelha os discursos correntes ou as modas culturais, pois é preciso reconhecer o sim e o não em todas as coisas.

Enfim, se alguma consideração cabe em acréscimo ao que está dito neste livro, arriscaria um comentário à sentença hegeliana quase bicentenária: "O estado das coisas de nossa época não é favorável à arte".

É uma frase que pode ser interpretada de vários modos, dos quais o mais drástico aponta para a "morte da arte" em uma humanidade que teria ascendido, segundo o panlogismo do filósofo, à Autoconsciência da Ideia: então a pura Razão assumiria as funções milenarmente desempenhadas pela religião e pela arte.

Sem contraditar a verdade potencial dessa hipótese, creio que há ainda alguma coisa a dizer no horizonte de um discurso sobre poesia-resistência. Consideremos esta nossa "era dos extremos", em que a mais alta tecnologia de informação e comunicação opera em um mundo ainda mergulhado na violência do capitalismo, dos nacionalismos fanáticos e do mais cínico individualismo. Salta aos olhos um acentuado grau de defasagem entre a manipulação dos meios e recursos formais, hoje postos à disposição de milhões de homens e mulheres graças à pletora da informática, e o trabalho individual do pensamento crítico, da consciência ética e da expressão artística.

Verifica-se a defasagem de tempos. O tempo rápido dos meios descartáveis não é o tempo lento e cumulativo da formação dos emissores das mensagens. Comparem-se duas situações contrastantes em que há sobras e faltas em relação à síntese conteúdo-forma peculiar à poesia.

De um lado, que se quer sofisticado e passa pela condição universitária dos seus agentes, há sobras crescentes de *reprodução de modelos literários*, o que compõe o acervo fastidioso do neomaneirismo pós-moderno, incomparavelmente mais prolífico do que era a sonetomania no tempo dos epígonos e acadêmicos: hoje, com o notável crescimento do ensino superior e da indústria editorial, o número de epígonos e acadêmicos é enorme, com a diferença de que todos se julgam antiacadêmicos.

No outro extremo, que se pode descrever como uma cultura-para-massas computadorizada, a comunicação estimulada e acelerada de modo vertiginoso permite um descarte selvagem da tradição culta, favorecendo performances compulsivas no nível do puerilismo e do brutalismo.

O extremo do maneirismo "cult" fica patente em milhares de pastiches à Oswald de Andrade, à Fernando Pessoa, à Drummond, à João Cabral... e coexiste hoje com o extremo das manifestações rentes ao mercado de imagens, que é demagógico, violento, pornoide ou kitsch-sentimental. A coabitação dessas tendências no mesmo espaço institucional (universidade, jornal, revistas, shows de multimídia) e às vezes até no mesmo indivíduo (a autocomplacência do *Homo informaticus* não conhece limites) é um dos traços sintomáticos de nossa época. Signos por toda parte e o tempo todo, mas onde e quando a jornada inesquecível da experiência que gera significado?

Nem uma nem outra tendência têm a ver com o conceito de poesia-resistência formulado neste livro, pois ambas foram segregadas no interior do mercado cultural, universitário ou mediático. As condições objetivas que as promovem tornam cada vez mais árdua e rara a expressão lírica pura, forte, diferenciada, resistente. No entanto, e quase sempre em tom menor, homens e mulheres de nossos dias ainda leem e escrevem poesia, pois nela encontram a melhor forma de converter em palavra o sumo da sua experiência e o limite móvel de senso e não senso que é o nosso cotidiano. Homens e mulheres de nosso tempo ainda leem e criam poesia como se a sentença provocadora de Adorno — "escrever poemas depois de Auschwitz é um ato de barbárie" — merecesse esta animosa interrogação: Por que a barbárie deve prevalecer? Hoje a obra de arte e de poesia, sob o império do mercado, tornou-se, como pensava o mesmo Hegel, e mais do que nunca, "essencialmente uma pergunta, uma interpelação que ressoa, um chamado aos ânimos e aos espíritos". E onde há perplexidade, há esperança, um fio de esperança, de recomeço.

A. B.
1º/1/2000

I

IMAGEM, DISCURSO

*A ideia, na imagem, permanece infinita-
mente ativa e inexaurível.*

Goethe

A experiência da imagem, anterior à da palavra, vem enrai-
zar-se no corpo. A imagem é afim à sensação visual. O ser vivo
tem, a partir do olho, as formas do sol, do mar, do céu. O perfil, a dimensão, a cor. A imagem é um modo da presença que
tende a suprir o contato direto e a manter, juntas, a realidade
do objeto em si e a sua existência em nós. O ato de ver apanha
não só a aparência da coisa, mas alguma relação entre nós e
essa aparência: primeiro e fatal intervalo. Pascal: "Figure porte
absence et présence".

A imagem pode ser retida e depois suscitada pela reminis-
cência ou pelo sonho. Com a retentiva começa a correr aquele
processo de *coexistência* de tempos que marca a ação da memória: o agora refaz o passado e convive com ele.

Pode-se falar em deformação ou em obscurecimento da
imagem pela ação do tempo. Na verdade, "le temps ne fait rien

à l'affaire". O nítido ou o esfumado, o fiel ou o distorcido da imagem devem-se menos aos anos passados que à força e à qualidade dos afetos que secundaram o momento de sua fixação. A imagem amada, e a temida, tende a perpetuar-se: vira ídolo ou tabu. E a sua forma nos ronda como doce ou pungente obsessão.

As artes da figura supõem esse momento de quase idolatria. As religiões que vetaram a representação "direta" do sagrado, de Israel ao Islã, dos iconoclastas de Bizâncio aos calvinistas de Genebra, sabiam o que temiam ao mover guerra a toda imagem de culto. A estátua do deus é uma apropriação de algo que nos deve transcender. Pode abrir a porta para o fetiche.

Formada, a imagem busca aprisionar a alteridade estranha das coisas e dos homens. O desenho mental já é um modo incipiente de apreender o mundo. O desenho inscrito o faz com o instrumento da mão; e o fato de ser, na criança e no selvagem, um esquema, pura linha, abstração, não significa menor poder sobre o objeto; antes, é sinal de uma força capaz de atingir a estrutura que sustém a coisa, e bastar-se com ela.

A imagem, mental ou inscrita, entretém com o visível uma dupla relação que os verbos *aparecer* e *parecer* ilustram cabalmente. O objeto dá-se, aparece, abre-se (latim: *apparet*) à visão, entrega-se a nós enquanto *aparência*: esta é a imago primordial que temos dele. Em seguida, com a reprodução da aparência, esta se *parece* com o que nos apareceu. Da aparência à parecença: momentos contíguos que a linguagem mantém próximos.

Que seja esse o processo, prova-o a história semântica do termo *semblante*, que já designou parecença (o nosso arcaico *semblar*), e hoje quer dizer, valendo-se daquela contiguidade, aparência, fisionomia. Imagem e semelhança do rosto humano.[1]

Toda imagem pode fascinar como uma aparição capaz de perseguir. O enlevo ou o mal-estar suscitado pelo outro, que impõe a sua presença, deixa a possibilidade, sempre reaberta, da evocação. Para nossa experiência, o que dá o ser à imagem acha-se necessariamente mediado pela finitude do corpo que olha. A imagem do objeto-em-si é inaferrável; e quem quer apanhar para sempre o que transcende o seu corpo acaba criando um novo corpo: a imagem interna, ou o desenho, o ícone, a estátua. Que se pode adorar ou esconjurar. Mas que assume, nem bem acabado e posto na nossa frente, o mesmo estatuto desesperante da transcendência. Assim, nos percursos da imagem, por mais que se evite a distância não se consegue nunca suprimi-la. A fusão, que se deseja e não se alcança, produz um desconforto que semelha a angústia do cão mal amado pelo dono que, no entanto, não sai nunca da sua frente. A imagem, fantasma, ora dói, ora consola, persegue sempre, não se dá jamais de todo. A aparência, desde que vira semelhança, sela a morte da unidade.

Mas o convívio com a imagem dá-lhe um ar de consistência. Lucrécio, materialista, falava em figuras e imagens sutis emitidas pelos objetos, e que jorravam da sua superfície:

> *Dico igitur rerum effigias tenuisque figuras*
> *mittier ab rebus summo de corpore rerum*
> *quae quasi membranae vel cortex nomini tandast,*
> *quod speciem ac formam similem gerit eius imago,*
> *circumque cluet de corpore fusa vagari* *
>
> [*De rerum natura*, IV, 46-50]

(*) "Digo, pois, que figuras e imagens tênues das coisas são emitidas pelos objetos, e saem da superfície das coisas, de tal modo que poderiam chamar-se suas membranas ou cascas; cada uma delas traz o aspecto e a forma do objeto, qualquer que seja este, e que emana para vagar no espaço."

A Teoria da Forma ensina que a imagem tende (para nós) ao estado de sedimento, de quase matéria posta no espaço da percepção, idêntica a si mesma. Cremos "fixar" o imaginário de um quadro, de um poema, de um romance. Quer dizer: é possível pensar em termos de uma constelação, se não de um sistema de imagens, como se pensa em um conjunto de astros. Como se objeto e imagem fossem entes dotados de propriedades homólogas.

Mas é a mesma ciência que nos adverte do engano (parcial) que a identificação supõe. A imagem não decalca o modo de ser do objeto, ainda que de alguma forma o apreenda. Porque o imaginado é, a um só tempo, dado e construído. Dado, enquanto matéria. Mas construído, enquanto forma para o sujeito. Dado: não depende da nossa vontade receber as sensações de luz e cor que o mundo provoca. Mas construído: a imagem resulta de um complicado processo de organização perceptiva que se desenvolve desde a primeira infância.

As aparências mais "superficiais" já são efeito de um alto grau de estruturação que supõe a existência de forças *heterogêneas* e em equilíbrio. A imagem nunca é um "elemento": tem um passado que a constituiu; e um presente que a mantém viva e que permite a sua recorrência. Os grandes teóricos da percepção procuraram entender o movimento que leva à forma, e concluíram que os caracteres simétrico/assimétrico, regular/irregular, simples/complexo, claro/escuro, das imagens dependem da situação de equilíbrio — ou não — das forças óticas e psíquicas que interagem em um dado campo perceptual.[2]

Constituídas, as formas aparecem ao olho como algo de firme, consistente. Mesmo as imagens ditas fugidias, esgarçadas, vaporosas, podem ser objeto de retenção e de evocação. Sendo finito o sistema de percepção de que o corpo dispõe, as formas percebidas terão, necessariamente, margens, limites. A imagem terá áreas (centro, periferia, bordos), terá figura e fundo, terá dimensões: terá, enfim, um mínimo de contorno e coesão para subsistir em nossa mente.

Os estudiosos da Gestalt chamam a esse ponto final da organização imagética "lei da pregnância" (a expressão é de Max Wertheimer). Por esse princípio, as forças em campo acabam se compondo em um mínimo ou em um máximo de simplicidade. No primeiro caso, a imagem aparece uniforme. No segundo, mostra-se um todo que integra o múltiplo. Em qualquer dos extremos, porém, o efeito é o da consistência quase material da imagem: o que os mesmos estudiosos conhecem sob o nome de *constância da forma*.

As figuras das coisas distinguem-se e separam-se umas das outras, e do seu próprio fundo; e aparecem-nos como formatos que se destacam e que permanecem: podem-se discernir. É uma afirmação que vale tanto para a "imago" interna como para a sua inscrição, a imagem pictórica.

Pode-se considerar o imaginário em si na sua camada material. Mas será, sempre, também um duplo "espectral" do ente com que se relaciona.

Outro caráter da imagem (este, essencial para o desenvolvimento do nosso discurso) é o da simultaneidade, que lhe advém de ser um simulacro da Natureza dada. *Natura tota simul*. A imagem de um rio dará a fluidez das águas, mas sob as espécies da figura que é, por força de construção, um todo estável. A finitude do quadro, a espacialidade cerrada da cena têm algo de sólido que permite à memória o ato da representação.

Finita e simultânea, consistente mesmo quando espectral, dada mas construída, a natureza da imagem deixa ver uma complexidade tal, que só se tornou possível ao longo de milênios e milênios durante os quais o nexo homem-ambiente se veio afinando no sentido de valorizar a percepção do olho, às vezes em prejuízo de outros modos do conhecimento sensível, o paladar, o olfato, o tato. O resultado do processo seria o triunfo da informação pela imagem.

Para Santo Agostinho, o olho é o mais espiritual dos sentidos. E, por trás de Santo Agostinho, todo o platonismo reporta a ideia à visão. Conhecendo por mimese, mas de longe, sem a absorção imediata da matéria, o olho capta o objeto sem tocá-lo, degustá-lo, cheirá-lo, degluti-lo. Intui e compreende sinteticamente, constrói a imagem não por assimilação, mas por similitudes e analogias. Daí, o caráter de hiato, de distância, terrivelmente presente às vezes, que a imagem detém; daí o fascínio com que o homem procura achegar-se à sua enganosa substancialidade.

EPPUR SI MUOVE

Aparecendo como um todo finito e simultâneo, a imagem parece alinhar-se entre os fenômenos estáticos, já feitos, *per-feitos*, no sentido etimológico do termo. Será assim, desde que não esqueçamos que o estático se compõe de forças diferentes em equilíbrio.

Em outro nível, a psicanálise, que tanto se ocupou com a gênese do imaginário, tem dado respostas maduras ao problema das suas motivações. A vontade do prazer, o medo à dor, as redes de afeto que se tecem com os fios do desejo vão saturando a imaginação de um pesado lastro que garante a consistência e a persistência do seu produto, a imagem.

Que o imaginário decorra da coextensidade de corpo e natureza; que ele mergulhe raízes no subsolo do Inconsciente, é a hipótese central de um Gaston Bachelard, para quem é preciso descer aos modos da Substância — a terra, o ar, a água, o fogo —, para aferrar o eixo natural de um quadro ou de um símbolo poético.

A imagem, catarse das pulsões do Id, recebe no seu nascedouro o dom da identidade. Id, idem. O risco do eterno retorno do mesmo não embaraça Bachelard nem a psicanálise. É um risco calculado, se não desejado, no seio de teorias que se escoram na exigência de constantes psicossomáticas: vastas e sempiternas plataformas de onde elas decolam para, percorrido o circuito, retornar à segurança.

Das matrizes materiais da matéria (*mater-matrix*), do Id, resultam para Freud as andanças e as formas do Imaginário. Uma pulsão (*Trieb*) aflora, na vida da psique, como uma representação (*Vorstellung*). A imagem é transformação de forças instintivas; estas, por sua vez, respondem, em última instância, pela sua gênese. Nunca é demais insistir: para Freud, força e sentido alimentam-se no Inconsciente.

Assim, se a geometria da imagem se deve ao trabalho da percepção, a sua dinâmica faz-se em termos de desejo. Mas, na superfície ou na profundidade, o imaginário é uma contextura sensível, sistema em equilíbrio, uma constelação de formas demarcáveis.

A leitura que Paul Ricoeur fez da obra freudiana ilumina esse caráter "feito" da representação. Como Eros e instinto de morte se dão a conhecer — no espaço da consciência — no modo da imagem, "a relação entre expressão e pulsão nos aparece sempre como uma relação instituída, sedimentada, *fixada*; seria preciso remontar além do recalcamento primário para atingir uma expressão imediata".[3] E o que seria essa inalcançável "expressão imediata"? Algo que fundisse imagem e pulsão?

Algo que operasse, num átimo, o milagre de ser formante e formado? A psicanálise, tomando o formado, a representação, como o único ponto acessível de partida, dá por desesperada a tarefa de apreender as pulsões em si. Estamos condenados a *ver* apenas a mediatização formal, as aparições capilares, as imagens. Ricoeur compara o Inconsciente, lugar das pulsões, a uma rede ramificada, feita de arborescências indefinidas cujos rebentos se nos dão sob a forma de representações.

A rigor, porém, a pulsão não se coalha toda na imagem. Sobra a energia afetiva que acompanha e transpassa musicalmente a representação; e que encontra modos peculiares de aparecer nas passagens de cor e de timbre, na intensidade do gesto, na entonação da voz, no andamento da frase. Esses últimos fenômenos, porém, já não são mais *a imagem*. Dela se distinguem como o puro dinamismo se distingue das figuras encerradas nos seus confins.

Eppur si muove. Mas como pensar que as imagens possam "encerrar-se nos seus confins" no interior do fluxo anímico? As páginas da *Interpretação dos sonhos* que apontam a condensação e o deslocamento como processos do sonho representam um esforço para mostrar que a imagem não se reduz a um sulco riscado pelo desejo, mas que ela trabalha com outras imagens, perfazendo um jogo de alianças e negaças que lhe dá aparência de mobilidade. A imagem assume fisionomias várias ao cumprir o seu destino de exibir-mascarar o objeto do prazer ou da aversão. A imaginação ativa, a *imagination* que Coleridge opunha à passiva *fancy*, é o nome dessa mobilidade. É a fantasia, ou produção de novos fantasmas. Freud realçou a *vis* combinatória do devaneio como passo inicial da criação poética.

Träumerei, rêverie, daydream, ensueño: são todos termos que designam o momento do sonhar acordado, a zona crepuscular da vigília fluindo para o sono. Em nossa língua, o dado posto em relevo é outro: *devaneio* diz-se de um pensamento vagamundo que se engendra no vão, no vazio, no nada. Devanear é comprazer-se em que o espírito erre à toa e povoe de fantasmas um espaço ainda sem contornos. É o "maginá" do caboclo, sinônimo às vezes de "cismar", desde que sobrevenha a notação de estranheza ou de receio.

O devaneio seria a ponte, a janela aberta a toda ficção. Leopardi, que deixou páginas cristalinas sobre a fantasia consolo único da dor de viver, associou o devaneio à ideia do não finito. No vazio que se abre além do horizonte de uma visão presente e finita, é possível imaginar.

Essa presença ativa, de segundo grau, não comportaria os limites da outra:

> *Sempre caro mi fu quest'ermo colle*
> *e questa siepe che da tanta parte*
> *dell'ultimo orizzonte il guardo esclude.*
> *Ma sedendo e mirando interminati*
> *spazi di là da quella, e sovrumani*
> *silenzi e profondissima quiete*
> *io nel pensier mi fingo; ove per poco*
> *il cor non si spaura. E come il vento*
> *odo stormir tra queste piante, io quello*
> *infinito silenzio a questa voce*
> *vo comparando: e mi sovvien l'eterno,*
> *e le morte stagioni, e la presente*
> *e viva, e il suon di lei. Così tra questa*
> *immensità s'annega il pensier mio:*
> *e il naufragar m'è dolce in questo mare.*
>
> ["L'infinito"]

A IMAGEM E O TEMPO DA PALAVRA

Uma dúvida, porém, impede de conceder ao devaneio, à imaginação criadora de textos, todos os desdobramentos e as expansões que a palavra tem conhecido nas estéticas de derivação romântica e surrealista. A geração de novas cadeias imagéticas e a sua diferenciação contínua na história da Poesia serão fenômenos ainda presos principalmente à percepção visual? Ou, mesmo, às andanças do devaneio pré-onírico? Por acaso, o discurso poético se reduz ao que Taine, falando da inteligência, chamava "um polipeiro de imagens"? Por acaso, as efígies do cotidiano, as ficções da vigília e os fantasmas do sonho com todo o seu tesouro de um saber sensível teriam entrado para o patrimônio da experiência cultural, se não os trabalhasse um processo novo, transubjetivo, de expressão — a *palavra*?

"Sem a língua", disse Hegel, "as atividades da recordação e da fantasia são somente exteriorizações imediatas."[4]

O fenômeno verbal é uma conquista na história dos modos de franquear o intervalo que medeia entre corpo e objeto.

Os estudiosos de pré-história têm confirmado a intuição genial de São Gregório de Nissa, que, no *Tratado da criação do homem* (379 d. C.), associa o gesto à palavra: desenvolvendo as mãos e os instrumentos que estendem o seu uso, os homens puderam exercer mais eficazmente a sua ação sobre o mundo exterior. O resultado foi a liberação dos órgãos da boca (outrora só ocupados na preensão dos alimentos) para o serviço da palavra. Em posição ereta e com a face distanciada do solo, o homem pôde, mediante a voz, criar uma nova função e codificar o ausente.[5]

A Semiótica hoje tem esmiuçado as diferenças entre o ícone e o processo sígnico verbal. É preciso tirar todas as consequências dessas distinções quando se fala do discurso poético.

O que é uma imagem-no-poema? Já não é, evidentemente, um ícone do objeto que se fixou na retina; nem um fantasma produzido na hora do devaneio: é uma palavra articulada.

A superfície da palavra é uma cadeia sonora. A matéria verbal se enlaça com a matéria significada por meio de uma série de articulações fônicas que compõem um código novo, a linguagem.

Desse código pode-se dizer que é um sistema construído para fixar experiências de coisas, pessoas ou situações, ora in praesentia, ora in absentia.

A linguagem indica os seres ou os evoca. Karl Bühler, fenomenólogo, explorou em um estudo vigoroso[6] as riquezas do campo demonstrativo da linguagem assumidas pelas formas dêicticas: artigos, demonstrativos, advérbios de lugar e de tempo, recursos anafóricos da sintaxe... Mas o que importa apreender é a diferença específica dos modos imagético e linguístico de acesso ao real; diversidade que se impõe apesar da semelhança do fim: presentificar o mundo.

A sequência fônica articulada não tem a natureza de um simulacro, mas a de um substituto. "Um signo é algo que está para alguém no lugar de alguma outra coisa sob algum aspecto ou capacidade" (Peirce, *Collected Papers*, 2228). Formando-se com o apoio exclusivo da corrente de ar em contato com os órgãos da fala, a linguagem se vale de uma tática toda sua para recortar, transpor e socializar as percepções e os sentimentos que o homem é capaz de experimentar. Dizer, como faz o poeta,

Qualquer que seja a chuva desses campos
devemos esperar pelos estios;
e ao chegar os serões e os fiéis enganos
amar os sonhos que restarem frios,[7]

nunca será o mesmo que transmitir a outrem, por meio de ícones aglomerados, a mensagem da situação global vivida e das relações internas pensadas pelo falante ao significar o período dado. O modo encadeado de dizer a experiência renunciou, por certo, àquela fixidez, àquela simultaneidade, àquela forma-dada-imediatamente do modo figural de concebê-la. A frase desdobra-se e rejunta-se, cadeia que é de antes e depois, de ainda e já não mais. Existe no tempo, no tempo subsiste. Para o emissor que a profere, para o receptor que a ouve, sílaba após sílaba.

A oração não se dá toda, de vez: o morfema segue o morfema; o sintagma, o sintagma. E entre a cadeia das frases e a cadeia dos eventos, vai-se urdindo a teia dos significados, a realidade paciente do conceito.

Mediação e temporalidade supõem-se e necessitam-se.

A expressão social do pensamento depende da possibilidade do discurso. Não se pode ignorar nem baratear esse árduo e longo itinerário em direção ao ato simbolizador que o homem tem percorrido desde que lhe foi dado significar mediante a articulação sonora.

A conquista do signo verbal pode ser tida como um gesto a mais na gesta da diferenciação. Todo e qualquer pensamento, ensina Peirce, é sempre um signo, e é essencialmente de natureza linguística (*Collected Papers*, 5420). Vimos como a imagem (visual ou onírica) já se apartava do conhecimento assimilativo do paladar, do olfato, do tato. O olho já é mais livre do que os demais sentidos aos quais sempre se atribui maior carga de passividade e sensualidade. O fantasma, por seu turno, pode transformar-se ao longo do devaneio, embora, enleando-se em si mesmo, costume preservar a sua identidade. É nessa altura que Freud, Bachelard e outros mineradores do Id se põem a construir uma ponte entre a imaginação "ativa" e o poema. Mas não é lícito, epistemologicamente, saltar da imagem (mesmo se elaborada pelo devaneio) ao *texto* sem atravessar o curso das palavras, o seu discurso.

A atividade poética, enquanto linguagem, pressupõe a diferença.

A PALAVRA BUSCA A IMAGEM

No entanto, a poesia, toda grande poesia, nos dá a sensação de franquear impetuosamente o novo intervalo aberto entre a imagem e o som. A diferença, que é o código verbal, parece mover-se, no poema, em função da aparência-parecença. Esse aparecer é, a rigor, um aparecer construído, de segundo grau; e a "semelhança" de som e imagem resulta sempre de um encadeamento de relações, de modos, no qual já não se reconhece a mimese inicial própria da imagem.

Karl Bühler, falando da onomatopeia, e revendo com extrema agudez o velho problema da iconicidade da linguagem, comenta: "[...] o homem que aprendeu a ler e interpretar o mundo silabando vê-se, pelo instrumento mediador que é a linguagem e suas leis próprias, apartado da plenitude imediata do que os olhos podem ver, os ouvidos escutar, a mão 'apreender', *e busca o caminho de volta*, trata de lograr uma apreensão plena do mundo concreto, salvando o silabeio, no que é possível" (grifo nosso).[8]

Na poesia coexistem as sombras da matriz e o discurso feito de temporalidade e mediação.

O discurso acha meios de trazer a matriz à tona, de explorar as suas entranhas, de comunicá-la. Os meios (no caso, procedimentos) visam a compensar a perda do imediato, perda fatal do ato de falar.

A pergunta fundamental é: como a série temporal do discurso persegue o imediato, o simultâneo, o "finito" da imagem? Como se comporta o tempo à procura da matriz atemporal?

Por hipótese, a resposta seria esta:

O discurso tende a recuperar a figura mediante um jogo alternado de idas e voltas; séries de re(o)corrências.

A expressão verbal em si mesma, ainda quando reduzida a blocos nominais, atômicos, é serialidade. Implica sempre um mínimo de expansão, de diferenciação. Se assim não fosse, toda linguagem morreria logo depois de proferido o "grito original", a interjeição, a onomatopeia. Mas a verdade é que mesmo a poesia mais primitiva, do esconjuro à palavra ritual e à narração mítica, já exibe todas as estruturas diferenciais da série fonológica, da morfologia, da sintaxe (atribuição, predicação...). Falar significa colher e escolher perfis da experiência, recortá-los, transpô-los, e arrumá-los em uma sequência fonossemântica.

Agora que a Gramática Racional retoma o seu prestígio, explorar a serialidade básica do discurso é aceder a uma teoria da predicação. Dizer algo de alguém ou de alguma coisa supõe uma estrutura profunda que se atualiza na série verbal. Sem predicação, o discurso emperra. Sem discurso, a predicação perde o seu melhor apoio para suster-se. Sobreviriam o silêncio ou o gesto quase figurativo com todos os seus limites.

Pre(dic)ar é admitir a existência de relações: atribuir o ser à coisa; dizer de suas qualidades reais ou fictícias; de seus movimentos; de seus liames com as outras coisas; referir o curso da experiência. Predicar é exercer a possibilidade de ter um ponto de vista.

Quanto à forma da predicação: ela se perfaz e se "vê" no desenho da frase, na sintaxe, cujo diagrama aponta para uma ordem que só "imita" o espaço do visual através da temporalidade. A disposição dos sintagmas, sobre a qual assenta todo discurso, diz o quanto a linguagem humana é, ao mesmo tempo, sequência e estrutura, movimento e forma, curso e recorrência. A sua estratégia de ir e vir é, por força, mais lenta e mais sinuosa do que a armada pela percepção visual ou pelo devaneio.

Nessa complexidade está a força e está a fraqueza do discurso. Ele é forte, é capaz de perseguir, surpreender e abraçar relações inerentes ao objeto e ao acontecimento que, de outro modo, ficariam ocultas à percepção. Ele é capaz de modalizar, de pôr em crise, e até mesmo *negar* a visão inicial do objeto.

Mas o discurso é frágil se comparado ao efeito do ícone que seduz com a sua pura presença, dá-se sem tardança à fruição do olho, guardando embora a transcendência do objeto. A imagem impõe-se, arrebata. O discurso pede a quem o profere, e a quem o escuta, alguma paciência e a virtude da esperança.

A predicação vai dando o justo relevo às diferenças que se estabelecem entre o antes e o depois, o causal e o casual, o possível e o impossível e, às vezes, o verdadeiro e o falso. Mas a imagem e o devaneio se formam aquém do juízo de verdade.

A última observação vale por um sinal de alerta quando se lida com o poema. No momento em que o discurso, fiel à sua lei interna de contínuas diferenciações, atingir o limiar da Lógica, estará ultrapassando o ponto de união franca e amorosa com a fantasia. Um passo adiante e esvai-se a substância mesma do processo mitopoético. Não é, pois, nessa via empeçada de renúncias (a diferença é sempre espinho) que devemos seguir o discurso, mas pelas sendas nas quais persegue o encanto da simultaneidade.

Ora, é forçoso voltar à natureza própria, isto é, linguística, dessa perseguição. Não se desmancham os sulcos que a alteridade do signo verbal vem há milênios traçando e retraçando no solo dúctil do pensamento.

O discurso é sempre arranjo de enunciados que se comportam como processos integradores de níveis diferentes, cujos extremos são o simbólico e o sonoro. Já se comparou a formação do enunciado a um trabalho de encaixamento, mas a metáfora, o seu tanto volumétrico, traduz mal o caráter a um só tempo fluido e saturado do discurso.

Roman Jakobson, grande mestre, denso, posto que ameno, disse coisas fecundas a respeito do discurso poético, e abraçou-o com uma fórmula cortante, de linguista: projeção do eixo das semelhanças no eixo das contiguidades. Isto é: subordinação do serial às leis da analogia. É uma definição que dá conta das *reiterações*: do metro, da rima, das aliterações, das regularidades morfossintáticas, da sinonímia, da paronímia, das correspondências semânticas. Numa palavra, é o triunfo do paradigma, da matriz, a deleitação em um universo curvo que se fecha e se basta no seu círculo de ressonâncias. É a imitação do Paraíso ainda não machucado pela dor da ruptura e do contraste.

A força de persuasão de que dispõem algumas leituras formalistas, nas quais tudo é espelho de tudo, provém, quem sabe, de um desejo intenso de eludir a mediatidade do discurso e gozar, sem demoras, da supressão do diferente.

Que a fórmula de Jakobson seja lida em um registro dinâmico, e não paralisada em compulsiva ecolalia. Um modo de automatizá-la é fazer certa análise ana(para/hipo)gramática que me lembra um trecho das *Viagens de Gulliver*:

Mas se o método falhasse [fala-se da interpretação de certos papéis políticos], poderia haver recurso para outros mais eficientes, chamados pelos entendidos acrósticos ou anagramas.

Em primeiro lugar, deveriam descobrir-se homens hábeis e de espírito penetrante, capazes de compreender que todas as letras do alfabeto são suscetíveis de significação política. Assim, *N* poderia significar uma conspiração, *B*, um regimento de cavalaria, *L*, uma esquadra. Ou, secundariamente, transpondo-se as letras do alfabeto, em qualquer papel suspeito, poderiam descobrir-se os mais profundos desígnios de qualquer partido descontente. Assim, por exemplo, se eu disser numa carta a um amigo "o nosso irmão Tomás está com ataque de hemorroides", um homem perito nesta arte poderá descobrir que as mesmas letras, que formam a sentença, podem ser analisadas nas palavras seguintes: "Resista... conspiração em tal lugar... a hora". Este é o método anagramático.[9]

Ao poema, enquanto contínuo simbólico-verbal, não quadra a estrutura simples de espelho de uma natureza *tota simul*. E a recorrência, sonora, mórfica ou sintática, não quer dizer fusão, *synopsis*. Se assim fosse, como entender a fluidez da frase? E como entender os graus diferenciados da sensação, percepção e articulação simbólica que marcam a história do indivíduo e o desenvolvimento do *Homo loquens*? Puro espelhamento é tautologia. Para desenhar a mais perfeita e mais "harmoniosa" das figuras, o círculo, não se superpõem no *mesmo* espaço pontos a pontos, mas traça-se uma linha curva que percorrerá pontos *diferentes* no plano.

De qualquer modo, só por metáfora redutora se dirá que é "círculo" um poema onde há ressonância e retorno. Frases não são linhas. São complexos de signos verbais que se vão expandindo e desdobrando, opondo e relacionando, cada vez mais lastreados de som-significante.

Se algum símile adere à natureza da frase, o mais justo não parece vir do desenho feito a régua e a compasso, mas de artes que dão corpo ao movimento, à ação. Assim, a dança, que, na sutil descrição de Arnheim, produz o efeito figural *mediante uma sequência dirigida de gestos*: e um gesto só se dá por inteiro à nossa percepção quando já passou, e foi seguido de outros. "E os compassos de abertura de uma dança já não são os mesmos depois de termos visto o resto da composição. O que sucede durante a execução não é simplesmente um acréscimo de novas contas ao colar. *Tudo o que já ocorreu é modificado pelo que ocorre depois.*"[10]

Depois que o enunciado se compôs e chegou a termo, no poema, pode-se, em tempo de análise, abstrair a duração e espacializar o texto. Basta ir à cata de reiterações e simetrias, traçando uma linha que una todas as ocorrências de algum modo afins (quanto ao som, à função, à posição, ao significado). A ideia de estrutura espacial ganha, nessa fase do trabalho, uma solidez imponente. Parece, afinal, que o poema foi montado para que toda a linguagem se ajustasse a um certo esquema de paradigma; e que ela se torcesse, se contraísse e se dobrasse sobre si mesma até se sobrepor sem sobras ao estrato ósseo das correlações. Mas não foi bem isso que aconteceu. O metro regular, os ecos, as rimas, as simetrias dispuseram-se no interior de um fluxo verbal que se foi adensando com a pressão acumulada dos signos. E enquanto o poema prosseguia, ia nos desvendando novos perfis e novas relações da existência. A imagem final, a *imagem produzida*, que se tem do poema, a sua forma formada, foi uma conquista do discurso sobre a sua linearidade; essa imagem é figura, mas não partilha das qualidades formais do ícone ou do simulacro: procede de *operações* mediadoras e temporais.

Em outros termos: a frase parece resultar de um processo antropológico novo de significação. Como diz Wittgenstein, ela é um modelo da realidade "como nós a imaginamos" (*Tractatus*, 4.01); como nós, sintaticamente, podemos concebê-la.

Toca-se aqui um ponto essencial: o da "imagem" frásica como um momento de chegada do discurso poético. O que lhe dá um caráter de produto temporal, de efeito (*ex-factum*) de um longo trabalho de expressão, e a diferencia do ícone, do fantasma, imagens primordiais por excelência.

É em face desse processo inteiro de significação que se deve repensar o sistema das repetições e os paradigmas que a análise descobre no poema. O sistema cumpre uma função eminentemente estética, é a marca que leva à forma nítida. Arma da memória, efígie remota do eterno retorno, a recorrência faz o que pode para nos distrair das penas que inflige a consciência do tempo e da contradição.

É preciso entender na prática dos retornos o desejo de recuperar, através do signo, o que Husserl designava como a *camada pré-expressiva do vivido* (*Ideen*, 1, § 124). Esse estrato, que tem o seu lugar na sensação anterior ao discurso, é perseguido pelo trabalho poético que, no entanto, opera na base de um distanciamento em relação à mesma camada. O paradoxo do instinto, que, para melhor realizar-se humanamente, se nega ou se sublima (para Freud, o superego desentranha-se do Id), está na sabedoria do camponês que poda a árvore para obter melhores frutos. O discurso, inflectindo-se para apanhar a figura da vida, tenta perfazer a quadratura do círculo. Os radicais do Imagismo, impacientes com as tardanças do pensamento, hostis a todo processo que levasse ao conceito, chamavam pelo retorno ao ícone ou pelo silêncio. A visão do relâmpago que tudo iluminasse em um átimo ou a entrega ao Nirvana do não discurso seriam as opções coerentes de renúncia à expressão verbal.

Lendo Octavio Paz extrai-se o sumo desse desespero em face do enunciado — "los objetos están más allá de las palabras" — sem que se perca a lucidez ao admitir a necessidade do verbo. Que este, porém, se reduza à *música callada* de San Juan de la Cruz e ao haicai diáfano e veloz de Bashô, é a concessão e o projeto estético do escritor mexicano.

Na verdade, ver o discurso como um obstáculo no interior do poema é dar à relação entre o vivido e o expresso a fórmula do impasse. *Aut imago aut verbum.* Então, a poesia, que é feita de *verbum* e só de *verbum*, deveria negar a sua estrutura ôntica para ser realmente poesia? "La expresión poética es irreductible a la palabra y no obstante sólo la palabra la expresa."

Que o paradoxo não empece em morta conclusão. Sirva, antes, de acicate ao pensamento. Um caminho é procurar entender a razão de ser estética daqueles procedimentos que a análise tem valorizado como inerentes à mensagem poética. A *recorrência* e a *analogia*.

A ANALOGIA

Pela analogia, o discurso recupera, no corpo da fala, o sabor da imagem. A analogia é responsável pelo peso da matéria que dão ao poema as metáforas e as demais figuras.

A crítica de língua inglesa costuma designar com o termo *image* não só os nomes concretos que figurem no texto (casa, mar, sol, pinheiro...), mas todos os procedimentos que contribuam para evocar aspectos sensíveis do referente, e que vão da onomatopeia à comparação.

Tal uso, extensivo, do termo *imagem* supõe claramente que se admite um caráter motivado nos processos semânticos em jogo. Será um critério válido para acentuar as virtudes miméticas ou expressivas da onomatopeia e da metáfora, mas sempre discutível enquanto parece confundir a natureza linguística das figuras com a matéria mesma, visual ou onírica, da imagem.

Analogia não é fusão, mas enriquecimento da percepção. O efeito analógico se alcança, ainda e sempre, com as armas do enunciado.

Uma das mais agudas teorias da metáfora, a proposta por Max Black,[11] vê na *interação de signos diversos*, e não na analogia em si, o traço distintivo dessa figura-chave, tantas vezes definida em termos de enlace de palavras que já teriam algo em comum.

Max Black analisa a metáfora "homens são lobos". O enunciado não supõe uma equivalência prévia, dada, entre os termos postos em relação (caso em que a figura seria "natural"), mas institui uma notação semântica nova pela qual a ênfase que a nossa cultura dá a certos atributos do lobo, como a violência e a ferocidade, se transporta para o comportamento humano.

Transferência, palavra que traduz literalmente o grego *metaphorá*: eis a operação constitutiva de uma figura que se tem reduzido à mera semelhança.

Aristóteles: "A metáfora consiste em dar a uma coisa um nome que pertence a alguma outra coisa, vindo a ser a transferência ou de gênero a espécie, ou de espécie a gênero, ou de espécie a espécie, ou na base da analogia" (*Poética*, 1457b, 6-10). O núcleo da definição é o conceito dinâmico de transferência. O fator de analogia, o último a ser citado, e que, nos exemplos dados pelo filósofo, quer dizer *proporção*, entra apenas como *um* dos alvos a que visa o transporte da predicação. Ex.: se a vida é um dia, a velhice é o entardecer. Vida : dia : : velhice : entardecer. Estava na mente de Aristóteles que a metáfora analógica, simulacro da identidade, resulta de um trabalho estético sobre dados reais heterogêneos: "Uma boa metáfora implica uma percepção intuitiva da semelhança entre coisas dessemelhantes" (*Retórica*, II, 7-10; II, XI, 5).

É necessário não perder de vista a distinção entre efeito imagético e procedimento semântico. Enquanto provém da intuição de semelhanças, a metáfora aparece como *imagem*; mas enquanto enlace linguístico de signos distantes, ela é atribuição, modo do discurso.

A semelhança aparece como efeito de um movimento pelo qual a linguagem produz um contexto comum a palavras que, até então, eram proferidas em contextos separados.

Quando se percebe a ação mútua entre os significados (homem ⇄ lobo), entende-se melhor a natureza sintático-semântica, e não só imagética, da metáfora. O espaço novo em que se movem as duas flechas (do homem para o lobo, do lobo para o homem) não é um lugar de ícones que convivem e se parecem desde sempre, mas é o tópos onde o ponto de vista do falante traçou um novo liame entre os dois signos. "A metáfora do lobo suprime alguns detalhes, acentua outros — em suma, organiza a nossa visão do homem."[12] O efeito é figural; o trabalho é de seleção e de combinação predicativa.

Vico, ao definir a linguagem poética dos tempos heroicos, precisou usar de uma fórmula dupla: ela teria sido "um tanto muda, um tanto articulada". A expressão de coexistência vale muito bem para a metáfora, onde a caça é imagem, o discurso o caçador.

A VOLTA QUE É IDA

Essa distinção formal reponta com a maior clareza no caso da *recorrência*, outro modo tático pelo qual a linguagem procura recuperar a sensação de simultaneidade.

Re-iterar um som, um prefixo, uma função sintática, uma frase inteira, significa realizar uma operação dupla e ondeante: progressivo-regressiva, regressivo-progressiva.

Do ponto de vista do sistema cerrado, o proceder da fala repetitiva tende ao acorde, assim como o movimento se resolve na quietude final. É um modo estritamente teleológico de encarar o poema. A beleza da forma adviria do fechamento do sistema; e valores estéticos seriam a regularidade, o paralelismo, a simetria das partes, a circularidade do todo. Para alcançá-la, baliza-se miudamente a estrada de sorte que os trechos se pareçam quanto à extensão, quanto ao começo e ao termo. A repetição, pura ou simulada, torna-se procedimento obrigatório.

Converge para esse critério de perfeição formal boa parte das poéticas maneiristas, e, em outro nível, o Formalismo e o Estruturalismo literário da década de 1960.

Mas a verdade dessa posição — ou desse "gosto" — é uma meia-verdade. O mesmo movimento que permite o sossego do retorno pode aceder à diferenciação-para-frente do discurso. *Re-iterar*, *re-correr*, *re-tomar* supõem *também* que se está a caminho; e que se insiste em prosseguir. A partícula *re* vale não só para indicar que algo se refaz (primeiro grau), mas também para dar maior efeito de presença à imagem, e conduzi-la à plenitude (segundo grau). No primeiro caso, estão, por exemplo, *re-atar*, *re-ver*, *re-por*. No segundo: *re-clamar* (clamar com mais força), *re-alçar* (levantar mais alto), *re-buscar* (buscar com insistência), *re-generar* (gerar de novo, salvando)..., verbos nos quais o sentido que se produz é antes de intensificação que de mera recorrência.

Entre a primeira e a segunda aparição do signo correu o tempo. O tempo que faz crescer a árvore, rebentar o botão, dourar o fruto. A volta não reconhece, apenas, o aspecto das coisas que voltam: abre-nos, também, o caminho para sentir o seu ser. A palavra que retorna pode dar à imagem evocada a aura do mito. A volta é um passo adiante na ordem da conotação, logo na ordem do valor.

Os pousos se parecem uns com os outros. São necessários ao fôlego do viajor, mas na marcha cada passo, mesmo o que leva ao pouso, é um novo passo.

> *Amor é um fogo que arde sem se ver;*
> *É ferida que dói e não se sente;*
> *É um contentamento descontente;*
> *É dor que desatina sem doer;*
> *É um não querer mais que bem querer;*
> *É solitário andar por entre a gente;*
> *É um não contentar-se de contente;*
> *É cuidar que se ganha em se perder;*
> *É um estar-se preso por vontade;*
> *É servir a quem vence, o vencedor;*
> *É um ter com quem nos mata lealdade.*
> *Mas como causar pode o seu favor*
> *Nos mortais corações conformidade*
> *Sendo a si tão contrário o mesmo Amor?*

No soneto de Camões, a reiteração do verbo conectivo (é... é... é...), por dez vezes, não se esgota no procedimento retórico de volta a uma palavra-chave. Também impele o período para diante, clareia a exploração semântica do sujeito comum, Amor, e repuxa em direções novas o paradoxo inicial do Amor que é fogo e que arde sem se ver.

A repetição poética não pode fazer o milagre de me dar o todo, agora agora. Ao contrário da visão fulmínea, ao contrário da posse, ela me dá o sentimento da expectativa. Linguagem, agonia. A repetição me preme a conhecer o signo que não volta: as diferenças, as partes móveis, a surpresa do discurso.

Em outro plano: a anáfora põe e repõe continuamente diante do nosso espírito a intencionalidade que anima todo o poema de Camões: o querer-dizer-o-que-é-Amor.

A essa dupla face do procedimento (a repetição em si; a repetição no todo) aplicam-se com justeza as palavras que, em outro contexto, Gilles Deleuze escreveu sobre o *co-senso*: "A organização da superfície física não é ainda sentido. Ela é, ou melhor, ela *será* co-senso. Isto é: quando esse sentido for produzido sobre uma outra superfície, haverá também aquele sentido".[13]

A "organização da superfície física" é a matéria significante do poema com todos os seus jogos de figuras e retornos, é o conjunto dos procedimentos. A "outra superfície" é a que se nos dará quando apreendermos o sentido pleno do texto. Mas então será preservado, no nível da memória e da sensibilidade, também aquele primeiro e volteante co-sentido.

Abro a *Divina Commedia* e leio a primeira tercina:

> *Nel mezzo del cammin di nostra vita*
> *mi ritrovai per una selva oscura*
> *che la via diritta era smarrita.*
>
> [*Inferno*, I, 1-3]

Posso começar pela rima, retorno obrigado. *Smarrita* rima com *vita*. É um acorde. Um pouso onde descansa, sonoramente, o terceto.

Mas *smarrita* não dá apenas um eco agradável a *vita*. *Smarrita* é predicativo de *via diritta* (*che la via diritta era smarrita*), expressão que se opõe, pelo som e pelo significado, a *selva oscura*, e remete à locução englobante *cammin di nostra vita*, que, por sua vez, compreende tanto *via diritta* como *selva oscura*.

A palavra *vita* não está só: é determinada por *nostra*, coletivo do qual se recorta e se destaca o sujeito singular em *mi ritrovai*, expressão verbal que informa ao mesmo tempo a perspectiva da enunciação (*eu*, primeira pessoa) e o significado de estranheza (*encontrei-me*, *dei por mim*), sentimento que *smarrita* adensa com a forte conotação de desvio e de perda: simbolicamente, confusão, pecado, extravio.

Por outro lado, *smarrita* predica *via* mediante uma forma verbal no passado imperfeito, *era* (*la via diritta era smarrita*), ao passo que o ato de dar acordo de si (*mi ritrovai*) vem construído pelo passado remoto: de onde, a distância que se cava entre o tempo da perdição (*era smarrita*) e o tempo da consciência (*mi ritrovai*).

Voltando agora ao fato da reiteração fônica inicial: *smarrita* rima com *vita*, não há dúvida, mas o faz através de uma estrada rolante cheia de desdobramentos e nexos dos quais se mencionou apenas uma pequena parte.

O que fez a linguagem de Dante com o mundo da imagem? Com o meio do caminho, com a selva, com a reta via? Deu-lhes ato de presença, uma unidade de tom, um ponto de vista. E submeteu a matriz imagética a uma bateria de relações que excitaram os poderes diferenciadores do enunciado. Relações de modo, tempo, número, pessoa, causa; inclusão, oposição, contradição...

Sem a potência expansiva do discurso, que tudo permeia, a imagem, absoluta, poderia dar a sensação de algo empedrado: o meio do caminho o meio do caminho o meio do caminho a selva a selva a selva.

Mas na corrente do texto nada existe de já feito, tudo está se fazendo. Abre-se em cada imagem um vazio — cheio de desejo ou de espera — que reclama a plenitude da relação. *E dopo il pasto ha più fame che pria.*

O fundo, aparentemente concreto, de uma imagem solitá-ria (*mezzo del cammin* ou *selva oscura*) é um fundo falso: se nos contentamos com ele, o que nos resta nas mãos é um fetiche ou, pior, uma pesada alegoria. É preciso empurrar a parede desse fundo, fazê-la abrir-se para o terreno móvel da frase, e o processo reviverá. O caminho passará pelo meio da nossa vida e a selva escura marcará o lugar onde um homem se perdeu e se reencontrou.

A imagem que, quando só, remetia a si mesma — e era ídolo, enigma, autofruição — revelará no processo verbal um poder terrível de antecipação.

E, junto com a analogia, a recorrência e o cruzamento dos sons (rimas, assonâncias, paranomásias) exercerão, ao longo de todo esse processo, uma função mestra de apoio sensorial. Ao lado das imagens do caminho e da selva, os sons lastreiam com um peso maior a dicção poética: o peso do corpo que se mostra e cai sobre si mesmo.

A carne do signo poético nos aparece quase-em-substância nas imagens da selva e do caminho. Aparece menos espessa, musical quase, no eco *vita-smarrita*. Afinada, vazada e transformada pelas operações predicativas que se atualizam nos laços da frase.

As imagens, quando assumidas e recodificadas pelo discurso, dão a este uma textura complexa cujos modos de base, os fantasmas, se põem "entre o puro pensamento e a intuição da natureza" (Hegel). Ao pensamento ("sem imagens") devem-se as operações, algumas narrativas, outras conceituais; à intuição, os materiais substantivos que as imagens trazem à fala: o caminho, a selva, a reta via...

O discurso, fiel às relações, contém em si uma tão alta dinâmica que, se deixado a si próprio, poderia abafar, se não abolir, a imagem. O pensamento *puro* é negatividade. Mas o dano não se consuma jamais, de todo, no discurso poético. Neste a imagem reponta, resiste e recrudesce, potenciando-se com as armas da *figura*. E como se essas armas não bastassem, é o enunciado mesmo que cede o seu estrato mais sensível: o som. Que o som e todos os seus ecos venham adensar a face concreta do poema.

Se no fim do trajeto a imagem parece ter ultrapassado o discurso, a transcendência se fez também em sentido contrário: para levar a figura à plenitude, foi necessário desatar a corrente das palavras. Goethe: "A ideia, na imagem, permanece infinitamente ativa e inexaurível".

A realidade da imagem está no ícone. A verdade da imagem está no símbolo verbal.

Pode-se rever agora, *sub specie differentiae*, a proposta de simultaneidade como efeito último do poema. A palavra criativa busca, de fato, alcançar o coração da figura no relâmpago do instante. Mas, como só o faz mediante o *trabalho* sobre o fluxo da língua, que é som-e-pensamento, acaba superando as formas da matéria imaginária. O poema — *cosa mentale* leonardesca — transforma em duração o que se dava a princípio como um átimo.

Para tanto, o som-pensamento, a que Saussure atribuía o caráter da linearidade, melhor se entenderá como fenômeno ativo e vetorial. Entre as imagens cerradas nos seus limites e a forma em movimento do poema aconteceu passar a flecha do discurso.

2
O SOM NO SIGNO

> [...] *a mim também me agrada que o quanto possível os nomes sejam semelhantes às coisas; mas temo que na verdade, segundo a expressão de Hermógenes, seja forçado puxar assim pela semelhança, e que seja necessário lançar mão deste grosseiro recurso, a convenção, para a justeza dos nomes. Pois talvez do mais belo modo possível falaria quem falasse com todas ou com a maior parte de palavras semelhantes, isto é, apropriadas, e do mais feio em caso contrário.*
>
> Platão, *Crátilo*, 435c,
> trad. José Cavalcante de Souza

A linguagem humana é pensamento-som, conforme a expressão feliz de Saussure. Mas nem o pensamento nem o som se comunicam por si mesmos: aparecem, para o homem em sociedade, já reunidos em articulações que se chamam signos.

A rigor, dentro da teoria de Saussure, nada há de verbal aquém da síntese pensamento-som, nem além dela. O som em si e o pensamento em si transcendem a língua. No entanto, a experiência de cada um nos diz que a poesia vive em estado de fronteira. Como a Matemática. No poema, força-se o signo para o reino do som. No teorema, o signo é repuxado para as convenções do intelecto.

O signo, enquanto junção de certos pensamentos a certos sons, é um fenômeno histórico e social. O que, na linguagem de Saussure, quer dizer: "arbitrário". O signo pode manter-se igual a si mesmo por longo tempo, mas pode também mudar, ficar irreconhecível, ceder seu lugar a outro, enfim morrer. Ele não é uma espécie fixa do mundo vegetal, como a samambaia, que se reproduz idêntica em nosso planeta há trezentos milhões de anos. O seu valor apura-se exato em um contexto. E as conotações que o penetram são, quase sempre, ideológicas.

Pode-se perguntar, porém, se a *substância da expressão* (como Hjelmslev batizou a matéria da palavra) não traz ainda em si marcas, vestígios ou *ressoos* de uma relação mais profunda entre o corpo do homem que fala e o mundo de que fala.

Qualquer hipótese que se inspire na *motivação* da palavra deverá levar em conta essa intimidade da produção dos sons com a matéria sensível do corpo que os emite.

A voz é vibração de um corpo situado no espaço e no tempo. É de supor que tenha ocorrido, em algum momento, uma relação vivida (difícil de precisar em termos de consciência, hoje) entre os movimentos do aparelho vocal e as experiências a que se vem expondo o organismo há milhares e milhares de anos.

Não se pode, sem forçar argumentos, negar a *intenção imitativa*, quase gestual, dos nomes de ruídos, as onomatopeias, nem o *caráter expressivo* das interjeições, nem, ainda, o *poder sinestésico* de certas palavras que, pela sua qualidade sonora, carreiam efeitos de maciez ou estridência, de clareza ou negrume, de visgo ou sequidão: *fofo*, *retinir*, *clarim*, *guincho*, *roufenho*, *ronronar*, *regougo*, *ribombo*, *ruflar*, *ululo*, *paul*, *miasma*, *lesma*, *lasca*, *rascante*... A expressividade impõe-se principalmente na leitura poética, em que os efeitos sensoriais são valorizados pela repetição dos fonemas ou seu contraste. E a Estilística não tem feito outra coisa senão multiplicar exemplos de "harmonia imitativa", "eufonia", "imitação sonora", "pintura sonora", "simbolismo fonético" ou, mais recentemente, na esteira de Peirce, "iconicidade", termo talvez menos justo, pois implica a ideia de uma estrutura visual inerente à palavra, tese que ainda está por demonstrar.

Mas já foi observado também que as onomatopeias formam um conjunto exíguo de palavras em qualquer língua: são, na metáfora de Max Müller, "os brinquedos, não os instrumentos da linguagem".[1] A onomatopeia e a interjeição teriam sido, quem sabe, formas puras, primordiais, da representação e da expressão, funções que, no estágio atual das línguas conhecidas, foram assumidas largamente por palavras não onomatopaicas.

O código dos fonemas disponíveis em qualquer língua é reduzidíssimo se comparado com o sem-número de mensagens que o homem pode articular. Logo, ainda que na origem tenha ocorrido um paralelo estreito entre som e sentido, esse pareamento não pôde manter-se na íntegra, em vista da multiplicação espantosa de signos que a vida social foi criando para suprir novas necessidades de representação, expressão e conceptualização.

A economia dos elementos mínimos (no caso, fonemas) é a razão de ser de qualquer código. Desde que se arme uma sintaxe, isto é, uma combinatória feita de sequências, começa a prevalecer o sistema social da comunicação sobre o som em si, organicamente motivado. Já não é o som em si que significa, mas o signo complexo, a frase, o discurso. Esta, sempre, a lição de Saussure.

Continua, porém, de pé a pergunta, a inquieta busca que a leitura poética sugere a cada passo: os movimentos, de que os fonemas resultam, não são, acaso, vibrações de um corpo em situação, *ex-pressões* de um organismo que responde, com a palavra, a pressões que o afetam desde dentro? Essa pergunta, secundária para a Linguística saussuriana, remete à incancelável presença do corpo na produção do signo poético.

Para respondê-la, o velho conceito de imitação não basta. É preciso sobrepor à simples mimese a reação expressiva, a resposta peculiar de um organismo humanizado que já se diferenciou da natureza e vive em tensão com ela. A linguagem tornou-se possível graças ao intervalo que medeia entre o homem e a natureza, entre o homem e o outro homem: ela se constituiu à medida que procurou franquear o intervalo sem poder abolir, antes sustendo, a diferença.

Na fonte de todo o processo da fala temos uma presença energética: uma vontade-de-significar que produz as miríades de ações verbais e não verbais a que chamamos fenômenos de expressão e de comunicação. Essa força intencional de base, própria de todos os atos psíquicos, é capaz de fazer presentes objetos distantes ou imaginários. E é capaz de trazer a consciência a si mesma. Mas como se dá tal ato de presença? Mediante *signos*.

O signo é um segmento de matéria que foi assumido pelo homem para dar ato de presença a qualquer objeto ou momento da existência. No caso da fala, o signo é formado por uma substância, o *som*: ondas de ar que ressoam nas cavidades bucal e nasal. A onda sonora é articulada no processo de fonação: encontra aí obstáculos como o palato, a língua, os dentes, os lábios. Em termos de uma antiga antropologia: o Espírito (a vontade-de-significar, a intencionalidade) vale-se do espírito (o sopro ardente do organismo) para fazer dele o mediador na teia de relações entre o sujeito e o mundo. O processo pelo qual o espírito-sopro é trabalhado pelo Espírito chama-se *significação*; a sua figura principal chama-se *signo*.

O signo vem marcado, em toda a sua laboriosa gestação, pelo escavamento do corpo. O acento, que os latinos chamavam *anima vocis*, coração da palavra e matéria-prima do ritmo, é produzido por um mecanismo profundo que tem sede em movimentos abdominais do diafragma. Quando o signo consegue vir à luz, plenamente articulado e audível, já se travou, nos antros e labirintos do corpo, uma luta sinuosa do ar contra as paredes elásticas do diafragma, as esponjas dos pulmões, dos brônquios e bronquíolos, o tubo anelado e viloso da traqueia, as dobras retesadas da laringe (as cordas vocais), o orifício estreito da glote, a válvula do véu palatino que dá passagem às fossas nasais ou à boca, onde topará ainda com a massa móvel e víscida da língua e as fronteiras duras dos dentes ou brandas dos lábios.

O som do signo guarda, na sua aérea e ondulante matéria, o calor e o sabor de uma viagem noturna pelos corredores do corpo. O percurso, feito de aberturas e aperturas, dá ao som final um protossentido, orgânico e latente, pronto a ser trabalhado pelo ser humano na sua busca de significar. O signo é a forma da expressão de que o som do corpo foi potência, estado virtual.

TAKETE, MALUMA

É conhecida a experiência do psicólogo Wolfgang Köhler, um dos fundadores da teoria da forma.[2] Köhler estava interessado em saber se ocorre, na maioria das pessoas, uma ligação entre certas formas visuais e certos sons. Inventou, para isso, duas palavras foneticamente opostas, *takete* e *maluma*, e apresentou-as a sujeitos de diferentes línguas junto com duas figuras geometricamente opostas: uma angulosa e outra curvilínea. Perguntou, depois, qual figura poderia ser chamada de *takete* e qual de *maluma*.

 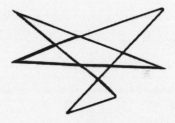

Boa parte dos sujeitos associou *takete* à figura angulosa e *maluma* à figura curvilínea.

O que se deve inferir do resultado? A tendência ao isomorfismo existe, mas não é universal. É provável que se dê uma associação frequente de fonemas tensos e surdos com a experiência de objetos cheios de quinas e arestas, e uma associação de fonemas frouxos e sonoros com a experiência de objetos arredondados. O que não impede, porém, que outras associações se tenham desenvolvido na mente da minoria que respondeu de modo diverso. O nó do problema, aliás, está aí: os sons não aparecem sós, mas estão sempre integrados em signos de um discurso cujos mecanismos de associação, para cada sujeito ou grupo, não se podem estabelecer a priori.

Experiências mais precisas devem-se ao grande linguista Edward Sapir, que testou a correlação das vogais /a/ e /i/ com sensações de *grande* e *pequeno*, encontrando um alto número de respostas positivas (por volta de 80%). Sapir arriscou uma hipótese articulatória para explicar o resultado:

> No caso do /i/, a língua sobe muito em direção ao céu da boca e se articula bem para a frente. Em outros termos, a coluna de ar em vibração passa por uma estreita câmara de ressonância. No caso de /a/, a língua se abaixa de maneira considerável, em comparação com o /i/, e também se retrai. Em outros tempos, a coluna do ar em vibração passa agora por uma câmara de ressonância muito mais larga. Esta explicação cinestésica é tão simples quanto a acústica, e na realidade quer dizer apenas que um gesto com amplitude espacial simboliza a referência do "grande" em melhores condições do que um gesto espacialmente restrito.[3]

Para construir a sua "fonética impressiva", Maurice Grammont, um dos apaixonados do simbolismo sonoro, valia-se ora de razões acústicas ora de razões articulatórias. Assim, é o caráter *grave* ou *agudo* das vogais que o atrai no estudo sobre as onomatopeias; e quando lida com as consoantes, segue de perto o seu modo de produção em oclusivas, expirantes, líquidas e nasais para dar conta dos efeitos de secura, dureza, síncope, brusquidão ou umidade, moleza, fluidez e doçura que produzem as "palavras expressivas".[4]

Numa abordagem mais travada, Roman Jakobson, o linguista da poesia, propôs a hipótese de uma relação entre experiências primárias da criança, ligadas à sucção, e a matéria sonora dos nomes *papa* e *mama* em 1072 palavras de línguas diferentes. O predomínio de consoantes oclusivas, combinadas com vogais abertas (*pa, ma, ta, na...*), e o redobro da sílaba inicial (*papa, mama, tata, nana...*) fazem pensar nos movimentos dos lábios com que a criança suga o seio materno; e, na falta da sucção, a criança reproduz o gesto bucal, para exprimir mediante a voz o seu desejo.[5] A primeira palavra nasceria de um ato de suplência.

Leio entre as mil e uma anotações de língua e estilo que formam o *Zibaldone* de Giacomo Leopardi:

> Os franceses com a sua pronúncia tiram de infinitas palavras que tomaram aos latinos e italianos aquele som expressivo que tinham na origem, e que é uma das grandes riquezas das línguas. Por exemplo, *nausea* em latim e em italiano, com aquele *au* e aquele *ea*, imita à maravilha o gesto que o homem faz e a voz que emite contorcendo a boca e o nariz quando está estomagado. Mas *nosé* não imita nada, e é como tantas coisas que, despojadas dos espíritos e dos sais, dos humores e da gordura, ficam outros tantos bagaços.[6]

O ISOMORFISMO TEM LIMITES

Na verdade, se excetuamos a onomatopeia, que resulta de um esforço de transpor para o som da voz o som das coisas, não se dá isomorfismo absoluto na linguagem humana. Saussure já o disse quando postulou a criação social do signo como pedra angular do sistema. Com outro enfoque, Karl Bühler mostrou que, se o homem tivesse ficado jungido à onomatopeia, jamais teria encontrado condições para trilhar o caminho do discurso.[7] Este exige a combinação temporal de formas e relações sintáticas, sem o que se esgotaria em uivos, gritos e outros gestos vocais isolados. E Trubetzkoy, com a sua lógica sem mancha, argumentava: "Se alguém conta uma aventura de caça e, para avivar a narração, imita um grito de animal ou qualquer outro ruído da natureza, deve, nessa altura, *interromper* a narração: o som natural imitado é um corpo estranho que se acha fora do discurso representativo normal".[8]

Seria bom poder lidar com os fenômenos imitativos da linguagem de tal modo que a sua presença, nítida em mais de um texto poético, não acabasse extrapolada de modo abusivo ou pueril.

Tomo para matéria de reflexão uma série de palavras que contêm a vogal /u/ na sílaba principal, tônica. Os defensores do simbolismo orgânico acreditam que uma vogal *grave*, *fechada*, *velar* e *posterior*, como /u/, deva integrar signos que evoquem objetos igualmente fechados e escuros; daí, por analogia, sentimentos de angústia e experiências negativas, como a doença, a sujidade, a tristeza e a morte.

Um levantamento, ainda que parcial, de palavras que incluem a vogal /u/ em posição de relevo parece confirmar essa expectativa.

1) Ao campo semântico da *obscuridade* material ou espiritual pertencem, por exemplo:

bruma
bruno

gruta
lúrido

cafuzo	negrume
crepúsculo	negrura
dilúculo	noturno
dúbio	núbilo
escuro	penumbra
escuso	profundo
fundo	túnel
fundura	túrbido
furna	turvo
fusco	

2) Ao campo semântico do *fechamento* pertencem, além de palavras que já figuram na lista anterior (*furna*, *gruta*, *túnel*), as seguintes:

aljube
apertura
baiuca
brusco (= enfarruscado; ex.: céu brusco)
buque (= prisão)
cafua
cafurna
canelura
canudo
caramujo
casulo
cissura
conduto
cuba
cuca
cumbuca
curro

espelunca
furda
juntura
lura (= furna)
obtuso
ocluso
oculto
ofusco
recluso
sulco
sutura
tubo
tugúrio
urna
útero
úvula
vulva

O ato de fechar, que se enuncia nas palavras *juntura*, *sutura* e *costura*, supõe a existência de um corte estreito, ainda aberto, uma fenda: *cissura, comissura, fissura*.

3) Junto ao escuro e ao estreito acha-se o campo simbólico do triste, do aborrecido, do mal-aventurado:

agrura
amargura
amuo
angústia
azedume
calundu
caramunha

carrancudo
casmurro
cenhudo
infortúnio
jururu
lamúria
macambúzio
pesadume
queixume
rabugem
resmungo
soluço
soturno
taciturno
tristura
urubu ("Um urubu pousou na minha sorte")
uruca (de "urucubaca")

4) Junto ao escuro, estreito e fechado, está o sujo, o putres-
cente, o mórbido:

caruncho
carusma (= dejetos de carvão, cinzas)
chafurda
chulo
corrupto
culpa
cúpido
cuspo
dissoluto
estupro
fartum

ferrugem
furúnculo
impuro
imundo
lúbrico
lúrido
monturo
muco
nauseabundo
paul
poluto
pústula
pútrido
suburra
sujo
úlcera

O Diabo é Belzebu, Cafuçu, Cujo, Sujo, Súcubo, Exu.

5) Enfim, ponta extrema da negatividade, as palavras da morte:

ataúde	moribundo
catacumba	múmia
defunto	sepulcro
fúnebre	tumba
lúgubre	urna
luto	viúva

É o caso de perguntar: qual o alcance efetivo dessas listas? É tão fácil sobrestimá-las quanto subestimá-las. Em todas, é possível verificar uma intersecção constante de um fonema em posição tônica, /ú/, com uma certa área de significados: a escuridão, o fechamento, a angústia, a doença, a morte.

Mas a ocorrência simples da vogal não é tudo; a leitura expressiva das palavras poderá ressaltar com vigor as conotações que as penetram; e dar ao sujeito que as profere a sensação de um acordo profundo, um autêntico *acorde vivido* que fundiria o som do signo e a impressão do objeto.

Se *tumba* não contivesse no centro tônico a vogal fechada /u/, daria acaso a quem a articula a sensação que dá, de um recinto escuro, profundo e fúnebre? *Subjetivamente*, parece inegável que a palavra responde, por natureza, aos estímulos que se recebem do objeto.

Estamos diante de um processo pelo qual se associam, no corpo-que-fala, dois movimentos: a) a sensação (e, às vezes, o sentimento) que o objeto é capaz de provocar; no caso, a escuridão e a angústia que a imagem de uma tumba produz, em geral, no ser humano; e b) a sensação interna, que o mesmo sujeito experimenta quando articula uma vogal fechada, velar e escura, principalmente quando em posição de força: *túm/ba*.

Haveria, portanto, nas palavras ditas motivadas, um acordo subjetivo entre as reações globais (sensoriais e emotivas) e o modo de articulação de um determinado som.

Chega-se, por essa via, ao limiar da *expressão*, que supõe movimentos internos ao corpo. Os signos a que se atribui maior dose de motivação seriam portadores de certas sensações que integram experiências fundamentais do corpo humano. Os signos motivados não seriam, porém, "pintura" de objetos exteriores ao corpo, pela simples razão de que a matéria da palavra se faz dentro do organismo em ondas movidas pelo poder de significar.

Essa radical subjetividade ou, se se preferir, essa corporei-dade interna e móvel da matéria verbal torna relativa, media-ta, simbólica, jamais icônica, a reapresentação do mundo pela palavra. Mesmo quando um signo linguístico nos parece mais colado à coisa (o que acontece, tantas vezes, na fala poética), *o que se dá é uma operação expressiva organizada em resposta à experiência vivida e, o quanto possível, análoga a um ou mais per-fis dessa experiência.* Nessa operação o som já é um mediador entre a vontade-de-significar e o mundo a ser significado.

O SOM NO SIGNO: LIVRE E ATADO

Até mesmo os símbolos visuais que, pela sua matéria, deveriam ser mais *e-videntes* do que os sonoros, podem ser interpretados conforme o contexto. O desenho de uma casa de portas e janelas cerradas, se visto em uma oleogravura inglesa, pode simbolizar o círculo íntimo e fecundo do lar (*Home, sweet home!*), mas deverá conotar a inacessível virgin-dade da alma se posto em uma alegoria medieval das virtudes. O tema geral é o mesmo, o fechamento, mas pode ser puxado para lados opostos: tépida vida em família ou árdua clausura monástica.

Sempre que o processo é de simbolização, uma das suas etapas se chama interpretação. Veja-se a imagem do ovo, tão simples, tão primordial, tão primigênia. O ovo é símbolo da geração divina nos hieróglifos do Egito e na alquimia medie-val. O ovo é figura do cosmos nas culturas brâmane e céltica. O ovo de Páscoa (que, naturalmente, não se encontra no Novo Testamento...) é uma revivescência do ovo pagão emblema da perenidade, que no Cristianismo se chama ressurreição. Mas para os enciclopedistas do século XVIII, o mesmo ovo, trazido do céu à terra, era prova irrefutável de que a matéria vem da matéria. *Ab ovo*. "Vedes esse ovo?", perguntava, confiante, Diderot a D'Alembert; "é com isso que se derribam todas as escolas de teologia e todos os templos da terra."

Mais uma vez: um número infinito de mensagens pode formular-se com os poucos sinais de um código disponível. O isomorfismo absoluto (parte do código $\rightleftarrows$ parte da mensagem) é uma operação de recursos limitados no processo da significação; este não tem outro meio de desenvolver-se senão combinando de mil modos diferentes os seus poucos elementos (fonemas) e procurando construir outras redes de correspondência, mais altas e mais complexas.

É preciso sair do círculo de impasses que é a discussão isolada do simbolismo fonético. O problema, por ser parcial, virou um nó cego. A motivação que age no signo, e especialmente no signo mais pesado de vida (o mito, o sonho, o poema), percorre *todos* os níveis do código: não só os sons, mas as formas gramaticais, o vocabulário e as relações sintáticas. Ora, de todos os níveis da língua o fonema é, precisamente, o único que se possa dizer, a rigor, não semântico ou, pelo menos, o que supõe a mais leve carga explícita de significação. O teor simbólico parece ser, no fonema, apenas subliminar e, sem dúvida, mais difuso do que nas outras articulações da língua. O som é volátil, capaz de resvalar labilmente de uma palavra a outra conforme as exigências da simbolização. Os níveis mais altos, "corticais", da linguagem dispõem, com grande liberdade, das potências do som e as dobram a seus fins.

Na atmosfera ardente evocada por este verso de Castro Alves,

Na volúpia das noites andaluzas,

a vogal tônica /*u*/ soa antes sensualmente grave do que sensualmente leve, ao contrário do que se dá neste passo diáfano de Álvares de Azevedo:

São anjos que dormem, a rir e a sonhar
e em leito d'escuma revolvem-se nus!

Mas neste outro verso de Castro Alves,

Qual no fluxo e refluxo, o mar em vagas,

as vogais que concorrem para a formação das imagens não o fazem por si mesmas, mas porque contrastam: /*u*/... /*u*/, na primeira parte, com /*a*/... /*a*/ na segunda. A distribuição rege, nesse caso, o efeito sonoro.

Ao que parece, a vogal /*u*/, como aliás as outras vogais, teria algo de camaleão; o máximo que se pode dizer desse réptil furta-cor é que prefere, muitas vezes, o verde, pois verde é a cor mais constante das folhas em que vive. A invenção poética arma contextos tão variados e tão estimulantes que arrancam os fonemas da sua latência pré-semântica e os fazem vibrar de significação. Figuras como a rima, a aliteração e a paranomásia não têm outro alvo senão *remotivar*, de modos diversos, o som de que é feito o signo.

Como no último exemplo dado, a *oposição* entre as vogais, agora disseminada em regime de pura diferença, exerce um papel tímbrico (mais do que icônico) neste decassílabo de "Sub tegmine fagi", para o qual concorrem todas as vogais:

Mostra o sorriso rubro e a face fresca

[Castro Alves]

O som no signo: livre. Mas, nos passos seguintes, tirados de poetas díspares, reponta aquela consonância "natural" da vogal /u/ com certas faixas semânticas de escuridão, angústia e morte:

> *No mundo poucos anos, e cansados,*
> *Vivi, cheio de vil miséria dura;*
> *Foi-me tão cedo a luz do dia escuro*
> *Que não vi cinco lustros acabados*
> > [Camões, soneto-epitáfio]

> *Infames turbas de nocturnas aves*
> > [Góngora]

> *No que eu supunha cicatriz recente,*
> *E que era úlcera funda*
> > [Gonçalves Dias, "Palinódia"]

> *Onde vais pelas trevas impuras,*
> *Cavaleiro das armas escuras,*
> *Macilento qual morto na tumba?...*
> *Tu escutas*
> > [Álvares de Azevedo, "Meu sonho"]

> *Os miseráveis, os rotos*
> *são as flores dos esgotos*
> *[...]*
> *São prantos negros de furnas*
> *caladas, mudas, soturnas*
> > [Cruz e Sousa, "Litania dos pobres"]

> *Nikolaus Lenau, poeta da amargura!*
> *Uma te amou, chamava-se Sofia.*
> *E te levou pela melancolia*
> *Ao oceano sem fundo da loucura*
> > [Manuel Bandeira, "A sereia de Lenau"]

Quem te fez assim soturno,
quieto reino mineral,
escondido chão noturno?
[Jorge de Lima, "Invenção de Orfeu", I, XI]

Vulcões mastigam rochas neutras
Pondo lacunas nas criaturas
["Invenção de Orfeu", I, XXXIX]

Como o tempo, *ainda mais sem corpo,*
pode trabalhar suas verrumas?
E se o seu corpo é nada,
onde é que as dissimula?
Ora, como mais que o vento é oco,
e sua carne é de nada, é nula,
não agride a paisagem:
é de dentro que atua
[João Cabral de Melo Neto, "Viagem ao Sahel"]

Ao isolar, porém, este ou aquele fonema, não se pode esquecer o mais importante: o *valor* de escuridão, de angústia ou de morte não se produz apenas no som da vogal, mas em todo o processo de *sonorização* do tema, que enlaça o jogo de ecos e contrastes, o ritmo, o metro, o andamento da frase e a entoação. Quando falta esse esforço integrador, resultam pobres não poucas análises apenas fonológicas; e dessa carência vem o sentimento de forçar a mão que tantas vezes inspiram.

Integrar o som no signo não é esvaziá-lo de suas latências simbólicas. Ao contrário, integrar é respeitar o modo de ser do signo, assim como o propõe Max Bense: "Deve-se quase à índole do signo o fato de que a sua formulação descansa verdadeiramente em uma interpretação".[9]

OS TRABALHOS DA MÃO

Para a Ecléa

Parece ser próprio do animal simbólico valer-se de uma só parte do seu organismo para exercer funções diversíssimas. A mão sirva de exemplo.

A mão arranca da terra a raiz e a erva, colhe da árvore o fruto, descasca-o, leva-o à boca. A mão apanha o objeto, remove-o, achega-o ao corpo, lança-o de si. A mão puxa e empurra, junta e espalha, arrocha e afrouxa, contrai e distende, enrola e desenrola; roça, toca, apalpa, acaricia, belisca, unha, aperta, esbofeteia, esmurra; depois, massageia o músculo dorido.

A mão tateia com as pontas dos dedos, apalpa e calca com a polpa, raspa, arranha, escarva, escarifica e escarafuncha com as unhas. Com o nó dos dedos, bate.

A mão abre a ferida e a pensa. Eriça o pelo e o alisa. Entrança e destrança o cabelo. Enruga e desenruga o papel e o pano. Unge e esconjura, asperge e exorciza.

Acusa com o índex, aplaude com as palmas, protege com a concha. Faz viver alçando o polegar; baixando-o, manda matar.

Mede com o palmo, sopesa com a palma.

Aponta com gestos o eu, o tu, o ele; o aqui, o aí, o ali; o hoje, o ontem, o amanhã; o pouco, o muito, o mais ou menos; o um, o dois, o três, os números até dez e os seus múltiplos e quebrados. O não, o nunca, o nada.

É voz do mudo, é voz do surdo, é leitura do cego.

Faz levantar a voz, amaina o vozerio, impõe silêncio. Saúda o amigo balançando leve o lado da cabeça e, no mesmo aceno, estira o braço e diz adeus. Urge e manda parar. Traz ao mundo a criança, esgana o inimigo.

Ensaboa a roupa, esfrega, torce, enxágua, estende-a ao sol, recolhe-a dos varais, desfaz-lhe as pregas, dobra-a, guarda-a.

A mão prepara o alimento. Debulha o grão, depela o legume, desfolha a verdura, descama o peixe, depena a ave e a desossa. Limpa. Espreme até extrair o suco. Piloa de punho fechado, corta em quina, mistura, amassa, sova, espalma, enrola, amacia, unta, recobre, enfarinha, entrouxa, enforma, desenforma, polvilha, guarnece, afeita, serve.

A mão joga a bola e apanha, apara e rebate. Soergue-a e deixa-a cair.

A mão faz som: bate na perna e no peito, marca o compasso, percute o tambor e o pandeiro, batuca, estala as asas das castanholas, dedilha as cordas da harpa e do violão, dedilha as teclas do cravo e do piano, empunha o arco do violino e do violoncelo, empunha o tubo das madeiras e dos metais. Os dedos cerram e abrem o caminho do sopro que sai pelos furos da flauta, do clarim e do oboé. A mão rege a orquestra.

A mão, portadora do sagrado. As mãos postas oram, palma contra palma ou entrançados os dedos. Com a mão o fiel se persigna. A mão, doadora do sagrado. A mão mistura o sal à água do batismo e asperge o novo cristão; a mão unge de óleo no crisma, enquanto com a destra o padrinho toca no ombro do afilhado; os noivos estendem as mãos para celebrarem o sacramento do amor e dão-se mutuamente os anulares para receber o anel da aliança; a mão absolve do pecado o penitente; as mãos servem o pão da eucaristia ao comungante; as mãos consagram o novo sacerdote; as mãos levam a extrema-unção ao que vai morrer; e ao morto, a bênção e o voto da paz. *In manus tuas, Domine, commendo spiritum meum.*

Para perfazer tantíssimas ações basta-lhe uma breve mas dúctil anatomia: oito ossinhos no pulso, cinco no metacarpo e os dedos com as suas falanges, falanginhas e falangetas.

Mas será um nunca acabar dizer tudo quanto a mão consegue fazer quando a prolongam e potenciam os instrumentos que o engenho humano foi inventando na sua contradança de precisões e desejos.

A mão lavra a terra há pelo menos oito mil anos, quando começou o Neolítico em várias partes do globo. Com as mãos, desde que criou a agricultura, o homem semeia, poda e colhe. Empunhando o machado e a foice, desbasta a floresta; com a enxada revolve a terra, limpa o mato, abre covas. Com a picareta, escava e desenterroa. Com a pá, estruma. Com o rastelo e o forcado, gradeia, sulca e limpa. Com o regador, água. Desgalha com a faca e o tesourão.

Manejando o cabo dos utensílios de cozinha, o homem pode talhar a carne, trinchar as aves, espetar os alimentos sólidos e conter os líquidos que escoariam pelas juntas das mãos em concha.

Morar é possível porque mãos firmes de pele dura amassam o barro, empilham pedras, atam bambus, assentam tijolos, aprumam o fio, trançam ripas, diluem a cal virgem, moldam o concreto, argamassam juntas, desempenam o reboco, armam o madeirame, cobrem com telha, goivo ou sapé, pregam ripas no forro, pregam tábuas no assoalho, rejuntam azulejos, abrem portas, recortam janelas, chumbam batentes, dão à pintura a última demão.

A mão do oleiro leva o barro ao fogo: tijolo. A mão do vidreiro faz a bolha de areia, e do sopro nasce o cristal.

A mão da mulher tem olheiros nas pontas dos dedos: risca o pano, enfia a agulha, costura, alinhava, pesponta, chuleia, cirze, caseia. Prende o tecido nos aros do bastidor: e tece e urde e borda.

A mão do lenhador brande o machado e racha o tronco. Vem o carpinteiro e da lenha faz o lenho: raspa e desbasta com a plaina, apara com o formão, alisa e desempena com a lixa, penetra com a cunha, corta com a serra, entalha com a talhadeira, boleia com o torno, crava pregos com o martelo, marcheta com as tachas, encera e lustra com o feltro.

O ferreiro malha o ferro na bigorna, com o fogo o funde, com o cobre o solda, com a broca o fura, com a lima o rói, com a tenaz o verga, torce e arrebita.

O gravador entalha e chanfra com o cinzel, pule com o buril. O ourives lapida com diamante, corta com o cinzel, afina com o buril, engasta com a pinça, apura com o esmeril.

O escultor corta e lavra com o escopro e o formão.

O pintor, lápis ou pincel na mão, risca, rabisca, alinha, enquadra, traça, esboça, debuxa, mancha, pincela, pontilha, empastela, retoca, remata.

O escritor garatuja, rascunha, escreve, reescreve, rasura, emenda, cancela, apaga.

Na Idade da Máquina, a mão teria, por acaso, perdido as finíssimas articulações com que se casava às saliências e reentrâncias da matéria? O artesanato, por força, recua ou decai, e as mãos manobram nas linhas de montagem à distância dos seus produtos. Pressionam botões, acionam manivelas, ligam e desligam chaves, puxam e empurram alavancas, controlam painéis, cedendo à máquina tarefas que outrora lhes cabiam. A máquina, dócil e por isso violenta, cumpre exata o que lhe mandam fazer; mas, se poupa o músculo do operário, também sabe cobrar exigindo que vele junto a ela sem cessar: se não, decepa dedos distraídos. Foram oito milhões os acidentes de trabalho só no Brasil de 1975.

A SUPLÊNCIA DA VOZ: UM NOVO MODO DA PRESENÇA

A um pintor o mestre zen aconselhou que se convertesse no bambu que desejava pintar. A arte deveria, no limite das suas forças, apagar a diferença, saltar o intervalo que separa o corpo da natureza. É precisamente o que faz a mão: adere à superfície da matéria ou penetra-a para modificá-la, para suprir a distância entre o que a natureza é e o que o homem quer que ela seja. As mãos obedecem a um impulso constante no sujeito de converter o objeto à sua própria e dinâmica substância. As mãos submetem, o quanto podem, o mundo aos fins do homem. E elas podem fazê-lo facilmente, maneirosamente, porque são contíguas às coisas: sólido no sólido, pele contra pele, matéria junto a matéria.

A voz, não. Age quase sempre à distância ou na ausência do objeto. O seu ser, que não se vê, não move diretamente a coisa, substitui-a, evoca-a, faz que ela dance com outras coisas, leva-a rápido da esfera da imagem para a do conceito e a traz de volta, no ritmo e na melodia, ao estado de pura sensação.

Os naturalistas que prestaram o ouvido ao pio e ao canto dos pássaros já sabem o que essas vozes querem dizer: o desejo da companheira ausente ou o medo do perigo iminente. O som do pássaro é expressão da "falta que ama" ou é o alarma dado ao amigo para que, ouvindo, fuja e se salve das garras do predador.

A voz abre caminho para que se dê uma nova presença dos seres: a *re-presentação* do mundo sob as espécies de significados que o espírito descola do objeto. A voz produz, no lugar da coisa, um fantasma sonoro, a palavra. "O ser da linguagem", diz Jacques Lacan, "é o não ser do objeto."[10] No coração da frase esse espectro pode fazer as vezes até de um ser que não existe: é a mentira, demoníaco poder da voz. "Como os ratos fazem às nozes, a língua esvazia as palavras", diz a metáfora ardida de um filósofo do signo, Antonino Pagliaro.[11]

Os fonemas, peões desse intérmino jogo de suplências, não poderiam ser menos flexíveis do que os móveis dedos da mão. Se é a mesma destra que mata e salva, é o mesmo som que integra um signo de luz e um signo de treva, um signo de agrura e um signo de júbilo. As conotações não transparecem em cada som isolado, mas precisam ser reativadas pela pronúncia e pela entoação, que fazem o papel de gestos vocais. "O homem que fala pode modular a matéria fonética quanto quiser e puder a fim de deitar mão, pictoricamente, no caráter sensível da coisa."[12] O fato de a prosódia ser trabalhada subjetivamente não quer dizer que ela seja caprichosa ou falsa. Quer dizer, apenas, que o nexo entre o som do signo e o objeto não é autoevidente, direto, mas deve contar: a) com os limites do código linguístico que, naturalmente, não dispõe de um som para cada experiência; e b) com a mediação interpretante que o sujeito executa ao refazer em si, e de cada vez, aquele arcano acorde potencial que abraçaria signos e coisas.

Que essa consonância profunda tenha marcado a fala humana mais primitiva, é a hipótese fascinante que suporta, desde o Crátilo platônico, as teorias poéticas da origem da linguagem. E, apesar das fortes reservas, era o que pensava um linguista atentíssimo ao som do signo, Edward Sapir: "Pode ser que, originalmente, os gritos primitivos e outros tipos de símbolos que a humanidade desenvolveu tenham tido uma dada conexão com certas emoções, atitudes ou noções". No mundo moderno, porém, a língua seria composta de símbolos secundários. Nessa altura, Sapir é drástico: "Mas nenhuma conexão se pode hoje estabelecer entre palavras, ou combinações de palavras, e aquilo a que elas se referem".[13]

O mais provável é que a multiplicação dos signos, comum a tantas culturas, tenha feito crescer sobre aquele primitivo tronco motivado uma profusa ramagem secundária e terciária na qual outros procedimentos, que não os da imitação pelo som, acabaram sendo os responsáveis pela aparência das palavras.

Por isso, as listas de vocábulos com a vogal /u/ tônica devem ser relativizadas. Se a vogal escura guarda uma relação unívoca e natural com imagens e sensações igualmente escuras, como explicar que o signo da fonte de toda claridade a tenha no seu centro: *luz*? E, com *luz, lume, plenilúnio, azul, rútilo, fúlgido*... Se a vogal escura tem relação direta com impressões de sujeira física e moral, como explicar a tônica do adjetivo por excelência de limpeza: *puro*? Se a vogal /u/ conotasse tristeza e mau humor, por que *júbilo*? E *triunfo*? E *aleluia*? Se conotasse doença e morte, por que *saúde* e *robusto*? Se mudez, por que *musa* e *música*?

Bruno Snell lembra que uma palavra central em todas as culturas, *mãe*, apresenta, dentro da mesma família indo-europeia, formas que divergem precisamente no seu ponto forte, a vogal tônica: *mater* (latim), *méter* (grego clássico), *mítir* (grego moderno), *mother* (inglês), *mutter* (alemão).[14]

O argumento contrário à motivação simples poderia ganhar ainda um tento se partisse das ideias gerais de escuridão, fechamento, doença e morte, e verificasse o alto número de palavras que, pertencendo a esses campos semânticos, nem por isso contêm em seu corpo a vogal /u/. Os contraexemplos são fáceis de achar. E Sócrates, o irônico, buscava induzir o relutante Crátilo a ver que com as mesmas letras se compõem signos de coisas boas e signos de coisas más... (*Crátilo*, 437c).

A anatomia da mão, como a dos órgãos da fala, traz em si apenas possibilidades. Ao longo da História, os encontros do corpo humano com outros seres foram dando uma extrema ductilidade aos chamados "sentidos" do organismo (a visão, o tato, o paladar...) e, ao mesmo tempo, foram potenciando as funções do sistema nervoso central que respondem pela expressividade e pelo ponto de vista da sinalização, e definem o modo pelo qual o sujeito se põe em face das pessoas, das coisas e dos eventos. O *sentido* é o outro nome desse modo.

Tome-se um caso extremo, mas não raro, de homonímia: a palavra *luto*, substantivo, nomeia o sentimento e o trajo motivados pela morte de uma pessoa querida; e a palavra *luto*, primeira pessoa do presente do verbo *lutar*, significa "eu combato". O que dá à minha percepção (tirando o contexto) a experiência de que se trata de signos de significados diversos embora de igual forma fonológica? A rigor, nada, se eu sou ouvinte; mas, se sou eu que a pronuncio (e sempre excluído o contexto), a *ênfase*, a *entoação* e o *tempo* de prolação da sílaba tônica podem demarcar a diferença; a vogal /u/, assim como o polegar que mata ou salva, pode abaixar-se na tristeza murcha dos sons opacos (se o *luto* é morte), ou vibrar elétrica pela energia que dispensa toda vogal tônica seguida de consoante explosiva (se o *luto* é lutar). A substância do som parece a mesma, mas não é, na medida em que foi assumida e trabalhada diversamente pela vontade-de--significar. A subjetividade do corpo, que *vive* a significação, é responsável pelo nexo entre som e sentido.

O que desnorteia os que buscam uma relação constante e congruente entre tal som e tal sentido é a maleabilidade infinita com que o homem trabalha a matéria fonética. E até do silêncio, que parece puro vazio, ausência de som, o espírito arranca um mar de significados.

Suprir a ausência de pessoas, coisas e ações, chamando-as, exprimindo o sentimento que elas provocam, articulando um ponto de vista sobre elas — esta, a direção fundamental da nossa linguagem.

Segundo o paleontólogo André Leroi-Gourhan,[15] o ato de suprir só se tornou viável depois que o primata, já posto em posição ereta, pôde usar as mãos para a preensão e o preparo dos alimentos, reservando à cabeça, e, em especial, à boca, a tarefa de *dizer* o que o gesto, sozinho, não era capaz de comunicar eficazmente. O *Homo sapiens* aparece quando se distinguem e se completam no seu corpo o *Homo faber* (mãos, instrumentos) e o *Homo loquens* (aparelho fonador). Em termos de cérebro, a situação é esta: a quarta área do córtex frontal ao longo do sulco de Rolando controla tanto os movimentos dos membros (mãos, pés) como os da face, incluídos os da laringe, responsáveis pela produção da voz. O *gesto*, o *olhar* e a *palavra* são contíguos na central elétrica da significação que é o cérebro.

A proximidade cortical assegura um amplo denominador comum às várias funções simbólicas do corpo, mas não cancela as diferenças específicas. A mão pode, mais que o olhar, unir-se à matéria das coisas (de onde, a antiga tese da maior espiritualidade dos olhos em relação à pele); o olhar, por sua vez, é mais direto e imediato, na intuição do mundo, que o código da língua. O espaço interno vivido no qual se forma a voz mantém sempre alguma sensação de distância entre o sujeito e o objeto da enunciação. A palavra aparece como um "dentro de nós" em oposição a um mundo fora de nós. E à medida que a consciência se torna mais aguda, mais presente a si própria, a linguagem tende a ser menos mimética, mais modalizada, mais intelectual.

O poder de refletir supõe um afastamento, uma retração, uma abstração da mente em face dos objetos sensíveis; não por acaso, certos discursos lógico-matemáticos chegam ao extremo de separar o símbolo dos objetos designados, cavando um fundo fosso entre signo e referente. Esse risco, que provavelmente só uma nova e sofrida práxis poderá esconjurar, não é fruto de arbítrio, não é capricho da razão. Ao contrário, a *diferença* deita raízes no chão do código linguístico. A distância que medeia entre a palavra e a coisa é, de fato, constitutiva do signo, está inscrita desde sempre na língua, que é filha da falta e do desejo, e não da plenitude e da unidade, amantes do êxtase e do silêncio.

A linguagem traz em si o estigma da separação. É preciso, às vezes, resignar-se a mais essa pena. Pensando assim, já não me impaciento, como outrora, quando ouvia dos críticos estruturalistas em coro hinos e hosanas à metalinguagem. Tudo tem a sua hora: falar sobre a fala, poetar sobre a poesia, medusar-se no signo, são tendências fortes do espírito moderno que, no limite, como ensinou Hegel, bloqueariam o discurso representativo e emotivo. Na verdade, não o fazem de todo por mais que o tentem. A dialética que pulsa na vida da poesia não é diferente da dialética social: como esta, não supera sem conservar. No seu momento sintético e resolutivo, o trabalho mitopoético também nega a negação. Se a metalinguagem apaga, por um átimo, o conteúdo vivido do signo, o processo total do poema apaga a mão que apagou; e deixa emergirem, filtradas mas potenciadas na sua essência, a figura do mundo e a música dos sentimentos.

3
FRASE: MÚSICA E SILÊNCIO

> *Todo homem que em si não traga música*
> *E a quem não toquem doces sons concordes,*
> *É de traições, pilhagens, armadilhas.*
> *Seu espírito vive em noite obscura,*
> *Seus afetos são negros como o Érebo.*
>
> Shakespeare, *O mercador de Veneza*, v, i

A fantasia e o devaneio são a imaginação movida pelos afetos. Esse movimento das imagens poderá circular apenas pelos espaços da visão. Mas poderá também aceder ao nível da palavra. Quando o faz, dão-se, pelo menos, duas operações: a) a *denominação*: as imagens tornam-se *nomes* — substantivos, adjetivos — quando comparecem ao campo da fala; e b) a *predicação*: da imagem-nome se diz, pre(dic)a-se alguma coisa a partir de nossa afetividade e da nossa percepção.

É do processo que solda predicado a nome que surge a *frase*, nervo do discurso.

Caso a imagem se fixasse apenas no nome que a evoca; caso a imagem se resolvesse toda na palavra SOL, então o processo da significação seria escassamente temporal.

Proferido o signo-s O L, seria necessário repeti-lo ao infinito para retê-lo na consciência: SOL SOL SOL SOL...

Repetir, repetir sempre, pois o tempo físico, o átimo da prolação, tende a seu próprio fim, só existe enquanto não acaba. Mas a fala é ato no tempo, é nome e é predicado. Se ela só imitasse a condição dos objetos mudos no espaço, se ela fizesse abstração da temporalidade subjetiva, estaria condenada à repetição e às suas variantes, privando-se de alguns de seus maiores dons: o *andamento* e a *entoação*, fenômenos peculiares à frase, que é relação viva de nome e predicado. Frase: imagem das coisas e movimento do espírito.

A figura do mundo entrevista à luz do relâmpago talvez se bastasse com o puro nome. Mas a prática do homem com o outro e consigo mesmo exige um ponto de vista para articular-se, precisa da síntese predicativa.

Foi na sua produção que o *Homo loquens* trabalhou, e continua trabalhando, as propriedades do sistema expiratório.

À continuidade na soltura do ar deve-se a fluidez do discurso. Aos cortes, a sua segmentação.

À força distribuída pelas emissões silábicas deve-se o ritmo acentual.

Às alturas distribuídas pelas sílabas deve-se a entoação ou o desenho melódico do período. Diz Hjelmslev: "No plano da expressão da língua, os elementos de maior caráter são: o *acento* e a *modulação*".[1] Não diz coisa nova, pois já dissera Quintiliano, nas *Institutiones*: "Quanto à voz, Aristoxeno, músico, dividiu-a em ritmo e melodia, consistindo o primeiro na medida, a segunda no canto e nos sons" (I, X, 22).

Aos traços anatômicos da cavidade bucal devem-se o timbre das vogais e o perfil das consoantes.

Sequência, força e vibração são princípios dinâmicos da frase. Supõem o *tempo* e o *movimento*, conaturais ambos à matéria da significação.

Quanto ao *fonema*, é o estrato mais corpóreo e substancial do signo. É bem verdade que o timbre de uma vogal, aberto ou fechado (*ó*, *ô*: sól, vôo), e a qualidade de uma consoante, contínua ou explosiva (*sss...*, *p*), *também resultam de uma ação de abertura ou fechamento* da boca. Mas, assim como a imagem, o elemento sonoro de base sempre parece um dado mais fixo, já constituído. É o mais espacializável dos fenômenos verbais. Os timbres, quase matéria, nos dão a impressão de aderirem à superfície da *physis* mais que as outras propriedades da linguagem. Daí, a clareza e a desenvoltura com que certos fatos de natureza puramente fônica (a *rima*, a *assonância*, a *aliteração*) são estudados pela análise estrutural. Daí, ao mesmo tempo, o embaraço e os vaivéns no trato do ritmo e da modulação do período, que supõem fenômenos energéticos difusos no corpo e na alma do falante.

A frase resulta de um processo de significação cuja essência é a predicação e cujo suporte é a corrente dos sons. Uma corrente cujo modo de ser no tempo se perfaz entre dois limites igualmente evitados: a atomização e a infinitude.

A atomização simples dar-se-ia caso se alternassem emissões vocais com pausas secas do tipo: *sílaba/pausa/sílaba/pausa*, de tal modo que todos os fonemas fossem proferidos com a mesma intensidade e no mesmo tom.

O outro extremo, também inviável, consistiria em uma ausência completa de pausa, em um contínuo absoluto.

A alternância seca, de tipo maquinal, com elemento justaposto a elemento, apareceu muito cedo na vida do *Homo faber*:

79

ela corresponde ao uso de instrumentos que, desde as suas formas primitivas (enxada, machado, martelo, serra), foram ritmados em compasso binário do tipo: *golpe/pausa, golpe/pausa*; ou *forte/fraco, forte/fraco*.

Quanto à *durée* indefinida, teria por modelo a vida subjetiva — o pensamento que não para e os seus correlatos simbólicos: o movimento dos astros, o fluxo e refluxo das marés, o correr dos rios...

A linguagem, produção de um corpo finito, assediado pela fome e pelo frio, pela sede e pelo desejo, pela dor e pela morte, não poderia gozar desse último dom.

A frase, e, por extensão, todo discurso, vem se mantendo em uma zona intermédia, de passagem, entre o regular e binário do seu momento fonológico e o aberto e espraiado do seu momento semântico. Daí, a convivência das leis fônicas e rítmicas com a relativa liberdade da melodia frasal.

Como nenhum dos modos extremos, o mecânico e o infinito, define com propriedade a linguagem humana, depreende-se que esta, sendo embora um fluxo, aceita o descontínuo, ou, invertendo, ela é série, mas série que admite zonas internas de continuidade. Ou ainda: é um uso contingente e peculiar do sistema expiratório. Uso eminentemente simbólico e mutável que não conhece tempos mecanicamente regulares nem duração absoluta.

O RITMO

Uma das entradas possíveis para caracterizar o modo de ser da linguagem é, portanto, o estudo dos seus ritmos.

Quando se lida com música, o termo *ritmo* se reporta a um movimento uniforme de produção sonora. Por exemplo, ritmo ternário indica que a composição está dividida em grupos recorrentes de três tempos, dos quais o primeiro é mais intenso que os dois últimos: *1*, 2, 3; *1*, 2, 3... A série continua com alternâncias constantes.

Na linguagem, esse esquema daria uma sequência fatal de proparoxítonas: *rápido/lúcido/máquina/único/tépido*... Ora, a fala corrente não cultiva, em geral, o gosto da simetria automática. Ela prefere misturar segmentos de ritmos diversos.

O que se pode dizer, no máximo, quanto ao ritmo do período, é que depois de uma série de sílabas não acentuadas sobrevirá sempre uma sílaba forte. O princípio da alternância vige, mas não goza de uma regra interna fixa de tipo isocrônico.

Gostaria de reiterar tanto o aspecto positivo como o restritivo do último enunciado. *O ritmo da linguagem funda-se, em última análise, na alternância. Mas os grupos de sílabas que alternam, ou seja, o momento forte e o momento fraco, não são necessariamente isócronos.*

Se atentarmos para esse duplo caráter do ritmo, regular e assimétrico a um só tempo, entendemos por que o período ritmado é um universal da linguagem poética, mas o metro uniforme, não.

São palavras de B. Tomachévski: "Esse parcelamento da língua poética em versos, em períodos de potência comparável e, no limite, igual, é evidentemente o traço específico da língua poética".[2] Haverá aqui uma verdade hipertrofiada, um exagero: o período ritmado não é o traço específico da língua poética, mas *um* dos seus traços específicos.

Por outro lado, a força que se aplica ao acentuar certas sílabas dá-lhes um destaque temporal. As sílabas acentuadas duram, em geral, mais do que as átonas. A energia expiratória (o pneuma: fôlego, espírito) alcança também o reino da duração. Por isso, a dinâmica do ritmo qualifica-se não só com os adjetivos *forte/fraco*, mas também com os adjetivos *lento/rápido*.

Do fôlego dependem a *intensidade* e a *aceleração* do discurso.

Tais caracteres não são abstrações da Acústica. Na prática verbal, a força e o tempo servem a momentos de expressão em contextos significativos. Dizer com maior veemência uma determinada frase, ou certa parte desta, é exercer sobre a matéria sonora uma dose de energia que intenciona essa mesma matéria.

As exigências da situação em que age ou sofre o sujeito regem também o *andamento* da elocução. O fenômeno inteiro é, desse modo, articulatório e social. Uma conversa informal e descontraída entre dois colegas não se faz no ritmo cerrado do discurso político, nem no andamento grave de uma exposição científica.

A força e o tempo de prolação do enunciado são índices de uma situação semiológica que abraça o estado de alma do falante, a natureza da mensagem e o tipo do interlocutor.

No caso particular da dicção poética, os ritmos da fala são mantidos e potenciados.

EXCURSO HISTÓRICO: RITMO E METRO

Historicamente, o uso poético do ritmo deu-se de várias maneiras, mas podem-se destacar, pelo menos, três: o ritmo no poema primitivo ou arcaico; o ritmo no poema clássico e, mais tarde, acadêmico; e o ritmo no poema moderno.

1) No poema primitivo o ritmo retoma, concentra e realça os acentos da *linguagem oral*.

Os esconjuros, os passos épicos das gestas, as falas mágicas e propiciatórias, os versículos do Antigo Testamento, os cantos da liturgia bizantina e medieval cujos textos se preservam até hoje, *colam-se à estrutura frásica, acentuando-a pela repetição e pelo paralelismo.*

Tudo indica que, recitados ou cantados, os passos da poesia arcaica deviam ser escandidos com energia ritual. O que resultava em dar ênfase às sílabas já fortes e em alargar a diferença entre estas e as fracas.

Giambattista Vico, falando da linguagem dos rapsodos gregos, sugere que, "por necessidade natural", os primeiros povos deviam falar "em ritmo heroico" para melhor reterem na memória as gestas da tradição.[3]

A Roma arcaica produziu "fórmulas" (*carmina*) sem rígidas obrigações prosódicas, e que transpunham as combinações do latim falado, elevando-as, pela dicção ritual, à maior potência. Os estudiosos da poesia latina mais antiga, anterior à presença grega, insistem na afinidade que o chamado "verso" *satúrnio* guardava com as partições assimétricas da linguagem oral. E, depois de tentarem lê-lo segundo padrões variados e díspares de métrica (quantitativa, intensiva, ou ambas), acabam, como o eruditíssimo Enzo Marmorale, pelo desespero: "Qual teria sido a sua composição, ainda não se pode dizer com segurança, e talvez nunca mais se possa [...] Na realidade, a leitura do satúrnio presta-se melhor ao acento de intensidade nas duas partes que o compõem, ambas de um número mais ou menos variável de sílabas, como por exemplo, na primitiva épica espanhola, o *Poema de Mio Cid*".[4]

A expressão "mais ou menos variável" diz, no fundo, que se trata de células rítmicas de caráter sintático e semântico, e não de caráter aritmético.

Havia, provavelmente, uma forte carga de motivação orgânica e social nesse uso intensivo do ritmo da fala. Toda frase presa ao rito produz no corpo dos seus participantes uma posição mais tensa e concentrada. O canto primitivo, ligado que está ao princípio sacral das atividades humanas como o nascimento, a alimentação, o casamento, a luta e a morte, reveste-se de um caráter solene. Quer dizer: *raro* (*solemnis* viria de *solus amnus*, o que acontece uma só vez por ano) e, por isso, excepcionalmente marcado.

Como o que é posto em relevo é o alvo significativo da frase, cai em segundo plano a extensão de cada segmento. Na *Chanson de Roland* e no *Cantar de Mio Cid*, que figuram entre os mais antigos textos épicos da Idade Média (séculos XI a XII), as partes de cada "verso" não precisavam ter o mesmo número de sílabas.

A flutuação continuou, aliás, em toda a poesia arcaica pré-renascentista que, mutatis mutandis, repete a situação da poesia latina anterior à presença grega culta. Um grande conhecedor do verso ibérico, Tomás Navarro Tomás, oscila entre os termos *polimetria* e *ametria* ao examinar a ampla liberdade de ritmos com que foram compostas as cantigas do *Libro de buen amor* (século XIII). Na sua *Métrica espanhola*, guia sóbrio e fecundo, traça-se a história do verso ibérico, que acaba mostrando duas faces: a *popular*, religiosa, entoada, tende ao fraseio e à polirritmia; a *aristocrática* (depois, burguesa), letrada, sempre escrita, consagra o cânon isossilábico.

Nos estágios arcanos, que sobrevivem em forma de provérbios e de adivinhas, são uma e mesma coisa o ritmo da linguagem oral e o ritmo da poesia.

Essa intimidade terá ocorrido também na música vocal primitiva, a respeito da qual diz Adolfo Salazar: "A música religiosa dos Sama-Veda parece ser, na sua rica organização, a mais antiga que se conheça no mundo. O ritmo musical procede, nesses cantos, do ritmo das palavras, e o acento prosódico tende a converter-se na *tesis* (tempo forte) do compasso".[5]

2) No poema clássico, o ritmo tende a demarcar, no interior de uma língua geral, uma área particular de regularidades.

É o tempo em que nasce a consciência do metro.

Nesse momento, o velho canto ritual cede ao trabalho da *ars poetica*. Começa-se a fazer poesia, intencionalmente, segundo uma técnica refletida que exige a composição regular de um texto cujas partes devem ser segmentos iguais, ou quase iguais.

A licença poética, isto é, a entrada do irregular, faz-se, nos períodos clássicos de qualquer cultura, uma concessão à natureza mal domada. "Aos poetas concedeu-se o furor", diz Plínio, na Sétima Epístola. *Poetis furere concessum est.*

O andamento da fala, que dispõe de alternâncias irregulares (sílabas fortes misturadas com sílabas átonas), é submetido a leis de polaridade estrita. O efeito dessas leis chama-se verso metrificado.

Verso quer dizer *caminho de volta* dentro de um conjunto verbal em que o ir e o vir demoram o mesmo tempo.

Todo formalismo clássico em matéria de poesia assenta na versificação regular, técnica, já racionalizada. *Ratio* = cálculo, divisão.

O sistema de pés obrigatórios e iguais substitui (e talvez compense) a musicalidade arcaica. Nos fins da Idade Média, os acrobatas do *trobar clus* provençal e da *gaya ciencia* castelhana já praticavam um verso ciosamente medido que, na sua aritmética difícil, própria de virtuoses, nada mais tinha em comum com o recitativo simples do hinário cristão, nem com os ritmos da velha poesia coloquial. O canto da cantiga dava lugar ao desenho da canção.

O caráter artístico-artificioso do domínio de um só metro sobre os muitos ritmos da fala já se traía no embaraço em que se punham os tratadistas gregos sempre que pretendiam reduzir os coros arcaicos a pés, unidades de compasso cuja seriação automática não coincidia com o ritmo da leitura corrente. Quintiliano já advertia essa dificuldade: "Sem a cítara do músico a gramática não pode ser perfeita, já que ela deve tratar de metros e de ritmos" (*Institutiones*, I, 4).

Foi para "corrigir" os descompassos que os gramáticos imaginaram uma leitura métrica cujo esquema e tempos iguais lembra uma cantilena monótona. O que leva a extremos de rigor, isto é, de arbítrio, o caráter imposto do processo inteiro.

O arbítrio terá, naturalmente, as suas compensações. O artista que obedece às leis da constância métrica sustém o poema em uma atmosfera sonora una. No caso da epopeia latina, em hexâmetros, a leitura em voz alta produz um efeito de brônzea solenidade. Mais perto de nós, exemplos vivos colhem-se nas oitavas concitadas da *Gerusalemme liberata* ou dos nossos *Lusíadas*, que se atêm ao metro heroico, acentuando a sexta e a décima sílabas.

A métrica alta, culta, praticada a partir da Renascença, acabou se fixando em dois cânones principais: o verso hendecassílabo italiano, que em Portugal e Espanha se chamou decassílabo; e o verso alexandrino francês.

Ambos deixam, aliás, margens de liberdade maiores que a permitida pela métrica latina do período áureo. Assim, eleitas as sílabas sempre fortes (a sexta e a décima, ou, raramente, a quarta, a oitava e a décima, para decassílabo; a sexta e a décima segunda, para o alexandrino trágico), sobra ainda um bom número de sílabas indiferentes: oito para o decassílabo, dez para o alexandrino. Essa margem dá para reconstituir, ao menos em parte, o ritmo da fala corrente.

Acresce, em matéria de *folgas* do sistema, que o verso dos gêneros tidos por menos sérios e nobres, como a comédia e a fábula, podia, mesmo nos períodos clássicos, soltar-se um pouco mais. A estrofe de La Fontaine (como o verso cômico do velho Plauto) dá a impressão de um à vontade rítmico, por obra das variedades métricas que combina. "Diversité c'est ma devise", dizia o fabulista. Mas, no conjunto, é exceção. Alguns exemplos:

Do decassílabo heroico:

Contar-te longamente as perigosas
Cousas do mar, que os homens não entendem,
Súbitas trovoadas temerosas,
Relâmpagos que o ar em fogo acendem,
Negros chuveiros, noites tenebrosas,
Bramidos de trovões, que o mundo fendem,
Não é menos trabalho que grande erro,
Ainda que tivesse a voz de ferro

[*Os Lusíadas*, v, 16]

Do alexandrino trágico:

J'ai voulu, devant vous exposant mes remords,
Par un chemin plus lent descendu chez les morts,
J'ai pris, j'ai fait couler dans mes brûlantes veines
Un poison que Médée apporta dans Athènes.

Déjà jusqu'à mon coeur le venin parvenu
Dans ce coeur expirant jette un froid inconnu;
Déjà je ne vois plus qu'à travers un nuage
Et le ciel et l'époux que ma présence outrage;
Et la mort, à mes yeux dérobant la clarté,
Rend au jour, qu'ils souillaient, toute sa purété

[Racine, *Phèdre*, v, 7]

Da polirritmia dúctil de La Fontaine:

Une Souris craignait un Chat
Qui dès longtemps la guettait au passage.
Que faire en cet état? Elle, prudente et sage
Consulte son voisin: c'était un maître Rat,
Dont la rateuse seigneurie,
S'était logée en bonne hôtellerie,
Et qui cent fois s'était vanté, dit-on,
De ne craindre ni chat, ni chatte,
Ni coup de dent, ni coup de patte.
"Dame Souris, lui dit ce fanfaron,
Ma foi, quoi que je fasse,
Seul, je ne puis chasser le Chat qui vous menace:
Mais assemblons tous les Rats d'alentour,
La Souris fait une humble révérence;
Et le rat court en diligence
À l'office, qu'on nomme autrement la dépense,
Où maints Rats assemblés
Faisaient, aux frais de l'hôte, une entière bombance.
Il arrive, les sens troublés,
Et les poumons tous essoufflés.
'Qu'avez-vous donc?' lui dit un de ces Rats. Parlez.

> — *En deux mots, répond-il: ce qui fait mon voyage,*
> *C'est qu'il faut promptement secourir la Souris,*
> *Car Raminagrobis*
> *Fait en tous lieux un étrange ravage.*
> *Ce Chat, le plus diable des Chats,*
> *S'il mange de souris, voudra manger des rats."*
> *Chacun dit: "Il est vrai. Sus! sus! Courons aux armes!*
> *[...]*
>
> [*La ligue des rats*]

Desse ritmo vário e picante disse Valéry que o poeta da fábula não soube fazê-lo senão depois de praticar por vinte anos o *vers symétrique*. Afirmação que ajuda a compreender antes Valéry do que La Fontaine.

O efeito do retorno acentual obrigado é, hoje, o de uma ligeira estranheza que nos afeta como bela e tranquila monotonia. Nos poetas mais criativos (Dante, Petrarca, Shakespeare, Leopardi), o jogo das pausas internas procura restabelecer o ritmo semântico; o que é sensível se a leitura que deles soubermos dar for antes expressiva do que métrica.

3) No poema moderno, o ritmo tende a abalar o cânon da uniformidade estrita. Isto é: procura-se abolir o verso; de onde, a exploração, agora consciente, das potências musicais da frase.

A partir dos simbolistas, e com algumas antecipações românticas, a tensão entre o ritmo ondeante e variado da fala e o metro regular, enrijecido pelos parnasianos, resolve-se pelo afrouxamento dos cânones. É preciso citar, ainda e sempre, Verlaine:

> *De la musique avant toute chose,*
> *Et pour cela préfère l'Impair*
> *Plus vague et plus soluble dans l'air,*

Sans rien en lui qui pèse ou qui pose.
[...]
De la musique encore et toujours!
Que ton vers soit la chose envolée
Qu'on sent qui fuit d'une âme en allée
Vers d'autres cieux à d'autres amours

[Art poétique, 1874]

O verso livre e o poema polirrítmico são formações artísticas renovadas. Isto é, novas e antigas. Seguindo trilhas da música e da pintura, a poesia moderna também reinventou modos arcaicos ou primitivos de expressão. O móvel de todas é o mesmo: a liberdade.

Quem abriu caminho foi um grande e selvagem poeta norte-americano de ouvido afeito ao versículo da Bíblia: Walt Whitman, criador do verso livre que se desdobra em períodos largos e espraiados.

Em Whitman e em seus descendentes modernos, o estilo processional, feito de enumerações e paralelismos, supre aquela *sensação de retorno* que o verso tradicional produz com as suas sílabas acentuadas simetricamente.

O ritmo de Whitman é religioso e epicamente plebeu, "mistura notável de *Bhagavad Gita* e *New York Herald*", como o definiu Emerson. E no dizer insuspeito do civilizadíssimo Ezra Pound: "Como Dante, ele escreveu em 'vulgar', numa nova métrica. O primeiro grande homem a escrever na língua de seu povo".[6]

A *new metric* era, nos meados do século XIX, a única novidade que ainda faltava à América, pois — é o próprio Whitman quem o afirma — tudo o mais já tinha mudado: "Acima de tudo, já é mais que tempo de a América começar esse reajuste no escopo e no ponto de vista básico do verso, pois tudo o mais mudou".

A liberdade moderna de ritmos, a que responde uma grande mobilidade no arranjo da frase, é signo de que se descobriu e se quer conscientemente aplicar na prática do poema o princípio duplo da linguagem: sensorial, mas discursivo; finito, mas aberto; cíclico, mas vetorial.

A poética acadêmica tratava as vagas sonoras como a moral rigorista trata as pulsões do instinto: domando-as à regularidade, espaçando e marcando os momentos em que a energia deva aplicar-se (nas sílabas fortes) e os momentos em que deva conter-se (nas sílabas fracas). É verdade que, assim fazendo, respeitava, em parte, a natureza do sistema expiratório, que é cíclica: vigora, no verso metrificado, o processo de alternância dos contrários. Entretanto, a corrente falada, porque também é discursiva, aberta e vetorial, não traz em si a perfeição fechada que a figura do círculo faz lembrar. A linguagem é descontínua, admite pausas e dispõe assimetricamente momentos fortes e fracos. As sílabas tônicas se casam irregularmente com as átonas.

Ora, a arte poética, nível mais alto e mais livre de organização da matéria fônica, pode, ou não, reproduzir esse ritmo frásico. O dilema, historicamente já posto, e resolvido em cada texto poético, é julgar se a composição literária deva destacar do fluxo oral a essência nua da alternância, e fixá-la (quer dizer: deva extrair dos vários ritmos da linguagem o *metro*, o número), ou deva potenciar o caráter ondeante, aberto e vário da fala.

Escolheram a segunda alternativa Whitman e muitos líricos simbolistas e modernistas, embora, em geral, tenham evitado a posição drástica dos futuristas que decretaram, *sic et simpliciter*, a morte do verso.

Falta-nos ainda uma história do ritmo poético que aponte cada um dos modos pelos quais se vem atualizando, há mais de um século, a liberdade da solução moderna.

Sabemos que a crise do verso uniforme, neoclássico, deu--se entre os românticos antes pela revivescência dos metros populares e medievais, em geral breves, do que por uma recusa coerente ao princípio da versificação. Com isso, aumentou o número das possibilidades rítmicas, juntando-se ao clássico o arcaizante.

Mas a motivação popular não era tudo. Para a prática romântica, as mitologias passavam obrigatoriamente pela câmara do sujeito dando-lhe maior ressoo: era menos uma volta, no fundo impraticável, a conteúdos do passado que uma forma estética de liberação. Não devemos tomar ao pé da letra, mas só pela metade, explicações do verso de Whitman em termos de neobiblismo, nem ler os poemas polimétricos e assonantes de Rosalía de Castro como se neles rebrotasse o espírito medieval galego.

Leaves of Grass e *En las orillas del Sar* valem, na história das línguas poéticas inglesa e espanhola, como afirmações do páthos romântico-moderno que trabalha a frase como quem quer dar voz e tom justos a uma experiência primordial em contraste com a convenção dominante:

> *Se vocês querem ser mais livres do que quanto existiu até agora, venham ouvir-me*

[Whitman]

No rasto dessa expressão libertadora, Whitman e Rosalía, como depois Laforgue, Péguy, Fernando Pessoa, Huidobro, Vallejo, Maiakóvski, Ungaretti e Manuel Bandeira, para citar alguns criadores do verso livre, reatualizaram a sintaxe oral a que deram um novo travo de sinceridade pungente ou irônica:

Estou farto do lirismo comedido
Do lirismo bem comportado
  Do lirismo funcionário público com livro de ponto expediente
        [protocolo e manifestações e apreço ao sr. diretor

Estou farto do lirismo que para e vai averiguar no dicionário
        [o cunho vernáculo de um vocábulo

Abaixo os puristas

Todas as palavras sobretudo os barbarismos universais
Todas as construções sobretudo as sintaxes de exceção
Todos os ritmos sobretudo os inumeráveis

Estou farto do lirismo namorador
Político
Raquítico
Sifilítico
De todo lirismo que capitula ao que quer que seja fora de si
mesmo

De resto não é lirismo
Será contabilidade tabela de co-senos secretário do amante
exemplar com cem modelos de cartas e as diferentes maneiras
        [de agradar às mulheres, etc.

Quero antes o lirismo dos loucos
O lirismo dos bêbedos
O lirismo difícil e pungente dos bêbedos

O lirismo dos clowns de Shakespeare

— Não quero mais saber do lirismo que não é libertação
                              [Manuel Bandeira, "Poética"]

E Carlos Drummond de Andrade:

Triste é não ter um verso maior que os literários, é não compor
                              [*um verso novo, desorbitado.*

E Vladímir Maiakóvski:

Também a mim
                    a propaganda
                                        cansa,
é tão fácil
            alinhavar
                        romanças, —
Mas eu
        me dominava
                            entretanto
e pisava
        a garganta do meu canto.

[...]

Meu verso chegará,
                    não como a seta
lírico-amável,
                que persegue a caça.
Nem como
            ao numismata
                            a moeda gasta,

94

nem como a luz
                das estrelas decrépitas.
Meu verso
            com labor
                    rompe a mole dos anos,
e assoma
            a olho nu,
                    palpável,
                            bruto,
como a nossos dias
                chega o aqueduto
levantado
            por escravos romanos.

No túmulo dos livros,
                    versos como ossos,
se estas estrofes de aço
                    acaso descobrirdes,
vós as respeitareis,
                como quem vê destroços

de um arsenal antigo,
                mas terrível.
Ao ouvido
            não diz
                    blandícias
                            minha voz;
lóbulos de donzelas
                de cachos e bandós
não faço enrubescer
                com lascivos rondós.

Desdobro minhas páginas
                    — tropas em parada,
e passo em revista
                    o front *das palavras.*
Estrofes estacam
                    chumbo-severas,

prontas para o triunfo
                    ou para a morte.
Poemas-canhões,
                    rígida coorte,
apontando
                    as maiúsculas
                              abertas.
Ei-la,
        a cavalaria do sarcasmo,

minha arma favorita,
                    alerta para a luta.
Rimas em riste,
                    sofreando o entusiasmo,
eriça
        suas lanças agudas.
E todo
        este exército aguerrido,

vinte anos de combates,
                    não batido,
eu vos doo,
            proletários do planeta,

cada folha
            até a última letra.
[...]

Morre,
        meu verso,
                como um soldado
anônimo
        na lufada do assalto.

["A plenos pulmões", 1929-30,
trad. Haroldo de Campos]

Whitman (e, com ele, a condição romântica) foi um foco vivíssimo que irradiou toda uma ordem de motivações existenciais: liberação, disponibilidade para com todas as emoções, reencontro com a natureza, panteísmo, democracia social... O tom dos seus versículos é o do *entusiasmo* no sentido literal, grego, da palavra: estado de alma de quem traz em si um deus.

O seu período, movimento da linguagem em plena embriaguez, transborda dos limites de qualquer metro convencionado e investe com páthos os novos "versos", agora unidades vivas de significação. E os ritmos passam a ser, como desejava Manuel Bandeira, inumeráveis.

Mas ao lado dessa corrente, na qual imergiram e se reconheceram diversas faixas de marginais da cultura burguesa oficial (anárquicos, místicos, poetas latino-americanos...), formou-se outra, mais amiga do silêncio e da crítica, e que acabou teorizando o versilibrismo.

Trata-se de um grupo de simbolistas, assistidos em parte por Mallarmé desde a década de 1970. A matriz é Edgar Allan

Poe, um certo Poe dileto de Mallarmé, ao mesmo tempo órfico e técnico. Quanto ao verso livre, foi praticado por Gustave Kahn, René Ghil, "que fraseia antes como compositor do que como escritor" (dizia Mallarmé), Henri de Regnier, Vielé Griffin, Jean Moréas, Verhaeren. E um poeta esquivo, mestre da ironia e do meio-tom, Jules Laforgue.

Examinar os motivos que fizeram cada um desses artistas criar versos livres seria, aqui, pecado de dispersão. A proposta que, em princípio, une os simbolistas é abertamente estética. Querem produzir *formas sonoras*, *formas verbais*, *formas rítmicas*. São, como Stéphane Mallarmé, herdeiros livres do Parnaso, praticantes de um só culto, o da palavra, que Flaubert começara a oficiar. Uma religião que passa a substituir, no coração ideológico dos escritores, todas as religiões do Céu e da Terra.

O sólido e longo triunfo da burguesia (já então imperialista e férvida em planos universais) parece ter motivado uma violenta interiorização formal da liberdade romântica. O fenômeno é importante, pois condicionou poéticas de vanguarda em todas as literaturas ocidentais.

A escrita do poema alcança, a partir desse momento histórico, um grau muito alto de autonomia. E as leis da forma que até o Parnaso, e sobretudo no Parnaso, se pensavam em termos de adequação da linguagem às coisas começam a ser tomadas em si como inerentes aos materiais do poema: os sons, os ritmos, as imagens verbais. *Há uma retração decidida da linguagem para si e em si própria.* A liberdade desloca seu ponto de aplicação do campo histórico e político para um espaço intratextual cujo referente é alguma entidade metafísica, maiúscula (a Sensação, o Belo, o Ser, o Nada) ou a própria Letra.

É instrutivo ler as cartas de Mallarmé aos jovens simbolistas que o rodeavam.[7] Quando nelas se fala em ritmos livres, tem-se em pauta um modo singular, subjetivo, quase inefável, de atingir essências. Fala-se em "mistérios", em "magia", em "mística", em "encantamento". Retoma-se e rarefaz-se a expressão de Baudelaire: "a exigência devastadora do Absoluto". O absoluto é a gênese e a mira do texto. O poeta do "Lance de dados", ciente de que a sua mística de papel e tinta esvaziara o divino, põe no lugar do Absoluto o Nada.

Que os simbolistas hajam instaurado uma religião leiga da poesia e da música é fato sabido. A consequência a tirar, para nós, é a passagem do velho ritmo sacral dos ritos para o novo ritmo "encantatório" do verso. Dessacralizado o conteúdo, sacralizado o código. A divindade para a qual se movia o canto mítico esconde o rosto, eclipsada pelos ídolos das novas ideologias, enquanto se mantém o fervor da devoção, votado agora ao ofício de escrever.

Mallarmé e, pouco depois, alguns simbolistas e futuristas russos que desejavam produzir textos assemânticos estavam conscientes de que a letra e o sentido podem dissociar-se. A procura que faziam do Absoluto, ou do Nada, no branco da página, passava pela dissociação. Aquém (ou além) do sentido intelectual, estende-se um reino sensível de correspondências onde latejam os ritmos do Inconsciente. Em carta a Charles Morice, Mallarmé é categórico: "O canto jorra de uma fonte inata, anterior a um conceito, tão puramente que reflete, de fora, mil ritmos de imagens".[8]

Para Valéry, que desenrola fios do novelo mallarmeano, esses ritmos profundos impõem-se ao poeta antes de se articularem com os significados nas frases. Não haveria, portanto, uma correlação travada entre a matéria musical do poema e o discurso já tematizado. O liame se faz entre os modos sonoros e um espaço "anterior" ou subjacente às palavras, manchado de sensações, visagens, emoções, humores, formas corpóreas de significar.

Conta Valéry nas "Memórias de um poema":

Um outro poema começou em mim pela simples indicação de um ritmo *que pouco a pouco deu um sentido a si mesmo*. Essa produção, que procedia, de certo modo, da "forma" para o "fundo", e acabava por excitar o trabalho mais consciente a partir de uma estrutura vazia, aparentava-se, sem dúvida, com a preocupação que me trabalhara, durante alguns anos, de procurar as condições gerais de todo pensamento, qualquer que fosse o seu conteúdo.

Vou relatar aqui uma observação notável que fiz em mim mesmo faz pouco tempo.

Eu tinha saído de casa para espairecer, caminhando e dispersando o olhar, de alguma obrigação tediosa. Enquanto seguia pela rua onde moro, e que sobe muito rapidamente, fui *tomado* por um ritmo que se impunha e que me deu logo a impressão de um funcionamento estranho. Outro ritmo veio redobrar o primeiro e combinar-se com ele, estabelecendo-se não sei que relações *transversas* entre essas leis. A combinação, que ultrapassava de longe tudo o que eu podia esperar de minhas faculdades rítmicas, tornou quase insuportável a sensação de estranheza de que falei. Dizia comigo que estava havendo um erro quanto à pessoa, que essa graça se enganava de cabeça, eu nada podia fazer com tal dom que, em um músico, teria sem dúvida tomado forma e duração, pois aquelas duas partes me ofereciam vãmente uma composição cuja sequência e complexidade maravilhavam e desesperavam a minha ignorância. O fascínio esvaiu-se bruscamente, ao fim de uns vinte minutos, deixando-me às margens do Sena, tão perplexo quanto o caniço da Fábula que viu sair um cisne do ovo que ele tinha chocado. Tendo o cisne voado, e caindo minha surpresa em si mesma, observei que a caminhada me entretém muitas vezes em uma viva produção de ideias, com a qual ela manifesta por vezes uma espécie de reciprocidade: o andar excita os pensamentos, os pensamentos modificam o andar; um fixa o caminhante, o outro pressiona-lhe o passo. Mas acontece, desta vez, que meu movimento ataca minha consciência mediante um sistema de ritmos altamente cultivado, em vez de provocar esse composto de imagens, de palavras interiores, de atos virtuais que chamamos Ideia. Mas, por mais nova e inesperada que possa ser uma "ideia", não é *ainda* mais do que uma ideia: pertence a essa espécie que me é familiar, que eu sei mais ou menos anotar, manobrar, adaptar a meu estado. Diderot dizia: "Mes idées, ce sont mes catins". É uma boa fórmula. Mas não posso dizer o mesmo dos meus ritmos inesperados. O que se deveria pensar deles? Imaginei que a produção mental durante a caminhada devia responder a uma excitação geral que se dispensava como podia do lado do meu cérebro; que essa espécie de função quantitativa podia satisfazer-se tanto pela emissão de um certo ritmo como por figuras verbais ou signos quaisquer; e que havia um momento do meu funcionamento no qual ideias, ritmos, imagens, lembranças ou invenções fossem apenas *equivalentes*. Nesse ponto, nós não seríamos *ainda* inteiramente nós mesmos. *A pessoa que sabe que não sabe música* não vigorava ainda em mim, quando meu ritmo se impôs, do mesmo modo que a pessoa que sabe que não pode roubar não está ainda em vigor naquele que sonha que está roubando...

Creio, de resto (por outras considerações), que todo pensamento seria impossível se estivéssemos de todo presentes em cada instante. É preciso que o pensamento tenha uma certa liberdade, pela abstenção de uma parte dos nossos poderes.

De qualquer modo, me pareceu que o incidente se deveria registrar para que pudesse ser utilizado em um estudo sobre a invenção. Quanto à *equivalência* de que acabo de falar, é certamente um dos principais recursos do espírito, a que ela oferece substituições muito preciosas.[9]

O que o escritor quis tocar ao descrever esse fenômeno de um ritmo que se impôs ao espírito *antes* de qualquer formulação verbal?

Um estrato parassemântico da existência corporal? Um processo que seria, ao mesmo tempo, preconceitual, anterior ao discurso de um "eu" que tudo centraliza, mas dotado de força e de forma? Nessa última intuição aparece o vinco moderno do pensamento de Valéry: o Inconsciente, embora preexista às ideias, não é amorfo, mas capaz de produzir articulações fortes: sons, ritmos, modulações, imagens, que organizam a invenção poética e respondem pela sua fisionomia sensível.

O caráter imprevisível, gratuito, do ritmo exige, porém, um segundo tempo, de fixação, esforço plenamente intelectual de fidelidade aos movimentos mais sutis da sensibilidade formal, essa zona de intersecção do corpo com o espírito, "nas fronteiras da alma e da voz".

Valéry, mais racionalista do que Baudelaire, não sugere a presença de correlatos místicos ou de algum modo transcendentes para a sensibilidade formal. Esta é o lugar dos estímulos e das sensações visuais, auditivas, táteis, olfativas, cinestésicas, tendo na *Voz* (palavra grafada também com maiúscula) um dos modos de expressão fundamentais. Os ritmos são, portanto, vibrações da matéria viva que forjam a corrente vocal. Os ritmos poéticos nascem na linguagem do corpo, na dança dos sons, nas modulações da fala.

Para o que temos em mira, isto basta: é no coração da *música oral* que se formam as constantes do verso: "linguagem dentro da linguagem", para repetir ainda Valéry.

Se assim é, não há, a rigor, nenhum abismo que separe o verso livre da linha metrificada. Esta é apenas *uma* possibilidade feliz da língua: deu bons efeitos sensoriais, entrou na memória coletiva, resistiu. Não deve causar estranheza a sobrevida dos metros clássicos depois da grande ceifa modernista:

> Meu poema "Le cimetière marin" começou em mim por um certo ritmo, que é o do verso francês de dez sílabas, cortado na quarta e na sexta sílabas. Eu não tinha ainda nenhuma ideia que devesse preencher essa forma. Pouco a pouco nela se fixaram palavras flutuantes, determinando por aproximações o tema, e o trabalho (um longo trabalho) se impôs. Outro poema, "La Pythie", ofereceu-se de início por um verso de oito sílabas cuja sonoridade se compôs por si mesma.[10]

O testemunho de Giuseppe Ungaretti, o maior lírico italiano do século XX, é igualmente exemplar. Depois de ter cruzado com a vanguarda futurista e de ter sido o principal desarticulador do verso cheio, dannunziano, voltou ao decassílabo, na década de 1930, afirmando que esse metro lhe parecia a "ordem natural" na língua poética italiana. Entre nós, Manuel Bandeira, Mário de Andrade, Carlos Drummond de Andrade, Jorge de Lima, Murilo Mendes, Vinicius de Moraes também se puseram, a partir dos anos 1940, a ensaiar o verso metrificado que vieram alternando com formas livres herdadas à renovação de 22.

A figura, quase círculo, que se acabou de traçar como esboço de uma história do ritmo poético, nos diz que as estéticas romântico-modernas iluminaram a unidade profunda que rege frase e verso. O que terá sido espontâneo no canto arcaico tornou-se intencional no verso livre contemporâneo.

Quanto ao metro do período clássico, buscou alcançar um ponto de equilíbrio entre a linguagem "natural" e a arte: estado difícil de manter-se fora de comunidades fechadas de cultura e de valores capazes de se reproduzir tenazmente. O clássico, quando persiste só por força do seu próprio código, tende a amaneirar-se.

À PROCURA DE UM SENTIDO

Mas a pergunta crucial que atravessa toda a teoria do poema diz respeito ao sentido da ritmicidade imanente na fala, no canto, no verso.

Qualquer discurso, por livre e solto que seja, faz-se mediante alternâncias; vale-se delas, semanticamente. O puro pensamento assume com espantosa liberdade o modelo sintático da frase; mas, enquanto atualização sonora, o pensamento acaba se dobrando à potência natural do ritmo.

A ideia, no momento em que aporta ao concreto da expressão (à frase), produz ou reaviva algum efeito rítmico da língua que, em virtude do novo contexto, se torna significativo. É a análise do estilo que desvenda as correlações possíveis entre ritmo e sentido. Não deve fazê-lo, porém, com os olhos postos em paralelos rijos: para tal ritmo tal ideia, ou vice-versa. Seria fixar esquemas precoces, abstratos, duros. Um mesmo pensamento pode ser explorado por frases diversas em ritmos diversos conforme os matizes da percepção a serem configurados.

Mas liberdade não é, aqui, sinônimo de pura indiferença. Porque o arbítrio nunca é absoluto na prática da linguagem poética. A leitura interpretativa, em voz alta, não ficará surda àquela marcação subjetiva do ritmo que se chama *andamento*. Este recolhe em feixes expressivos as células rítmicas tão diversas e, por si mesmas, tendentes à dispersão ou, em outro extremo, à rigidez da escansão.

Vejo aqui um salto na direção do sentido. O andamento lê-se, na partitura musical, sob as espécies do "tempo". Rápido, moderado ou lento. Mas não só; a tônica semântica da leitura impõe-se nos termos consagrados ao "tempo" pela notação italiana: *allegro, allegretto, adagio, affettuoso, agitato, vivace, grave, dolce, con anima, con brio, con fuoco, rubato, grazioso, scherzando...*

O andamento é um efeito móvel da compreensão. Modo sonoro pelo qual se dá a empatia entre o leitor e o texto. Nele se conjugam fôlego, intenção, duração. Dele dependem, na leitura e na execução musical, as medidas internas do ritmo. *O andamento é o tempo qualificado.*

A interpretação nos diz que sílabas devam merecer maior apoio do sopro vocal, e que sílabas devam rolar vibráteis e brandas pelo intervalo que separa os momentos fortes do período.

É necessário apreciar na sua justa medida o poder semântico do andamento. Ele mantém em plena vida certas dimensões existenciais do texto, que correriam o risco de se sepultar sob as camadas da letra quando esta é apreendida só mentalmente.

Volto, por analogia, à relação, já proposta, entre a *imagem* e a *corrente da frase*. No trânsito do ícone à predicação verbal, parece "perder-se" um acesso à face imediata da coisa (o visual parece mais direto, mais *frontal*, do que o sonoro); mas avança-se um passo na direção do conceito. O discurso, porque é móvel, transpassa e transcende a aparência da matéria-em-si de que a imagem é portadora. O ícone se "localiza"; se fixa em um espaço limitado pela superfície das coisas e pela sensação visual. Mas cabe a pergunta: e o discurso? Onde se move esse pensamento sonoro que trabalha dialeticamente a matéria das sensações? *Em um ser vivo, falante e situado*. Das entranhas desse vivente sai o sopro, o prana, que nomeia as coisas e os gestos do mundo. Por isso, no discurso ritmado, a imagem, prestes a ser superada pelo conceito, renasce corporeamente nas inflexões da corrente vocal. Se, na prosa abstrata, se passa resolutamente da imagem à ideia como quem vai do sensível ao conceitual (*eidos-idea*), na leitura poética o andamento impede que as propriedades sensíveis se cancelem. A linguagem rítmica volta-se para a matéria para reanimá-la com o sopro quente da voz. O que faz da imagem verbal uma palavra concreta, viva, quando não mítica: *eidos-idea-eidolon*.

O tremendo poder de síntese da frase poética envolve a *imagem*, o *conceito* e o *som* que sai do corpo humano:

> *Midi là-haut, Midi sans mouvement*
> *En soi se pense et convient à soi-même.*
> *Tête complète et parfait diadème,*
> *Je suis en toi le secret changement*
> [Valéry, "Le cimetière marin"]

"*Eu* sou em ti a secreta mudança." A voz faz vibrar a imagem que por si mesma tende a ensimesmar-se.

Talvez se possa, nesta altura, afirmar um mínimo de correlações. No discurso, a imagem está para a matéria significada assim como o andamento está para a energia significante.

Preserva-se no discurso poético, mais do que em qualquer outro, a intimidade de tais correlações. Por isso, o poema belo é sempre, de algum modo, representativo do seu objeto, e é sempre, de algum modo, expressivo do seu sujeito.[11]

Subsiste, assim, como processo fundante de toda linguagem poética, a trama de *imagem*, *pensamento* e *som*.

A verdade sui generis do poema está, precisamente, na intersecção dessas três realidades: o *significado* aparece sob as espécies do nome concreto, ou da *figura*, e é trabalhado pelos poderes da *voz*.

O que nos ocupa, ainda, é saber o porquê da maior regularidade rítmica no discurso poético. Já se disse, no começo do capítulo, que não se trata de uma simetria automática, embora possa incluí-la. Já se disse, também, que o ritmo acentual deve ordenar-se à significação do todo, o que se faz pelo andamento preciso da leitura. Mas resta sempre entender o princípio de base, a *lei da alternância* (forte/fraco; lento/rápido), de que o andamento se vale para atingir o limiar da significação.

A alternância é inerente ao processo dialético do real. O lado fenomênico dos opostos que se alternam cedo se impôs à observação dos filósofos. Heráclito, poeta-pensador à escuta da Natureza e do seu discurso interno, ouviu, na unidade do cosmos, o ritmo dos contrários:

Aquilo que se obsta conduz à concordância, e das tendências contrárias provém a mais bela harmonia.[12] [Fragmento nº 8]

Articulações: inteiros-não inteiros, concorde-discorde, consoante-dissonante, e de tudo um, e de um, tudo. [10]

Este cosmos, o mesmo para todos, não o fez nenhum dos deuses nem dos homens, mas ele foi sempre é e será: um fogo sempre vivo, acendendo e extinguindo-se segundo medidas. [30]

O nome de arco (*biós*) é vida (*bíos*), sua obra, porém, morte. [48]

Para dentro dos mesmos rios descemos e não descemos; somos e não somos. [49 *a*]

Não compreendem como o discorde concorda consigo mesmo: harmonia, reciprocamente tensa, como a do arco e da lira. [51]

A rota do parafuso do pisão, reta e curva, é uma e mesma. [59]

A rota para o alto e para baixo é uma e a mesma. [60]

O mar; água a mais pura e a mais poluída: potável e salutar para os peixes, impossível e mortífera para os homens. [61]

Imortais-mortais, imortais-imortais: a vida destes é a morte daqueles, e a vida daqueles, a morte destes. [62]

O deus é dia-noite, inverno-verão, guerra-paz, saciedade-fome. [67]

O fogo vive a morte da terra, e o ar vive a morte do fogo; a água, a morte do ar; a terra, a morte da água. A morte do fogo é gênese do ar, e a morte do ar, gênese da água. [76]

É uma e a mesma coisa: o vivo e o morto, o acordado e o adormecido, o jovem e o idoso; pois pela conversão, isso é aquilo, e aquilo, convertendo-se por sua vez, é isso. [88]

Na circunferência do círculo, o começo e o fim são comuns. [103]

As coisas frias tornam-se quentes, o quente frio, o úmido seco, o árido umedece-se. [126]

A alternância é mais do que uma sequência de opostos: é conversão mútua, passagem de um no outro; tensão armada e aliança conjugal de contrários no uno-todo.

A resolução das diferenças no processo uno que a tudo subjaz foi um dos temas centrais da filosofia grega. E a meditação sobre o ritmo, enquanto alternância, não pôde desligar-se do caráter bipolar da vida que aparece em toda parte: no *sexo* (masculino, feminino), no *ciclo do ar* (inspiração, expiração), no *movimento do sangue* (o fluxo e o refluxo marcado pelas batidas do coração), nos *estados da temperatura* (quente, frio; úmido, seco), nos *estados do som* (grave, agudo), nos momentos do *tempo* (lento, rápido), nos modos da *luminosidade* (claro, escuro), nos modos da *energia* (forte, fraco)...

As grandes correntes filosóficas do Extremo Oriente, o Tao e o Zen, percebem a totalidade do real como um processo ritmado pela alternância de dois princípios opostos e complementares: Yang e Yin.

Yang é masculino, centrípeto, contraído, interiorizado, temporal, quente e pesado.

Yin é feminino, centrífugo, expansivo, exteriorizado, espacial, frio e leve.

Yin e Yang estão copresentes em todos os fenômenos. Atraem-se mutuamente, mutuamente repelem-se. O som é Yang. O silêncio é Yin. Yin chama e produz Yang. Segundo Christian Huguet:

> É principalmente aos músicos que mais deve a teoria do Yin e do Yang [...] A música, a arte mais alta, nos permite reencontrar essa espécie de clareza instintiva que é, de algum modo, "a linguagem natural" elementar dos animais e das coisas, puramente sensitiva, e a tradução da vida profunda [...] Ninguém pode subtrair-se à lei universal do

ritmo: é o que entende Khi-Pa quando dá a seu Imperador, Hoang-Ti, as regras higiênicas e dietéticas que asseguram uma longa vida. Na idade antiga, os homens viviam segundo o Tao, eles observavam a lei do Yang e do Yin.[13]

Todo ser vivo passa por estados ou movimentos que só consegue nomear dentro de um sistema de opostos relativos: o frio é frio em relação ao quente; o lento é lento em face do rápido; e vice-versa.

Ora, o ritmo cava na matéria viva justamente a figura da *passagem*, que é a mudança de estado. Feita a mudança, há nova passagem, com a volta a estados anteriores: o que é o papel da *repetição*.

Assim, o movimento operado pelo ritmo se faz: a) do mesmo para o outro (*passagem para a alteridade*), e b) do outro para o mesmo (*passagem para a repetição*).

O movimento que muda as coisas para, depois, reproduzi--las, e que as reproduz para de novo mudá-las, rege-se, no fundo, por um esquema cíclico. E "esquema" ou "forma do movimento" chamou Émile Benveniste o *ritmo*, em um belo ensaio sobre a noção de ritmo em sua expressão linguística.[14] Platão já dissera coisa parecida ao definir o ritmo como "ordem do movimento" (*Leis*, II, 665a).

O discurso também gera-se na corrente da alternância vital. Há diferença entre a força usada para articular uma sílaba dominante e a que se aplica para articular a sílaba que a segue. E há retornos de força acentual, quando se volta para carregar com energia maior um novo som (em um modelo: forte-fraco-forte, em que o terceiro momento semelha o primeiro): junto com o movimento-para-frente (que *vai*, no caso, do forte para o fraco), opera-se o movimento-para-trás, que *vaivolta* do fraco para o forte. Essa dupla direção define

110

uma linha periódica e espiralada. O dual, o diferente (ponto $a \neq$ ponto b) inflecte, de modo constante, no sentido do uno (ponto $c =$ ponto a).

O avanço na ordem da frase pode ser ou um avanço ou um retorno na ordem da música. Tal a fórmula própria do discurso ritmado. Jogo de diferenças que se compensam e se recuperam na volta ao semelhante.

A diferença existe, sim: o momento b é posto entre a e c; mas vale como ponte de passagem, deslizamento entre pousos marcados e semelhantes.

Às vezes, o momento diferenciado (b) dura mais tempo que o momento forte, inicial: por exemplo, no compasso ternário, o número de sílabas fracas é mais alto do que o de sílabas fortes (*ább, ább, ább...*). Mas trata-se apenas de uma variante interna do modelo básico, em que a alternância está sempre voltada para a reprodução. A diferença está em que nele se espera um pouco mais para retornar.

Diz Platão, no *Banquete*: "[...] o ritmo resulta do rápido e do lento, primeiro opostos, depois concertados" (187b). O ritmo aparece, aqui, na forma de uma harmonia de base temporal.

No discurso prosaico, chamado pelos latinos "oração solta", a alternância, fiel ao seu princípio de diferenciação, tende a converter-se em simples alteridade serial: b diferente de a; c diferente de b; d diferente de c... As repetições ocorrem, na prosa, apenas por força de parentescos de significado e não precisam distribuir-se em simetrias fechadas. Acontecem onde e quando convêm ao andamento do discurso.

Mas, na composição poética, o uso da alternância faz supor a aplicação inconsciente de um princípio cicloide, "orgânico", da energia vocal. O ritmo, *enquanto periodicidade*, teria este sentido: ser presença sonora da Força, ser Vontade, ser o Desejo no seu eterno retorno. O ritmo não se limita a acompanhar simplesmente o significado do poema: arrasta-o para os esquemas do corpo.

Vêm à mente as notações com que Schopenhauer procurou recobrir o nexo entre a música e as palavras nos textos modulados. A música exprime "a Vontade", "o dentro dos fenômenos"; daí a sua força avassaladora, o poder que tem de atingir a zona inconsciente, pré-categorial, comum ao sujeito e ao mundo. "O efeito dos sons é incomparavelmente mais poderoso, mais infalível e mais rápido que o das palavras." Estas produzem um conhecimento apenas indireto, mediado, do real. Mas o ritmo dá o sentimento dos contrastes de que é feita a vida do cosmos e a vida da alma.

E no momento de definir o ritmo Schopenhauer acaba dizendo, em outras palavras, a "ordem do movimento" de seu mestre Platão: "O ritmo é, no tempo, o que a simetria é no espaço".[15]

Com visada histórica, Vico sugeria que os ritmos épicos tivessem sido os modos mais arcanos de expressão frasal. O falar em ritmo heroico sucedeu ao falar por gestos, aos "atos mudos" do homem-fera. Na linguagem poética dos povos civis, letrados, convivem esquemas cerrados de repetição (ou ritmos) e processos mais livres de articulação voltados para o mundo aberto das significações. A poesia dos tempos modernos é, diz Vico, "meio muda, meio articulada". É força, é representação.

A MELODIA

O ritmo é um modo da força. O andamento é o tempo já qualificado. E a entoação da frase, o seu canto, a que instância se prenderá?

Materialmente, trata-se de um jogo de alturas. Há sílabas altas e sílabas baixas na melodia da fala.

O subir e o descer, muito mais livres e vários na música, são restritos na prática de cada língua. Para o inglês, por exemplo, o linguista Kenneth Pike distinguiu um sistema de quatro alturas fundamentais. Para o espanhol, Navarro Tomás reconhece apenas três. Transpondo essa escala em termos de teoria musical, diz Tomás: "Em inglês, o campo de entoação se aproxima regularmente de duas oitavas (24 semitons), em espanhol, costuma alcançar oitava e terça (16 semitons), em francês, limita-se a uma oitava (12 semitons), e em alemão a uma sexta (8 semitons)".[16]

Assim, cada língua dispõe de um *campo de entoação* que define, a priori, as possibilidades tonais de todas as frases que os seus falantes possam produzir, em prosa ou verso.

Quem não diferencia a linha das alturas de uma frase interrogativa da linha de uma frase afirmativa? Ou exclamativa? Ou imperativa? Ou dubitativa?

E o que é, *linguisticamente*, perguntar ou afirmar ou exclamar ou ordenar ou duvidar, se não prender o processo inteiro da significação à curva da voz que enuncia?

A melodia da fala é cantada desde dentro pela intencionalidade semântica, que se vale da exígua pauta de intervalos do sistema da língua para atingir os efeitos da expressão.

O tom da frase rege, na história da expressão, a escolha dos signos verbais. A palavra própria, exata, o *mot juste*, é o resultado de uma operação de segundo grau, que deriva de um fenômeno mais entranhado no corpo de quem fala, a vontade-de-dizer.

Procurando marcar a diferença entre o canto e o conceito, valeu-se Schopenhauer destas fórmulas escolásticas: "Dir-se-ia

113

que os conceitos abstratos são os *universalia post rem*, que a música revela os *universalia ante rem*, e que a realidade ministra os *universalia in re*".[17]

A entoação desvela os movimentos da alma que estão trabalhando a frase à procura de palavras. Pode haver, portanto, maior ou menor justeza na fixação conceitual: toda escolha é um risco. Mas o tom é sempre o único verdadeiro para quem o experimenta em si mesmo. É um universal afetivo-volitivo que precede e rege os termos da proposição.

Na música, o tom condiciona o sistema de intervalos e, portanto, o quadro de produção da melodia. O latim *tonus* diz originariamente da força com que vibram as cordas vocálicas. *Tonare*: soltar a voz como o troar do trovão: *Iuppiter tonat*. O tônus representa o grau de tensão significante a que se acham sujeitos os músculos, a voz e os instrumentos musicais. O tom é a maneira com que se porta o sopro (pneuma: ar: espírito), manifestação autêntica da vontade. As palavras podem enganar, o tom não. Diz Rousseau:

> A melodia, ao imitar as inflexões da voz, exprime as queixas, os gritos de dor ou de alegria, as ameaças, os gemidos. Todos os signos vocais das paixões estão a seu cargo. Ela imita os acentos das línguas e os torneios que, em cada idioma, são afetados por certos movimentos da alma: não imita somente, fala. E a sua linguagem inarticulada, mas viva, ardente, apaixonada, tem cem vezes mais energia do que a própria palavra. [*Ensaio sobre a origem das línguas*, cap. XIV]

Expressões que fazem lembrar outras, de um espírito tão eminentemente musical quanto Rousseau — Santo Agostinho: "Sinto que todos os afetos de minha alma encontram, na voz e no canto, segundo a diversidade de cada um, as suas próprias modulações, vibrando em razão de um parentesco oculto, para mim desconhecido, que existe entre eles" (*Confissões*, x, 33).

Um modo talvez mais preciso de entender o efeito da entoação é compará-lo com o efeito do ritmo. Que diferença há entre a sílaba acentuada (que define a estrutura métrica) e a sílaba mais vibrante e mais alta da frase? A sílaba mais vibrante é aquela sobre a qual recai a *ênfase da significação interna do discurso*. O tônus poderá coincidir — mas nem sempre coincide — com o acento da sílaba dominante. São comuns os casos de aplicação da força anímica na primeira sílaba, ainda que átona, de uma palavra sentida como fundamental no processo da expressão.

"Não vou, já disse. Não posso. É *im*-possível..." O falante não espera até a terceira sílaba (impos-*sí*-vel), para fazer cair o *tônus da negação*. Fá-lo cair já na primeira (*im!*possível), que passa a ser a mais vibrante, a mais alta e a mais longa. Na verdade, a sílaba em questão (*im!*) é, rigorosamente, o momento tônico do discurso.

Em um poeta amigo de tons menores e do anticlímax, Carlos Drummond de Andrade, não é raro sentir a última sílaba tônica soar com pedal abafado, deixando a outras a função de compor a cadência mais viva:

> *Meus olhos são pequenos para ver*
> *o mundo que se esvai em sujo e sangue,*
> *outro mundo que brota, qual nelumbo*
> *mas veem, pasmam, baixam deslumbrados*
> ["Visão 1944", em *A rosa do povo*]

A palavra-fecho, *deslumbrados*, está imersa em uma penumbra tonal, apesar do seu significado. E a voz, que terá subido nas primeiras sílabas de "veem, pasmam, baixam", desce ligeira, mas resolutamente, na última palavra: o *bra*, de "deslumbrados", não é o momento alto, vibrante, tônico, do verso, apesar de ser, nada mais nada menos, que a sílaba tônica definidora do metro dodecassílabo.

O mesmo acontece com a abertura de "Telegrama de Moscou":

> *Pedra por pedra reconstruiremos a cidade.*
> *Casa e mais casa se cobrirá o chão.*
> *Rua e mais rua o trânsito ressurgirá.*

Nos três versos, a zona vibrante é a inicial:

> *Pedra por pedra...*
> *Casa e mais casa...*
> *Rua e mais rua...*

Os fechos são todos descendentes, mesmo quando a estrutura da célula métrica faça supor uma leitura marcada: em "[...] o trânsito ressurgirá", a última sílaba (*rá*), embora tônica e definidora do verso alexandrino, é baixa, quase surda, do ponto de vista semântico-melódico.

Dá-se, nesses vários casos, um enlace de metro, andamento e entoação, mas é esta última que sobredetermina os dois primeiros; e tudo obedece à presença invisível da intencionalidade, móvel profundo de toda linguagem.

Contexto expressivo e tom sempre andaram juntos. Sempre se falou em tom lírico, tom épico, tom trágico, tom cômico, tom dramático... Às vezes, é a fôrma social que modela a qualificação: há o "bom" tom, o tom doutoral, o tom popular, o tom nobre, o tom rústico, o tom familiar, o tom burocrático... A socialização do tom levou a estender amplamente o significado do termo; sinal de que, na consciência linguística, o tom é sempre um modo geral de portar-se do falante.

Quanto à marcação psicológica, pode-se dizer que está no coração da tonalidade. O tom é, enquanto *páthos da voz*, colérico ou tranquilo, apaixonado ou seco, terno ou ríspido, franco ou fingido... Os discursos são, nessa perspectiva, sistemas tonais subjetivos e objetivos, que se distinguiriam uns dos outros pela maior ou menor amplitude de intervalos melódicos.

Se se perguntar agora (como se fez com o ritmo) qual é o modo poético de assumir a entoação, a resposta será, em parte, análoga.

O ritmo empuxa a frase para um *ciclo de alternâncias* em busca de uma unidade orgânica profunda, lembrando as idas e vindas da respiração em que o inspirar e o expirar são opostos, mas complementares para a vida dos pulmões e do corpo todo. A entoação também compreenderia uma dualidade de base: sílabas altas e sílabas baixas, sílabas agudas e sílabas graves. Umas e outras formam a curva melódica que sobe e desce em função do contínuo expressivo do discurso.

Até aqui, a semelhança.

Mas é preciso salientar o caráter mais *ativo* e *criador* da entoação quando comparada à estrutura fixa do acento. A melodia, como o andamento, move-se por força da intencionalidade, do querer-dizer, ao passo que o ritmo está, em boa parte, determinado pela natureza prosódica de cada vocábulo.

Leio, em Tomachévski: "A realização das entoações conhece uma liberdade maior que a dos acentos léxicos".[18]

Na prática viva da linguagem, a curva melódica varia conforme a interpretação que cada falante dá ao enunciado, ao passo que o acento de qualquer palavra (e, mais ainda, o timbre de qualquer fonema) remete a um sistema dado e transmitido socialmente: a língua.

A margem maior de atividade interpretante de que dispõe a entoação faz pensar em um uso singular da força anímica. Volte-se, para efeito de confronto, a considerar o ritmo. Pela alternância de sílabas, a energia da voz se aplica em momentos contrários (*thesis, arsis*), reproduzindo um ciclo de origem corporal feito de repetições e retornos de momentos marcados. Já foi universalmente notado o caráter instintivo do ritmo: ele mexe com o sangue, excita, arrasta, arrebata, entontece, hipnotiza... Ritmo: onda que se divide, mas para remontar à origem una, redobrando e tresdobrando as próprias forças. O limite do impulso rítmico é a auto-ostensão nua das energias vitais. Na música, especialmente no baixo-contínuo, e, mais ainda, na dança (ouça-se o *Bolero* de Ravel), sente-se com todo o ser o dinamismo do ritmo entregue a si mesmo. Na fala, o tempo expressivo, que se cumpre no andamento da frase, acaba dando um peso significativo ao vaivém do ritmo, dirigindo para um sentido a pressão vital. Mas o resgate simbólico das potências inconscientes faz-se de modo ainda mais acabado à medida que se desenha a curva tonal do período. Então, a força da voz, aplicada à vibração e ao jogo das alturas, distribui-se entre as sílabas para realçar momentos da frase que afetam a consciência no seu ato de significar.

A entoação é suporte físico de atos simbólicos, e até mesmo lógicos, como o afirmar, o negar, o perguntar e o duvidar. Aliás, lógos significava, na boca dos líricos da Grécia antiga, não só "discurso", como "narrativa" e, o que de perto nos interessa, "canção".[19]

A curva melódica já daria, por si, sem palavras, índices do estado emotivo do falante em relação ao enunciado. *Expressão*, por excelência, posta entre o difuso do sentimento e o articulado da frase, a melodia traz o poema de volta à sensibilidade ao mesmo tempo que leva o discurso ao esplendor da predicação.

Prestemos o ouvido à entoação de um falante. As sílabas nas quais a voz vibra e se alteia são sempre as que integram palavras ou momentos de frase que acusam maior empenho da percepção ou envolvem determinados afetos. A entoação é sinal de que o predicado *interessa* o sujeito.

A frase bem entoada nos dá, sinteticamente, o aspecto lógico da predicação e o estado sensível do canto. Conciliando, sob as espécies da voz, o *conceito* e *quem o concebe*, a melodia é um dos modos mais intensos e agudos da presença do Ser-aqui junto ao processo simbólico. Uniforme e pesada na afirmação pura, sinuosa na dúvida, abrupta na ordem, rompante ou ardida na pergunta, cariciosa no pedido ou sufocada, bifronte na ironia, espraiada na exclamação, a toada da linguagem afina as múltiplas situações emotivas e volitivas de quem fala. Como o andar, o portar-se do corpo, o aceno da cabeça, a mobilidade dos olhos.

A entoação em estado puro (o *tom* em si) semelha um gesto espontâneo que saísse do corpo sonoro. Ela irrompe nas interjeições, gritos que são de espanto, de alegria ou de dor. Mas não só: pode assumir também modulações paralógicas, como o fazem certas emissões nasais que interrogam difusamente: *huuu?* (= o quê?). Ou negam: *ãh-ãh* (não não). Ou duvidam, reticentemente: *huuu...* São modos tonais, selvagens e intelectuais, de reação do sujeito ao interlocutor.

No encontro de afeto e lógica, se as forças emotivas dominassem, absolutas, a conduta do sujeito, dar-se-ia a inibição da fala. As conhecidas metáforas do "nó na garganta" e da "voz embargada pela emoção" têm, como todas as metáforas correntes, um poder cognitivo. Que as palavras de um cientista da linguagem, Edward Sapir, confirmam plenamente: "A emoção tende, proverbialmente, à perda da voz".[20]

O tom não se limita a abrir um canal para a afetividade; o tom opera uma transposição dos altos e baixos emotivos para a pauta da significação. "O ideal é o material traduzido" (Marx).

A *tradução* mantém uma certa analogia com o contexto original. O canto da frase poética, a sua modulação, fica a meio caminho entre o inarticulado nó na garganta (ou o grito) e a soltura do discurso em prosa.

A mudança, ainda que ligeira, de altura na curva melódica pode modificar o sentido. A leitura poética atualiza também esse traço lábil da entoação. É o que se passa no verso que fecha o "Poema do nadador" de Jorge de Lima:

> *A água é falsa, a água é boa.*
> *Nada, nadador!*
> *A água é mansa, a água é doida,*
> *aqui é fria, ali é morna,*
> *a água é fêmea.*
> *Nada, nadador!*
> *A água sobe, a água desce,*
> *a água é mansa, a água é doida.*
> *Nada, nadador!*
> *A água te lambe, a água te abraça,*
> *a água te leva, a água te mata.*
> *Nada, nadador!*
> *Se não, que restará de ti, nadador?*
> *Nada, nadador.*

O significado da palavra *nada* (verbo *nadar*, ou pronome indefinido negativo) resulta da inflexão da voz que muda quando se lê o último verso. É um caso extremo em que é o modo de entoar que define a "objetividade" semântica da palavra.

DO SOM AO SILÊNCIO

O ritmo e a entoação são formas do movimento, acentual ou ondulatório, da fala.

No ritmo, o movimento se divide em ondas para banhar de novo e com mais força a unidade original. Essa unidade é a síntese da oposição entre momentos fortes e momentos fracos.

No jogo melódico, o movimento tende antes à diatonia, à expansão e ao voo do que ao retorno simétrico da energia sonora sobre si mesma.

A distinção entre ritmo e entoação está representada no sistema da língua. Notou Martinet: uma língua tem *tons*, nunca um tom. Mas uma língua tem um acento, não *acentos*.[21]

Ritmada e entoada, a frase não é um contínuo indefinido. Abriga *pausas* internas. Deságua no silêncio final.

Parece que a função interna mais importante da pausa é marcar as células métricas e sintáticas, ordenando, desse modo, o *tempo da leitura*.

A pausa divide e, ao dividir, equilibra.

Mas as paradas internas exercem um papel ainda mais intimamente ligado ao movimento inteiro da significação. Uma vírgula, um ponto e vírgula, um "e", um branco de fim de verso, são índices de um pensamento que toma fôlego para potenciar o que já disse e chamar o que vai dizer.

Potenciar o discurso não é, necessariamente, acrescer por meio de amplificações. É também podar, restringir, ativar oposições latentes.

A pausa é terrivelmente dialética. Pode ser uma ponte para um *sim*, ou para um *não*, ou para um *mas*, ou para uma suspensão agônica de toda a operação comunicativa. Em cada um dos casos, ela traz a marca da espera, o aguilhão da fala, o confronto entre os sujeitos.

Há a pausa que acumula ressoos; é a mais propícia aos desdobramentos do páthos:

> *Abre-me os braços,/ Solidão radiante,/*
> *funda,/ fenomenal/ e soluçante,/*
> *larga e búdica Noite redentora!*
> [Cruz e Sousa, "Êxtase búdico", nos *Últimos sonetos*]

Entretanto, o mesmo índice, a vírgula, pode levar o discurso ao ângulo inesperado do contraste ou do paradoxo. A leitura em voz alta, prolongando, por um segundo que seja, a duração do silêncio, dará a este toda a sua força de antecipação:

> *Quem anda pelas lágrimas perdido,/*
> *Sonâmbulo dos trágicos flagelos,/*
> [...]
> *É quem entrou por todas as batalhas,/*
> *as mãos/ e os pés/ e o flanco ensanguentando,/*
> *amortalhado em todas as mortalhas./*
> *Quem florestas e mares foi rasgando/*
> *e entre raios,/ pedradas/ e metralhas,*
> ficou gemendo,// mas ficou sonhando!
> [Cruz e Sousa, "Triunfo supremo"]

Na medida em que exerce uma função abertamente semântica, a pausa pertence antes à ordem da entoação e do andamento que à ordem, mais regular e cíclica, do metro. Isso não quer dizer, evidentemente, que a pausa métrica seja desimportante: ela existe e pesa, ela ressalta a força do ritmo, mas a verdadeira arte do poeta se exerce ao escondê-la, evitando o martelo e a monotonia, a não ser quando no contexto martelo e monotonia se façam necessários. Nesse caso, andam juntos metro, andamento e entoação. O grande exemplo em nossa língua são as tiradas épicas de *I-Juca Pirama*, de Gonçalves Dias.

A pausa que separa a frase que foi da frase que virá é um silêncio cujo sentido vivo já pulsa na frase que foi. Vamos ler cada uma das nove pausas finais do poema "Maçã" de Manuel Bandeira:

> *Por um lado te vejo como um seio murcho/* [pausa 1]
> *Pelo outro como um ventre de cujo umbigo*
> *   [pende ainda o cordão placentário/* [pausa 2]
>
> *És vermelha como o amor divino/* [pausa 3]
>
> *Dentro de ti em pequenas pevides/* [pausa 4]
> *Palpita a vida prodigiosa/* [pausa 5]
> *Infinitamente/* [pausa 6]
>
> *E quedas tão simples/* [pausa 7]
> *Ao lado de um talher/* [pausa 8]
> *Num quarto pobre de hotel//* [pausa 9]

A pausa que segue o primeiro verso,

> *Por um lado te vejo como um seio murcho/,*

guarda em si a visão do fruto sob a imagem macia e bojuda do seio murcho; mas, ao mesmo tempo, o desenho da frase que desencadeia o poema ("Por um lado...") pede que o sentido seja completado. A pausa não é, por isso, apenas uma caixa de ressonância do que foi dito; é também expectação, que se cumpre no verso longo,

Pelo outro como um ventre de cujo umbigo pende ainda o cordão placentário.

A segunda pausa parece repousar (ao contrário da primeira) na percepção de uma estrutura acabada. Ela remata um período cuja tensão se resolveu no equilíbrio da sintaxe e das imagens: "por um lado"... "pelo outro"; "como um seio murcho"... "como um ventre". Repouso tão mais perfeito quanto mais largamente se espraiou o segundo momento da comparação: "como um ventre de cujo umbigo pende ainda o cordão placentário". A música *rallentata* desse verso livre preencheu e superou a expectativa armada pelo primeiro verso. O silêncio, que depois deste era tenso, agora se distende. A pausa, mais longa, é capaz de engendrar no leitor (e, mais ainda, no ouvinte) um pensamento em torno daquelas metáforas do corpo com que Manuel Bandeira vai formando a figura do fruto. Maçã que é seio, maçã que é ventre, maçã que tem umbigo, maçã presa ao cordão da placenta...

Dessa pausa segunda, grávida do próprio ressoo; dessa pausa alargada pelo duplo espaço branco, poderá emergir o novo, o surpreendentemente novo:

És vermelha como o amor divino,

verso cor de sangue e fogo, verso que deixa a memória quente com a saturação das sílabas que movem os lábios: *ver/me/ mo/ mô/vi/*. A maçã também é boca.

O calor que irradia do último atributo, "amor divino", dá ao silêncio que prolonga a sua nomeação a margem de uma espera. A saturação do som é cálida, e cálida a imagem que chega ao espírito; logo móvel, capaz de pôr o poema à procura de outros significantes, e de penetrar no íntimo dessa maçã rubra e viva como o coração de Deus.

O que virá depois dessa pausa é a entrada no cerne do fruto que se ofereceu ao homem no mais antigo dos jardins. A unidade que segue:

Dentro de ti em pequenas pevides/   [pausa 4]
Palpita a vida prodigiosa/   [pausa 5]
Infinitamente/   [pausa 6],

cobre a expectativa da terceira pausa, porque aprofunda (*dentro de ti*) o movimento (*palpita*) e nomeia as potências do amor divino (*a vida prodigiosa/ Infinitamente*).

Trata-se de um período simples, de uma só oração. Mas essa unidade triparte-se metricamente em versos, o que permite uma análise diferencial das pausas que os limitam.

A quarta pausa é a mais breve de todas, pois segue-se a duas expressões de lugar ("Dentro de ti em pequenas pevides") que reclamam a presença do foco da oração, o liame predicado-sujeito: daí a rapidez com que a leitura perfaz o enjambement para o verso do centro:

Palpita a vida prodigiosa.

A pausa de número 4 era uma quase ponte, mais ponte que pausa, antes unia que apartava as margens do texto. Em confronto com ela, a quinta pausa tem maior duração. Já está dito o essencial da frase. O espírito repousa, de novo. O que segue é uma coda musical que se estende, depois de lidos os três versos, como um alongamento e um potenciamento do verbo: (palpita) *Infinitamente*. O advérbio é aqui a marca de um clímax de intensidade que começa em "Dentro de ti...".

Infinitamente, palavra da indeterminação por excelência. O silêncio volta a ser cheio. Pausa-ressonância, pausa-eco, pausa que recolhe o som e o sentido do poema inteiro até o momento. O ouvinte não sabe se virá alguma palavra ainda; e, se vier, não tem ideia de qual seja. Há, de novo, como depois da pausa 2, lugar para o novo. Ou, mais rigorosamente, lugar para a alternativa: ou fim ou retomada do discurso. A dúvida também ocupa o silêncio dessa última pausa.

Que no ânimo do poeta está marcada a segunda opção vê-se pelo início do último movimento: *E...*

E quedas tão simples/   [pausa 7]
Ao lado de um talher/   [pausa 8]
Num quarto pobre de hotel.//   [pausa 9]

A maçã, que fora penetrada pelos signos do corpo, do divino, e do corpo divino até o infinito, agora se põe e se dá no ângulo de um cotidiano modesto onde ela "queda" simples.

Como ler os últimos versos? É preciso moderar a altura e conter a ênfase da voz que este "tão" ("E quedas tão simples") propicia mas abaixa e abafa até a surdina fazendo seguir-se de palavras quase neutras, ontologicamente modestas, recolhidas:

Ao lado de um talher
Num quarto pobre de hotel.

O *E* que inicia todo o período final é concreto, feito de ruptura e ligação. Ruptura: "E quedas tão simples" quer dizer: apesar de tua infinitude, quedas tão simples. Ligação: "E quedas tão simples" quer dizer: além disso, também, quedas tão simples.

Nesse anticlímax as pausas internas (pausas 7 e 8) também são menos cheias, mais humildemente contidas. Duram pouco, apenas o bastante para marcar a intenção antirretórica do final. Caso durassem mais que esse breve tempo, acabariam produzindo a outra retórica, a do contraste entre o divino e o terrestre que, sem dúvida, espreita o processo semântico do poema.

Comparem-se quanto à sintaxe e quanto ao metro os dois momentos finais. No penúltimo (*Dentro de ti* [...] *Infinitamente*), o verso vai ficando mais curto à medida que se torna mais intensa a significação. No último (*E quedas* [...] *hotel*) dá-se o contrário: a linha do verso alonga-se ao passo que a significação se move do centro e do clímax (*E quedas tão simples*) para a periferia, que é o momento da pura contingência: *Num quarto pobre de hotel.*

Qual o efeito dessa oposição métrica na duração da pausa? As pausas 4 e 5, que integram momentos de um crescendo, devem ser mais breves que as do segundo período (as pausas 7 e 8), que se fazem depois do clímax.

A pausa derradeira do poema é toda presença. Concreta, veio se fazendo junto com as imagens e os afetos movidos verso por verso. Ela traz em si a memória de todos os signos, os do céu e os da terra, trabalhados que foram pelo espírito do texto que concilia os opostos dizendo-os em melodia decrescente e em tom menor.

O silêncio que entremeia os versos de Manuel Bandeira é um silêncio vivo. Cresce junto com o discurso poético, marca o compasso da leitura, regula a vibração da voz, potencia o som e o sentido do verso findo, pressente o novo. Ou ainda, satura-se da dúvida lançada pelos caminhos que a significação vai abrindo.

A pausa interna, quer junte, quer disjunte, é um pouso apenas. Convém pensar um pouco na pausa final, aquela que já não espera mais nada do texto.

Em primeiro lugar, não se pode esquecer que o texto poético atualiza o ritmo da linguagem. O ritmo, enquanto série de alternâncias, aponta para a finitude. A série aponta para o fim. A série é cadência. Cada acento existe e vale só como um instante da força que deve ceder ao seguinte a energia expiratória que o proferiu. A dança da ênfase e da atenuação se perfaz na ordem ritual de momentos acentuados e momentos átonos. A série de alternâncias traz na sua estrutura o princípio da morte: morte que é passagem da força vital de um elo a outro elo da cadeia. O outro elo, por sua vez, existe para dissipar-se no que se lhe segue. A distribuição cíclica e inexorável de forças acaba em um triunfo da vida (enquanto dura a sucessão do poema) e em um triunfo da morte, quando sobrevém o silêncio final, onde se esvaem e se calam todas as oposições.

Esse, o destino do ritmo. Arrebata o som a um dinamismo extremo, alucinante. Traz a mensagem da finitude, o abrupto silêncio.

E o canto da frase? A curva melódica também expira depois que se revezaram os tons altos e os tons baixos pelas sílabas do poema. No entanto, o silêncio que acompanha a expressão modulada não é um silêncio vazio. A pausa deixa ressoar a tonalidade afetiva do período: o que continua vivo na consciência do outro é o sentido mais fundo que a entoação despertou. A certeza, a dúvida, a negação, a pergunta, o desafio, a admiração, a ironia... — modos da relação do eu com o próximo — sobrevivem ao corpo musical de cada enunciado.

Hegel, instando sobre o caráter mais espiritual da poesia, se comparada às outras artes, diz: "Assim, associado a representações espirituais, o som puro e simples transforma-se em palavra; e esta, por sua vez, de fim em si, transforma-se num meio de expressão espiritual, já sem a independência e a liberdade dos sons. É nisto que consiste a diferença essencial entre a música e a poesia".[22]

A expressão verbal perde, é verdade, "a independência e a liberdade dos sons", peculiar à música; mas o silêncio que se abre depois da última palavra guarda, nas dobras da percepção de quem ouve, o modo de ser de quem fala. O tom, prolongado na pausa, tem um alcance interpessoal.

A pausa final assinala a passagem da expressão finita, acabada em si, para a expressão não finita, que depende do estado, mais ou menos sensível, do receptor. Para que as ondas da entoação possam atravessar a pausa e se transferir ao ouvinte, é preciso que se cave neste um silêncio aberto e expectante que permita a tradução de uma subjetividade em outra.

O ser vibrante do silêncio não depende só da voz que o precede: ela dá o estímulo, mas não é tudo. O outro momento, aquele que mantém a intersubjetividade, o momento da *atenção*, ponta extrema e fina do espírito, é que traz à consciência social o sentido vivo do silêncio. O silêncio dissipado ou inerte sela a morte da mensagem.

4
O ENCONTRO DOS TEMPOS

Quanto mais verdadeiro, tanto mais poético.

Novalis

Leopardi anotava no seu diário, aos 11 de julho de 1823:

Tudo pode ser contemporâneo deste século, menos a poesia. Como pode o poeta adotar a linguagem e seguir as ideias e mostrar os costumes de uma geração para a qual a glória é uma fantasia, a liberdade e o amor da pátria não existem, o amor verdadeiro é uma puerilidade; em suma, onde as ilusões se esvaíram todas, e as paixões, não só as grandes e nobres e belas, mas todas as paixões se extinguiram? Um poeta, enquanto poeta, pode ser egoísta e metafísico? E o nosso século não é, tal e qual, no seu caráter? como, então, pode o poeta ser caracteristicamente contemporâneo enquanto poeta?[1]

Leopardi percebeu, de um só golpe, a cultura burguesa: o egoísmo e a abstração, que ele chamava, com desprezo, "metafísica".

Nessa cultura, o homem é átomo voltado para si, cortado da comunidade; e, átomo, concebe os outros homens e as coisas como outras tantas mônadas. Há pouco lugar para as formas de socialidade primária quando tudo é medido pelo status, pelo dinheiro, pelo caráter abstrato das instituições; e quase nenhum lugar para a relação afetiva direta com a Natureza e o semelhante. Egoísmo e abstração geram modos de sentir, agir e falar muito distantes das condições em que se produz a poesia: que é exercício próprio da empatia, das semelhanças, da proximidade.

As conclusões de Leopardi (que se encontram depois em Schopenhauer e em Nietzsche, leitores apaixonados do poeta italiano) são avatares da teoria do estranhamento. Belo é o que nos arranca do tédio e do cinza contemporâneo e nos reapresenta modos heroicos, sagrados ou ingênuos de viver e de pensar. Bela é a metáfora ardida, a palavra concreta, o ritmo forte. Belo é o que deixa entrever, pelo novo da aparência, o originário e o vital da essência. Por isso, o belo é raro: "Tudo se aperfeiçoou de Homero em diante, mas não a poesia".[2]

Mesmo quando o poeta fala do seu tempo, da sua experiência de homem de hoje entre homens de hoje, ele o faz, quando poeta, de um *modo* que não é o do senso comum, fortemente ideologizado; mas de outro, que ficou na memória infinitamente rica da linguagem. O tempo "eterno" da fala, cíclico, por isso antigo e novo, absorve, no seu código de imagens e recorrências, os dados que lhe fornece o mundo de hoje, egoísta e abstrato.

Nessa perspectiva, a instância poética parece tirar do passado e da memória o direito à existência; não de um passado cronológico puro — o dos tempos já mortos —, mas de um passado presente cujas dimensões míticas se atualizam no modo de ser da infância e do inconsciente. A épica e a lírica são expressões de um *tempo forte* (social e individual) que já se adensou o bastante para ser reevocado pela memória da linguagem.

POESIA E "MUNDO-DA-VIDA"

A atividade poética busca uma relação intensa com o "mundo-da-vida", tal como Husserl definia o estado pré-categorial da existência.

A compreensão desse processo de relação entre palavra e realidade vital faculta o entendimento de vários caracteres comuns a todos os grandes textos poéticos:

1) A linguagem da poesia é mais singularizada que a da não poesia. A existência, enquanto ainda não repartida e limitada pela divisão do trabalho mental (que produz o código das ideias abstratas), apresenta-se na sua variadíssima concreção de aspectos, formas, sons, cores. A palavra poética recebe uma espécie de efeito mágico do seu convívio estreito com o modo singular, pré-categorial, de ser de qualquer um desses aspectos. *Este rio, aquele rosto, esta rosa, aquela nuvem*: imagens e situações unitárias e inconfundíveis: eis os "sujeitos" do poema.

2) *Singular* não quer dizer isolado. O objeto separado é um dado empírico, igual a todos os outros dados empíricos, e assim tratado pela ciência positivista que o destaca da percepção singularizadora. Rio, rosto, rosa, nuvem: objetos neutros da abstração, verbetes de um dicionário de substantivos comuns. No poema, o singular é o concreto, o ser "multiplamente determinado", multiplamente unido aos sentimentos e aos ritmos da experiência, multiplamente composto de conotações históricas e sociais. Singular é o momento pleno da vida,

o mais rico de todos; por isso difícil de ser expresso fora dos termos de imagem-som:

> *Não a vaga palavra, corrutela*
> *vã, corrompida folha degradada,*
> *de raiz deformada, abaixo dela,*
> *e de vermes, além sobre a ramada;*
> *mas a que é a própria flor arrebatada*
> *pela fúria dos ventos, mas aquela*
> *cujo pólen procura a chama iriada,*
> *— flor de fogo a queimar-se como vela:*
> *mas aquela dos sopros afligida,*
> *mas ardente, mas lava, mas inferno,*
> *mas céu, mas sempre extremos. Esta, sim,*
> *esta que é a flor das flores mais ardida,*
> *esta veio do início para o eterno,*
> *para a árvore da vida que há em mim.*
>
> [Jorge de Lima, *Invenção de Orfeu*, x, 10]

O soneto fala da palavra viva. E o modo de dizer os seus percursos é ir construindo a sua imagem. Primeiro, com as armas da negação: "Não a vaga palavra, corrutela vã"; e da antimetáfora: "folha degradada", "raiz deformada", "vermes". Depois, recuperando a metáfora e inscrevendo em um só impulso as forças desencadeadas pela Natureza e os signos móveis do texto: palavra-flor na fúria dos ventos; palavra-pólen na chama iriada; palavra-flor afligida dos sopros; palavra-flor de fogo; palavra-lava... Enfim, a palavra, nascida em um cosmos grávido de contrastes, "sempre extremos", céu e inferno, a palavra, vinda "do início para o eterno", abre-se à aventura do sujeito, "para a árvore da vida que há em mim".

Determinações múltiplas e contrárias, o não ser e o ser, o tempo e a eternidade, o mundo e o *eu*, vão crescendo junto com a significação da palavra. Concreto *quer dizer, precisamente: o que cresceu junto.*[3]

O grau inferior ao concreto encontra-se em tudo o que foi arrancado ao processo de crescimento; em toda forma de vida e de expressão que sofreu um corte precoce e arbitrário que a isolou da História e a enrijeceu ou a matou antes do tempo: em tudo o que foi abstraído e ficou abstrato.

3) *O caráter concreto da palavra poética não se identifica, necessariamente, com o caráter icônico, mais imediato, das artes visuais.* O concreto do poema cresce nas fibras espessas da palavra, que é um código sonoro e temporal; logo, um código de signos cujos referentes não transparecem, de pronto, à visão. Para compensar esse intervalo, próprio de toda atividade verbal, o poema se faz fortemente motivado na sua estrutura fonética, na sintaxe e no jogo das figuras semânticas.[4]

4) Mas dizer que a relação entre a poesia e o mundo-da--vida se faz só mediante a imagem seria dizer as coisas imperfeitamente. A imagem vem transposta para a clave do *signo* linguístico, o qual se constitui de um ou mais significados (que o universalizam) e de um significante sonoro, que o imerge no fluxo do tempo vocal. Logo, *há entre o poeta e o campo da experiência não só a mediação imagística como também as várias mediações do discurso*: o tempo, o modo, a pessoa, o aspecto, faces todas que a *predicação* verbal configura.

Qual é o papel de cada uma dessas mediações? A mediação imagística é responsável pelo tipo de apreensão da realidade que se faz, por exemplo, ao dizer um substantivo concreto. O nome *rio* é nome e é imagem recortada de um momento da experiência humana.

E a mediação do discurso é responsável pelo modo propriamente verbal com que o poeta trabalha as suas imagens em um código articulado em *sequências* (fonema após fonema), que, por sua vez, vão produzindo *relações* (tempo, espaço, causa...) no interior da frase. O discurso *situa* o nome e o *modaliza*.

Leia-se esta bela e forte quadra de Rosalía de Castro:

> *Não cuidarei dos rosais*
> *que ele deixou, nem dos pombos,*
> *que eles sequem, como eu seco,*
> *que eles morram, como eu morro.*[5]

Os nomes concretos — *rosais, pombos* — desenham na pele do texto imagens tomadas à visão do real. Parecem puros "instantâneos" da natureza: flores, pássaros. Imagens de seres únicos e irrepetíveis: aqueles rosais, aqueles pombos. Mas justamente porque singulares, são imagens ricas de todas as determinações que a experiência do poeta *em situação* já conheceu. Os rosais e os pombos, outrora plantados e criados pelo trabalho do camponês, foram, "agora", deixados à mulher solitária pelo seu homem, migrante que saiu das terras da Galiza em busca do pão: rosais e pombos "que ele deixou".

A trama histórica que prende, a certa altura, o sujeito e o mundo, as pessoas e as coisas, impôs à breve lírica um ponto de vista, produtor de conotações: o abandono, a seca, a morte: "não cuidarei", "que ele deixou"; "sequem", "seco"; "morram", "morro". Quem fala é a mulher galega, "viúva de um vivo". O seu discurso não é um discurso qualquer: ele amarrou com os fios da negatividade e do protesto impotente as imagens que, avulsas, poderiam errar diante de nossos olhos como formas soltas da paisagem: rosais... pombos...

> *Que eles sequem, como eu seco,*
> *que eles morram, como eu morro.*

A figura da realidade, que *está presente* nos nomes, é modalizada pelo *páthos* da situação existencial que só o discurso inteiro sabe apreender. Mimese e *páthos* — representação e expressão —, forças nucleares da linguagem, aqui trabalhadas e postas em evidência pelos procedimentos da repetição dos sons e pela afinidade entre as imagens da natureza e a voz do eu lírico.

As palavras concretas e as figuras têm por destino vincular estreitamente a fala poética a um preciso campo de experiências que o texto vai tematizando à proporção que avança. Como se, pela palavra, fosse possível ao poeta (e ao leitor) reconquistar, de repente, a intuição da vida em si mesma. As figuras são procedimentos que visam a significar o processo dialético da existência que sempre desemboca no concreto. Mas elas só assumem pleno sentido quando integradas em um todo semântico que dá a cada uma delas a sua "verdade", isto é, a sua *co-notação*.

5) *O discurso poético, enquanto tecido de sons, vive um regime de ciclo.*

A sua estrutura é alternativa e recorrente: da sílaba forte para a sílaba fraca e desta para aquela (*ritmo*); da consoante para a vogal e desta para aquela (*subsistema fonético*); da sílaba grave para a sílaba aguda e desta para aquela (*entoação*); da vogal aberta para a vogal fechada e desta para aquela (*timbre*); da sílaba alongada para a sílaba abreviada e desta para aquela (*duração*); do segmento lento para o segmento rápido e deste para aquele (*andamento*).

Assim a fisionomia do poema é sulcada sempre por diferenças e oposições que se alternam com maior ou menor regularidade, de tal modo que a figura do *ciclo* e a figura da *onda* parecem ser as que melhor se ajustam ao todo do poema e ao seu processo imanente. Pelo ciclo que se fecha e pelas ondas que vão e vêm, o poema abrevia e arredonda a linha temporal, sucessiva, do discurso.

6) *Mas por que ciclo? Por que onda?*

Será que a forma poética responde, inconscientemente, a algum princípio vital, à energia que se move perpetuamente em ondas, à Natureza que recomeça perpetuamente o dia depois da noite, a primavera depois do inverno, a lua nova depois do minguante, a semente depois do fruto? O "tempo" da forma verbal reproduzirá em si o *eterno retorno do mesmo* que o pensamento e a História partem e creem superar? Assim pensava Giacomo Leopardi na sua luta contra o progressismo fácil de certos intelectuais liberal-burgueses que faziam ruído no seu tempo: "Tudo se aperfeiçoou de Homero em diante, mas não a poesia".

O MUNDO-DA-VIDA TRABALHADO PELOS TEMPOS HISTÓRICOS

Se me fixo medusado na frase poética (imagem travada pelo som), contemplo uma estrutura estética. Ela guarda em si propriedades que gozam de uma notável estabilidade. Textos míticos recitados há quatro mil anos atrás deixam ver um sistema de repetições e de ritmos tal como hoje o faz um poema de Manuel Bandeira ou de Ungaretti. Há, na poesia como na linguagem (de que ela é a forma suprema), uma capacidade de resistir e de reproduzir-se que parece ter algo das formas da Natureza. Os hindus e os gregos, ao comporem as suas retóricas, perceberam na linguagem dos hinos sagrados e épicos certas "leis" ou constantes que todos os textos pareciam respeitar:

137

recorrências, semelhanças, oposições... Tudo parecia e parece combinado para dar um efeito de coesão e de consonância entre a teia verbal e o movimento dos seus significados. A arte poética posterior, dos clássicos e dos acadêmicos, será, apenas, a regularização culta de fortes tendências primitivas e arcaicas.

Eppur si muove... No entanto, a poesia tem mudado de face através de séculos e séculos de civilização. As condições em que vivem os povos ou os grupos de uma sociedade não são constantes. O trabalho do Homem foi gerando uma consciência do seu lugar entre os seres da Natureza e os seus semelhantes. A realidade originária, pré-categorial, que era apreendida como um todo vivo pelos mitos, pelos ritos e pelos cantos primitivos, começa a ser repartida, classificada e, com isso, conotada pelos *valores* dominantes em cada formação social. Surgem os *pontos de vista* que servem de anteparo entre o homem e as coisas ou os outros homens. A *ideologia*, que é uma percepção historicamente determinada da vida, passa a distribuir valores e a esconjurar antivalores, junto à consciência dos grupos sociais. Já não bastam à palavra poética as mediações "naturais" da imagem e do som; entra na linha de frente do texto o sistema ideológico de conotações que vai escolher ou descartar imagens, e trabalhar as imagens escolhidas com uma coerência de perspectiva que só uma cultura coesa e interiorizada pode alcançar.

Dante, Tasso, Camões, Milton... são criadores de sistemas poéticos imensos quanto à produção de imagens, mas não raro fortemente estreitados por um ponto de vista dominante que os transforma em expressões complexas do grupo político ou cultural a que pertenciam.

É nessa altura que se defrontam os tempos: o tempo corpóreo, inconsciente, cicloide, ondulatório, figural, da frase concreta; e o tempo "quebrado" de histórias sociais afetadas pela divisão do trabalho e do poder, mas já capazes de criticar o poder, a divisão, a reificação.

Em que medida as linhas se cruzam ou se superpõem? O nível da consciência histórica tende a subir e a ocupar a mente do poeta moderno. Mas o desejo, que pulsa na imagem e no som, é indestrutível. Segmentos rotos, descontínuos, e ângulos agudos cortam doces curvas.

As relações do mundo-da-vida com o discurso ideologizado são fenômenos árduos de precisar. Como todos os processos recorrentes, é difícil marcar-lhes uma data de origem. Para tanto, seria preciso saber quando e como se deu, em cada sociedade, a cisão do todo comunitário em castas, estamentos ou classes. Terá sido a partir dessa ruptura fundamental que as atividades simbólicas se foram destacando da sua forma ritual coletiva; e, destacadas, foram assumindo temas e valores da camada dominante. O trabalho do poeta épico já consciente de quem são os senhores dignos de louvação (Virgílio é um bom exemplo) só se tornou possível depois de consumada aquela cisão e introjetada a glória da Casta, da Nação ou do Império na mente do escritor:

Tu regere imperio populos, Romane, memento.[*6]

Falar dessa intersecção é tema ingrato. As interpretações que a sociologia positivista da literatura tem dado ao conteúdo ideológico dos textos poéticos deixam na boca um travo de azedume, pois azedo é o humor que dita, em geral, essas leituras facciosas e redutoras. Não que se deva calar a presença do nexo entre poesia e ideologia. Mas, ao descobrir os pontos de cruzamento, convirá ir mais longe, sabendo que a abordagem dialética, porque é dialética, não pode deter-se no momento

(*) "Tu, Romano, lembra-te de reger os povos sob teu império."

da tese (*literatura, espelho da ideologia*); ela deve avançar firmemente para a antítese, que está na vida social e na linguagem poética (*poesia, resistência à ideologia*). É essa negatividade que redime os momentos em que o verso parece apenas oratória ou variante alienada do pensamento opressor.

A força resistente da poesia só se diz "negativa" quando confrontada com o valor dominante (dito, só por isso, "positivo"). Na verdade, essa "positividade" da ideologia é uma falsa positividade, como todo interesse particular que se reveste de um caráter universal para perpetuar o seu domínio. A ideologia é má positividade, má universalidade, em face da qual toda autêntica invenção poética se alça como necessária e boa "negatividade".

Como, porém, um poeta não vive em uma outra História, distante ou alheia à história da formação social em que escreve, a sua obra poderá conter (e muitas vezes contém, de fato), em equilíbrio instável, o "positivo" da ideologia corrente e o "negativo" da contraideologia, que acaba recuperando a relação viva com a natureza e os homens. Não é preciso insistir em que *positivo* e *negativo* são termos puramente relativos, devendo inverter-se em nosso espírito no momento do juízo crítico. Outros termos, mais estáveis, seriam: *abstrato*, para o conhecimento ideologizado, e *concreto*, para o conhecimento poético.

O curso da História no Ocidente tem resultado de um esforço cumulativo para apartar o homem do mundo-da--vida, graças à crescente divisão das tarefas e à supremacia do valor de troca e das suas máscaras políticas sobre o trato primordial e afetivo com as pessoas e a Natureza. Nesse sentido, os nossos tempos são, como já observavam, com filosofias opostas, Leopardi e Hegel, hostis à poesia, que só se tolera como atividade ilhada, abstraída da prática social corrente e, daí, reificada.

A poesia, a partir do mercantilismo, mantém-se "autêntica" só quando trabalhada desde o íntimo por um projeto, arriscado e custoso, de reaproximar-se do mundo-da-vida, da natureza liberada dos clichês, do páthos humano que enforma o corpo e a alma. Para subsistir, a poesia tem precisado superar, sempre e de cada vez, aquela direção teimosa do sistema que faz de cada homem e, portanto, de cada escritor, o ser egoísta e abstrato que Leopardi deplorava.

Como descrever o regime de luta poética entre o mundo--da-vida e os modos de ser dos sistemas dominantes (capitalismo, tecnocracia, burocracia, indústria cultural)? Talvez me ajude uma expressão paradoxal: esse regime é de *alucinação lúcida*. A raiz comum aos termos da expressão é: *luz*.

Alucinação. Abre-se, primeiro, o tempo iluminado até o delírio e a febre do encantamento de que os seres são penetrados quando os contempla o olhar de fogo do poeta. Os nomes são imagens, estas são ícones, objetos sacralizados. Há um fascínio pela figura do mundo, um fascínio de origem mágica, que dá ao nome do ser uma aura de motivação arcana e medusante, difícil de separar da idolatria. *Nomen, numen*. A poesia, corrente de "alumbramentos", para lembrar a confissão de Manuel Bandeira, desloca-se de um fundo sem fundo da memória ou do inconsciente. O poema aparece em nossa cultura atulhada de empecilhos como um ato de presença puro, forte, arroubado, premente. Na poesia cumpre-se o *presente* sem margens do tempo, tal como o sentia Santo Agostinho: presente do passado, presente do futuro e presente do presente. A poesia dá voz à existência simultânea, aos tempos do Tempo, que ela invoca, evoca, provoca.

Mas *lúcida*. A intuição que dá vida à imagem é mediada pelo discurso, síntese de nome e verbo, sujeito e predicado, visão e ponto de vista.

Quem pre(dic)a algo de alguém exerce sobre a imagem-nome o controle da perspectiva, o poder de afirmar, perguntar, duvidar ou negar. Quem predica é capaz de julgar.

Ora, o "tempo" a que remete o discurso, o tempo das mediações predicativas, é um tempo originariamente social. Social porque intersubjetivo, social porque habitado pelas múltiplas relações entre pessoa e pessoa, pessoa e coisa. E social, em um plano histórico maior, isto é, determinado, de cada vez, por valores de família, de classe, de status, de partido, de educação, sobretudo de educação literária, de gosto. O tempo histórico é sempre plural: são várias as temporalidades em que vive a consciência do poeta e que, por certo, atuam eficazmente na rede de conotações do seu discurso.

A lucidez está, aqui, em escolher o tom conotativo que convém à matéria da intuição. A consciência trabalha os dados primeiros da imaginação e da paixão no sentido de dar-lhes a maior transparência possível dentro de um meio semântico que não é transparente: a linguagem verbal. Nesse labor, que é quase todo o labor da escrita, acaba se impondo à matéria uma *forma mentis*, um pensamento formante, que tudo organiza e que acaba produzindo os "sentidos" possíveis do texto. É, por força, nesse momento que tem vez uma posição ideológica ou contraideológica. O poeta é o primeiro a dar, pela própria composição do seu texto, um significado histórico às suas representações e expressões. Não está em jogo saber aqui até que ponto ele tem consciência do processo.

Cabe ao analista e ao historiador da literatura colher aquele significado.

O TEMPO E OS TEMPOS

A forma do poema, quando vista nas suas constantes (*nomes concretos, figuras, recorrências de som...*), talvez seja uma sobrevivência de esquemas corporais antiquíssimos. O que já exerceu uma função coesiva nas comunidades arcaicas reproduz-se, com funções análogas, no produto poético individual. Os cantos sagrados eram emissões da voz e do corpo inteiro em que se repetiam e alternavam expressões de encantamento, fusão afetiva com a comunidade, aleluia ou esconjuro. A comunidade era possuída pela voz e pelo gesto com que impetrava as forças divinas espalhadas pela Natureza. Na poesia, esse movimento sobrevive na dinâmica da forma que realiza exercícios de analogia entre os seres (pela metáfora) ou de contiguidade (pela metonímia). E a dança em círculo cumpre-se no eterno retorno do ritmo.

Não sei se um dia essas constantes vão desintegrar-se e perder-se; se isso acontecer, será realmente necessário inventar um outro nome para a poesia.

É possível também que esse coração formal de todo poema responda a necessidades de comunhão física e espiritual que a história dos homens está longe de satisfazer. O círculo dos sons e a presença fulminante das imagens compensariam o desejo tantas vezes frustrado de volta ao seio da Natureza-mãe, paraíso de onde o Homem foi expulso pelo pecado necessário da separação. Separação que se dá, na tradição bíblica, pelo *conhecimento*.

Os cantadores de mitos nos dizem que "naquele tempo", "tempo de antes", não havia tempo. Nem trabalho, nem cuidados vãos do pensamento. A fratura que abre a História é o pecado de origem: separa-se Adão de Iavé; Prometeu de Zeus.

143

A ciência do bem e do mal e o fogo, eis as conquistas; o suor que não cessa, a ferida nas entranhas que não fecha, esta a pena.

A poesia, que se faz depois da queda, é linguagem da suplência. Primeiro coral, depois ressoante no peito do vate que se irmana com a comunidade, enfim reclusa e posta à margem da luta, a sua voz procura ministrar aos que a ouvem o consolo do velho canto litúrgico, aquele sentimento de comunhão do homem com os outros, consigo, com Deus.

Mas não se perca de vista, por amor desordenado aos efeitos mágicos do poema, o caráter determinado, histórico, da consciência que o organizou; consciência que se constituiu *depois da queda*, nos trabalhos e nas contradições do cotidiano; consciência que, implícita ou explicitamente, afeta de tais ou quais *valores* a semântica e a matéria sonora do texto: o espaço, o tempo, a trama, as personagens; as figuras, os nomes, os ritmos...

Para a consciência histórica do autor (e do leitor), todo signo é um valor em estado atual ou virtual. A consciência histórica é a matriz das conotações. Ao decifrar um texto antigo, tentamos descobrir os "valores" que lhe eram próprios, mas, às vezes, ajuntamos os nossos aos dele, ou mesmo substituímos os dele pelos nossos. A consciência histórica é insidiosa e mutável.

Vejo, nesta altura, o texto como uma produção multiplamente constituída por vários tempos: a) os tempos descontínuos, díspares, da experiência histórico-social, presentes no ponto de vista cultural e ideológico que tece a trama de valores do poema; b) o tempo relâmpago da *figura* que traz à palavra o mundo-da-vida sob as espécies concretas das imagens singulares; e c) o tempo ondeante ou cíclico da expressão sonora e ritmada, tempo corporal do *páthos*, inerente a todo discurso motivado.

144

Nesse encontro de tempos heterogêneos dá-se a produção do poema. E dá-se, em outro momento de convergência, a sua reprodução pelo leitor para quem o *ritmo*, a *figura* e os *sentidos historicizáveis* devem igualmente fundir-se na hora difícil da interpretação.

Esse encontro, que se opera primeiro no poeta, depois no leitor atento e sensível, supõe a existência de um processo comum a ambos, precisamente o espírito humano que, para retomar ainda uma vez Hegel, "sabe abrandar os intervalos da sucessão, reunir num só quadro a série variada das múltiplas figuras, manter esse quadro na representação e desfrutá-lo".[7]

Só é possível ler o poema como um todo espaçotemporal por causa da forma coesa que recebe o conjunto dos significantes. Até aí tem chegado a análise estrutural, que é um ver como as semelhanças e as recorrências se projetam na cadeia das diferenças.

No entanto, apesar da coesão formal, as interpretações de um grande texto diferem muito de uma geração para outra. Por quê? Certamente, o processo da consciência histórica e crítica dos leitores não é tão estável como a forma do poema. A consciência percorre vetores: avança, retrocede, sobe, desce, ou gira por espirais conforme o momento do processo social que o leitor ou o seu grupo está vivendo. Já o tempo da forma é mais denso, compacto, resistente, mais palpável e acessível ao trabalho da análise; duro, dura milênios. Podem se refazer, hoje, os esquemas métricos da *Ilíada*. Mas o tempo histórico, produtor dos valores, saturado de conotações ideológicas e míticas, é mutante por natureza. Para reconstituí-lo vai algum esforço e muita empatia.

O ENCONTRO DOS TEMPOS ILUSTRADO: ÉTICA E POESIA NO "INFERNO" DE DANTE

A situação ideológica de Dante é bem conhecida: o poeta é um homem católico, gibelino dos princípios do *Trecento* florentino, forrado das artes liberais e da Escolástica que, meio século antes, Santo Tomás de Aquino ordenara apoiando-se em textos de Aristóteles.

Sabe-se também que outra corrente do século XIII exerceu influência profunda no seu espírito: a mística de São Francisco de Assis interpretada pela doutrina de São Boaventura que o poeta canta no Paraíso. Até mesmo a ideia de uma *viagem* pelos reinos da memória e da imaginação em busca da Suprema Visão (que deu à *Comédia* o seu eixo narrativo) parece derivar do *Itinerarium mentis* do pensador franciscano.

Quanto à concepção da História, é a pregação profética e milenarista de Gioacchino da Fiore, anunciador do último Reino, o do Espírito Santo, que dirige as vistas messiânicas do poema.

No plano da filosofia moral, entendida como discurso do Bem e do Mal, das virtudes e dos vícios, não havia então outro texto que superasse em autoridade a *Ética* de Aristóteles, tão precisa nos seus conceitos e, ao mesmo tempo, tão inventiva em suas partições de cunho fortemente psicológico. Dante faz questão de professar a alta estima que deve à Ética do *maestro di color che sanno* ao expor, no canto XI, a ordem dos pecadores. Depois de terem descido os seis primeiros círculos e havendo se demorado um pouco junto às tumbas dos heréticos, o poeta e o guia não aguentam prosseguir viagem, tão fétido é o odor que pesa no ar. Param e, durante a breve pausa, Virgílio aproveita a ocasião para explicar a ordem dos condenados segundo o critério aristotélico das "três más disposições", *incontinência*, *violência* e *fraude* (malícia). E perguntando-lhe Dante por que os incontinentes se achavam fora dos muros da cidade infernal, responde-lhe Virgílio estranhando, quase em tom de censura:

> *Perché tanto delira*
> *— disse — l'ingegno tuo da quel che sole?*
> *o ver la mente dove altronde mira?*
>
> *Non ti rimembra di quelle parole*
> *con le quai la tua Etica pertratta*
> *le tre disposizion che il ciel non vole,*
>
> *incontinenza, malizia e la matta*
> *bestialitate? e come incontinenza*
> *men Dio offende e men biasimo accatta?**
>
> [*Inferno*, XI, 76-84]

Virgílio não acena de modo neutro, impessoal, à Ética do filósofo: segura-a com o possessivo, *la tua Etica*, como se Dante a tivesse feito sua pela preferência e pelo estudo.

Importa frisar: o esquema de Aristóteles servirá como diagrama à topografia do *Inferno*. Os círculos dos pecados menos graves serão largos e quentes, mas vão se estreitando e esfriando até o poço de gelo onde mora a traição. Porque o Inferno é um funil.

(*) "Por que tanto desvia/ — disse — o teu engenho do que sói?/ Ou onde alhures mira a tua mente?// Tu não te lembras daquelas palavras/ com que a tua Ética examina/ as três disposições que o céu não quer,// incontinência, malícia e a louca/ bestialidade? e como a incontinência/ a Deus menos ofende e menor censura merece?"

147

Os pecados de incontinência, como a luxúria, a gula e a ira, embora mortais, são desordens do instinto e do sangue, logo menos graves que a injustiça, o engano e a traição, que secam o espírito na raiz.

Assim Dante distribuiu no espaço da morte os danados conforme as "três disposições" malignas do ser humano: *incontinentes*: luxuriosos (segundo círculo), glutões (terceiro círculo), avaros e cúpidos (quarto círculo), irados e acidiosos (quinto círculo); *violentos*: contra o próximo, contra si mesmos, contra Deus (sétimo círculo); *fraudulentos e traidores*: rufiões, meretrizes e aduladores, simoníacos, adivinhos, trapaceiros, hipócritas, ladrões, astuciosos, cismáticos e falsificadores (oitavo círculo, ou Malebolge, as Fossas do Mal), traidores dos parentes, dos hóspedes, dos benfeitores (nono e último círculo).

Nesse esquema Dante enxertou, por motivos pessoais ou teológicos: o vestíbulo dos inertes ou omissos (*ignavi*), onde ficam aqueles que, por negligência ou covardia, não fizeram nem o bem nem o mal, almas particularmente antipáticas ao exilado; o Limbo dos infantes não batizados e dos sábios que morreram antes de Cristo (primeiro círculo); e as tumbas dos hereges (sexto círculo).

Esse o sistema ético-religioso recebido e só parcialmente alterado por Dante.

Evidentemente, o *Inferno* não é um tratado de doutrina: é a *visão de uma viagem*. Pelos seus cantos desfilam sombras de corpos, de atos, de paisagens, figuras terrenas de um mundo fixado para todo o sempre. A hierarquia dessas figuras na ordem crescente de culpas se converte na estrutura de um grande funil. O que é a gênese da construção do seu espaço imaginário.

Quanto ao eixo narrativo, concebeu-se na tradição mítica das descidas ao reino dos mortos que o Orfeu grego e o

Eneias troiano empreenderam antes de Cristo ter, pela mesma aceitação da morte e da viagem aos Infernos, resgatado o homem de sua condição mortal. A descida é toda marcada pelos pousos nos círculos: são visões espantosas, cenas em que a culpa e a pena se fundem na matéria da imaginação poética. Mas essa matéria não vai disposta ao acaso. Dante rege-a com a consciência da sua cultura teológica, aplicando-lhe sistematicamente um princípio ético bíblico: a *lei do contrapasso*.

"Assim se observa em mim o contrapasso", diz o poeta provençal Bertrand de Born ao explicar aos viajantes a pena que lhe foi destinada. Semeador de discórdias entre pai e filho, percorrerá eternamente o seu círculo com a própria cabeça arrancada ao tronco e mantida alta na mão pelos cabelos a modo de lanterna:

> *Di sé facea a sé stesso lucerna,*
> *ed eran due in uno e uno in due* *
> [*Inferno*, XXVIII, 123-124]

"Contrapasso" quer dizer: correspondência entre a culpa e o castigo postos em uma relação contrária ou exasperante. A lei em si, como a de talião, é *moral*; a sua dinâmica será, em Dante, *poética*.

Já a melhor crítica italiana, de Fóscolo a De Sanctis, apreendera esse teor dramático das penas infernais que, apesar de inelutáveis, não dão nunca a impressão de estáticas.

O movimento da *Comédia* começa, aliás, cedo, e onde mais urgia que começasse: no vestíbulo dos inertes. Como se punem essas almas que "jamais estiveram vivas"? Correm os

(*) "De si fazia a si mesmo luzerna,/ e eram dois em um e um em dois"

apáticos, nus, ao encalço de uma bandeira, escarmento da preguiça que em vida os impedia de seguir qualquer bandeira. E para melhor aguilhoá-los, pungem-nos sem parar vespões e moscardos regando o rosto de sangue que, misturado às lágrimas, é recolhido por vermes.

Os viajantes chegam ao Limbo, primeiro círculo. Que pena pode convir aos sábios da Antiguidade que a descida de Cristo remiu da morte mas não elevou à beatitude? Nenhuma expiação positiva, pois não há sinal de culpa consciente. Pois Dante é capaz de figurar também esse puro regime de ausência. Virgílio empalidece quando vê os seus velhos companheiros, para junto dos quais haverá de voltar mais tarde, e diz o motivo da sua lividez:

> *L'angoscia delle genti*
> *che son qua giù nel viso mi dipigne*
> *quella pietà che tu per tema senti**
>
> [*Inferno*, IV, 19-21]

No Limbo dos Antigos não se ouvem gritos roucos de ira, mas suspiros "que o ar eterno faziam tremer". Dor sem martírio de almas cujo horizonte é esperar sem esperança: "estamos perdidos, mas só disto ofendidos: que sem esperança vivemos no desejo" (IV, 41-42).

Essa a pena teológica, esse o esquema ético. No entanto, o afeto que inspira a Dante a memória dos Antigos leva-o a mudar o Limbo em um nobre castelo, estranhamente aprazível se lembrarmos que já entramos no primeiro círculo do Inferno:

(*) "A angústia daqueles/ que estão cá embaixo me pinta no rosto/ aquela piedade que tu sentes por temor"

giugnemmo in prato di fresca verdura.

Genti v'eran con occhi tardi e gravi,
di grande autorità ne' lor sembianti;
*parlavan rado, con voci soavi**

[IV, III-II4]

A pacatez e a gravidade, notas estoicas que a Idade Média emprestava à sabedoria grega, abrem caminho a figuras musicais que resolvem o tempo da doutrina na força do som. O andamento dos versos é lento, e boa parte dos signos repousa na vogal aberta, /a/, alongada pela posição tônica: *prato, tardi, gravi, autorità, rado, soavi...*

A lei do contrapasso vige em todos os círculos.

No terceiro, uma chuva escura, *eterna, maledetta, fredda e greve*, açoita, afoga, macera os ébrios e os gulosos que jazem com a boca no lodo. Como punição da glutonaria, arranha-os, pela-os e esquarteja-os o demônio Cérbero que Dante reexuma do mito grego e esculpe como a degeneração grotesca do ser que é todo goela e garra: três fauces, olhos de sangue, barba unta e negra, ventre largo, membros gelatinosos, unhas rapaces. O vício pune-se pela sua expressão.

No quarto círculo, avaros e pródigos fazem rolar por toda a eternidade blocos colossais de pedra que empurram com o peito: figura dos abusos com que, em vida, abraçaram ou esperdiçaram os bens da terra. A coreografia arma-se com o contraste que os vícios representam: avaros e pródigos correm em semicírculos fronteiros. Quando ambas as filas se encontram num

(*) "num prado entramos de fresca verdura.// Gente ali vimos de olhos tardos, graves,/ de grande autoridade em seus semblantes;/ falavam raro, com vozes suaves"

151

extremo, grita o último pródigo ao primeiro avaro: "Por que escondes?". E o outro lança-lhe em rosto: "Por que esbanjas?". E assim, sempre. Na entrada, o deus do dinheiro, Pluto, vigia das cloacas, brada contra os viajantes palavras indecifráveis:

Papè Satàn, papè Satàn aleppe!

[VIII, I]

No quinto círculo param os irados e os acidiosos. Chafurdam os coléricos no pântano Estige e, com o semblante para sempre ofendido, ferem-se na cabeça e no peito, a dentadas, rasgando-se com fúria. Já os mornos, amolecidos de tédio, jazem sepultos no paul onde apodrecem lentamente; a ira destes que fora voz abafada de despeito manda agora à flor das águas bolhas e fumo. Os seus lamentos são palavras truncadas de quem sempre murmurou entre dentes uma inveja impotente.

Depois vêm os hereges, no sexto círculo, guardado por Medusa e pelas Fúrias, símbolo a primeira da dúvida que petrifica, figuras as últimas da má vontade, maior impedimento à crença. Os epicureus, negadores da imortalidade, estão deitados em tumbas ardentes (só agora, o fogo!), punição que cabe aos que veem no sepulcro a morada última do homem.

Se o rio dos coléricos é limoso, o dos assassinos, no sétimo círculo, é sangue fervente. Sobre as ondas cor de brasa navegam Dante e Virgílio em um barco dirigido por um centauro pronto a flechar as almas dos violentos. À porta, o Minotauro, figura bestial que dá à cena um clímax de ferinidade. Em uma zona inferior, Dante reconhece aqueles que foram violentos consigo mesmos: os suicidas. A paisagem é árida: uma charneca de arbustos foscos que deitam galhos tortos e espinhos venenosos. Os troncos mortos são as almas dos suicidas onde as harpias vêm fazer seus ninhos. Quando o poeta arranca um ramo a um deles, soltam-se palavras e sangue. Da charneca passam a

152

um espesso areal batido por uma chuva de fogo que açoita os violentos contra Deus (os blasfemadores), os violentos contra a natureza (os sodomitas) e os violentos contra a Arte (os usurários). Na areia e no dilúvio de chamas, os intérpretes veem a esterilidade perversa que se opõe à generosidade do Criador.

O círculo oitavo, dos fraudulentos, está repartido em dez fossas, as Malebolge, segundo a espécie do engano a punir. Continua valendo a fusão de doutrina (a lei do contrapasso) e fantasia: os aduladores e as meretrizes revolvem-se nas próprias fezes; os falsos profetas caminham com a cabeça deslocada para trás; os hipócritas escondem-se sob o peso de capas de chumbo dourado; os ladrões padecem curiosas transformações em serpentes (é bela a tradução que desse estranho passo fez Machado de Assis); enfim, os semeadores de joio, que mutilaram a fama alheia, são feridos por espadas diabólicas.

No último dos círculos, os traidores estão enterrados no poço de gelo com que se estreita ao máximo a garganta do Inferno.

O corpo das imagens é flexível, surpreendente, móvel, proteico, novo a cada verso; mas o esqueleto ideológico é simples e não muda: a hierarquia proposta na *Ética* de Aristóteles para os pecadores; e a lei do talião, olho por olho, dente por dente. Pode-se dizer, sempre, que o dinamismo das figuras se instala no momento redutor, a ordem a priori imposta à imaginação; e supera-o. Mas o superado não se cancela: a ideologia, ou, se quisermos, a doutrina moral, política e religiosa de Dante, ministrou, efetivamente, ao texto: *a forma do espaço infernal, e a sua repartição, o cenário de cada círculo, o eixo narrativo, a posição de cada alma no conjunto dos condenados, a natureza da pena que lhe é infligida.* O que, em termos de estrutura, não é pouco.

Benedetto Croce chamava precisamente "estrutura" a essa razão doutrinal e arquitetônica do poema; e preferia reservar o nome de "poesia" a seu movimento lírico e figural.[8] Não poesia versus poesia. A polêmica que se acendeu contra tal divisão marcou boa parte da crítica dantesca na primeira metade deste século. Os leitores "puros" ou "estéticos" defendiam Croce ("Poesia não é doutrina"); os marxistas e os católicos atacavam Croce ("Política, moral e religião são, em Dante, também poesia...").

Os resultados do debate foram magros, pois a questão se formulava de modo genérico e drástico. Talvez hoje se possa avançar um pouco mais, partindo de uma hipótese pluralista segundo a qual se dá à cultura de Dante o poder de ordenar o espaço múltiplo da *Comédia*, hierarquizando as situações e os tipos. A composição do imenso material a ser narrado exigia uma coerência tal que só se pôde conseguir porque todo um sistema de valores operava na mente do poeta. Essa presença ativa das instâncias religiosas, éticas e políticas no coração do texto garante a unidade de *perspectiva*. Os estudos dos grandes culturalistas aí estão para demonstrar o quanto é fecundo esse ponto de vista: é ler, por exemplo, Panofsky, Auerbach, Hauser.

Mas não basta marcar o nexo entre doutrina e arquitetura do poema, mesmo porque nenhum grande texto se reduz a sintaxe alegórica dos valores de sua época. Dante, a seu modo, suspeitava dessa riqueza imanente ao poema quando definiu a palavra como "signo racional e sensível", *rationale signum et sensuale*. E explicou: "Sensível enquanto som. Racional enquanto parece significar alguma coisa segundo o arbítrio".*[9]

(*) "Sensuale in quantum sonus est; rationale in quantum aliquid significare videtur ad placitum."

154

O *arbítrio* está ligado à perspectiva cultural do enunciante: é matriz de sentidos, de conotações, de valores. Mas nenhum "sentido" se produz no poema fora dessa dinâmica sensível feita de imagem e som, que comanda os jogos do significante. Sempre Dante, poeta e teórico: "a poesia nada mais é do que invenção disposta em figuras e em música".[*10]

DA DOUTRINA FIGURADA À EXPRESSÃO LÍRICA

Nas grandes cenas corais do *Inferno* predomina a figura exemplar do sistema. Mas, em alguns episódios, o coro retrai-se para o fundo e deixa que façam "solo" as vozes de alguns pecadores que saem da condição de tipos exemplares para subirem à condição concreta e determinada de pessoas.

São almas que evocam sua história, iluminam o momento capital do próprio destino e choram ou emudecem na visão da culpa e do castigo.

Trata-se de alguns dos passos mais célebres do poema aos quais a leitura de Francesco de Sanctis, gênio crítico fortemente nutrido de Hegel, concedeu o máximo de dramaticidade: os cantos de Francesca da Rimini, de Farinata, de Pier delle Vigne, de Brunetto Latini, de Ulisses, do conde Ugolino. Em todos desenvolve-se aquele primeiro trabalho, congenial à arte de Dante, a disseminação de uma fantasia visionária dentro de um espaço que a razão ética já explorou e demarcou com rigor. Mas o narrador da viagem sabe deter-se e extrair da imagem (que a leitura alegórica poderia enrijecer) a expressão da criatura que quer rememorar a vida terrena e dizer o ato que a

(*) "[...] nihil aliud est quam fictio rhetorica musicaque posita."

perdeu para sempre. Nesses grandes episódios, as *vozes* das personagens são ainda mais concretas do que a situação exemplar que ocupam na paisagem das penas. Porque a expressão lírica é mais concreta do que o tipo, assim como o tipo já era menos abstrato que a alegoria.

Evoco brevemente os episódios de Francesca e de Ulisses.

No canto v, a lei do contrapasso age no sentido de uma contrafação agônica. Os amantes, arrastados pela força da paixão, voam no torvelinho que os faz percorrer sem descanso o mesmo eterno círculo de trevas. Amor sensual: vertigem na escuridão.

> *Io venni in luogo d'ogni luce muto*
> *che mugghia come fa mar per tempesta*
> *se da contrari venti è combattuto.*
>
> *La bufera infernal che mai non resta*
> *mena li spirti con la sua rapina,*
> *voltando e percotendo li molesta.*
>
> *Quando giungon davanti alla ruina,*
> *quivi le strida, il compianto, il lamento,*
> *bestemmian quivi la virtù divina**
>
> [*Inferno*, v, 28-36]

Como na descrição de outros círculos, opera nesse passo a convergência de doutrina moral e imagem. Mas à medida

---

(*) "Cheguei a um lugar mudo de toda luz,/ que muge como o mar em temporal/ se de ventos hostis é combatido.// O tufão infernal que nunca cessa/ leva os espíritos com a sua violência;/ e girando e golpeando os molesta.// Quando chegam diante da ruína,/ eis aí gritos, prantos e lamentos,/ aí blasfemam o poder divino"

que a visão se vai demorando nos pecadores enquanto amantes, o imaginário do horror, feito de vento, trevas e gritos, vai cedendo a comparações delicadas com pássaros. As almas dos apaixonados são estorninhos do Norte que o sopro do inverno arrasta loucamente para todas as direções; e o ritmo cortado risca a dispersão das aves:

> *Così quel fiato li spiriti mali*
> *di qua, di là, di sù, di giù, li mena*

[v, 42-43]

Depois, são os grous que vão pelos ares da noite soltando ais. E a figuração chega ao clímax e passa para o andamento lírico quando o poeta vislumbra na turba dos espíritos sofredores duas sombras voando juntas. Chama-as. E elas,

> *Quali colombe dal disìo chiamate*
> *con l'ali aperte e ferme al dolce nido*
> *vengon per l'aere dal voler portate,*
> *cotali uscir de la schiera ov'è Dido*
> *a noi vennendo per l'aere maligno,*
> *sì forte fu l'affettuoso grido**

[v, 82-87]

No momento em que Francesca, solicitada por Dante, dá início à narração de sua vida, o vento, há pouco sentido como incessante (*che mai non resta*), cessa (*tace*).

O poeta, fazendo calar o rumor da tempestade, e apartando da fileira dos condenados as sombras de Paolo e Francesca,

(*) "Como pombas chamadas pelo desejo,/ com as asas abertas e imotas ao doce ninho/ vão levadas no ar pela vontade,/ tais saíram da fileira onde está Dido,/ vindo até nós pelo ar maligno,/ tão forte foi o afetuoso grito"

157

suspende a própria pena de ambos, que, por força do sistema, deveria ser ininterrupta. Nem se deve esquecer que a cada um dos amantes é concedida — para sempre — a amada presença do outro.

Uma regra fixa da teologia medieval (o castigo sem alívio do Inferno) é transgredida pelo mais ortodoxo dos poetas medievais. A "transgressão" não resultou de um ato estético programado, como poderia crer um leitor formalista moderno; ela é exatamente o oposto: a evocação lírica de Paolo e Francesca se produziu de um modo uno, sintético, a priori, isto é, aquém e fora do juízo ideológico, que é classificador, e pelo qual os culpados devem ficar jungidos eternamente à roda turva do seu círculo. A imagem de Paolo e Francesca não é apenas desenhada ou contemplada; é absorvida empaticamente pelo narrador *que se faz também personagem*, carregando a dor dos apaixonados. Dante perde os sentidos, vencido de pena:

> *Mentre che l'uno spirto questo disse,*
> *l'altro piangea sì che di pietade*
> *io venni men così com'io morisse;*
> *e caddi como corpo morto cade**

[v, 139-142]

O castigo se mudou em compaixão. A pena em pena. E a palavra de Leopardi ganha, de repente, toda a evidência: "A *Divina Comédia* não é senão uma longa lírica, onde estão sempre em campo o poeta e os seus próprios afetos".

(*) "Enquanto uma das almas isto disse,/ a outra chorava tanto, que de pena/ perdi os sentidos como se morresse;/ e caí como corpo morto cai"

DA IDEOLOGIA À EXPRESSÃO TRÁGICA

Se o castigo de Francesca se resolve em cadências patéticas, o episódio de Ulisses força o limite do drama trágico. Dante encontra o herói grego entre os conselheiros astutos e fraudulentos que habitam a oitava fossa de Malebolge. Como abusaram da luz do intelecto, a sua mudança se faz em chama errante.

Mas o texto vai muito além da fixação do tipo clássico do enredador de artimanhas. Vê no viajor sem porto a sede de uma inteligência sempre inquieta de novos horizontes. Ulisses aparece, no *Inferno*, como o titã do saber, o antecipador do espírito leigo das comunas, o nauta-sábio que estimula o desejo de sempre novas aventuras nos companheiros já velhos, tardos, só desejosos de voltar à doce Ítaca. Ulisses, ao contrário, espicaça-os:

> *O frati — disse — che per cento milia*
> *perigli siete giunti a occidente,*
> *a questa tanto piccola vigilia*
>
> *dei nostri sensi ch'è del rimanente,*
> *non vogliate negar l'esperienza*
> *diretro al sol, del mondo senza gente;*
>
> *considerate la vostra semenza:*
> *fatti non foste a viver come bruti,*
> *ma per seguir virtute e conoscenza**
>
> [XXVI, 112-120]

(*) "Ó irmãos — disse — que por cem mil/ perigos sois chegados a ocidente,/ a esta tão brevíssima vigília// dos sentidos que ora nos sobeja,/ não queirais impedir a experiência/ no rasto do sol, mundo sem ninguém.// Considerai a vossa sementeira;/ feitos não fostes a viver qual brutos,/ mas para honrar virtude e sapiência"

As palavras de Ulisses aguilhoam os velhos marinheiros. Estes se inflamam, lançam-se ao mar com tal ímpeto que

> *volta nostra poppa nel mattino*
> *dei remi facemmo ala al folle volo**

[vv. 124-125]

O que se segue é de imperecível beleza plástica. A noite já se cobre das constelações austrais, enquanto a estrela polar parece pousada sobre o lençol marinho. Já vinte luas fazia que singravam o oceano quando entreviram na bruma uma altíssima montanha que a distância escurecia. Terra, enfim. Alegraram-se, mas logo o júbilo fez-se terror, pois

> *che de la nova terra un turbo nacque*
> *e percosse del legno il primo canto.*
> *Tre volte il fe' girar con tutte l'acque;*
>
> *a la quarta levar la poppa in suso*
> *e la prora ire in giù come altrui piacque,*
> *in fin ch'il mar fu sopra noi rinchiuso***

[vv. 137-142]

Finda aqui, abrupta e absurda, a viagem de Ulisses. A experiência sonhada encontrou-se com o destino ("e a proa mergulhou como outrem quis"). Atrás, na sombra das doutrinas, sumiram as fraudes do grego astuto e as suas penas no inferno

(*) "voltada nossa popa a oriente,/ os remos foram asa ao louco voo"

(**) "da nova terra um turbilhão nasceu,/ do lenho percutiu primeiro a quina./ Com toda a água a fez girar três vezes;// a popa levantou na quarta vez/ e a proa mergulhou como outrem quis,/ até que o mar cerrou-se sobre nós"

160

medieval. Atrás, o esquema alegórico, os andaimes da ideologia. Na frente e no alto joga-se a aventura soberba do nave-
gante que, prestes a descansar nos braços da fiel Penélope, quis
conhecer o risco do escuro e o mergulho no oceano,

até que o mar cerrou-se sobre nós.

O mito prometeico, a experiência vivida, na sua unidade
de imagem e paixão, transpassa a rede ideológica, habitando-a
mas esquivando-a a um só tempo num jogo singular de cabra-
-cega em que o convívio e a fuga são ações que se penetram.
Os jogadores não podem sair da área comum da luta onde se
perseguem e negaceiam, mas na hora em que a ideologia pega
a imagem e deixa cair a venda, acabou-se o jogo.

O ponto de vista doutrinário exerce, no poema, o seu papel
corrente de *mediação* entre o olho do poeta e as coisas a serem
descritas, as histórias a serem narradas. Enquanto mediador, o
ponto de vista ordena as figuras no todo e atribui a cada uma a
sua melhor posição dentro de uma hierarquia prévia de valores.
Por isso, a *Ética* de Aristóteles foi absolutamente necessária a
Dante na hora de decidir *onde* devia situar cada alma no funil
do Inferno; e quem ficaria *acima de* quem, *abaixo de* quem,
com quem.

Mas a mediação do sistema ideológico não é uma "coisa"
morta, um dado bruto e insuperável. É um momento necessário, mas limitado, no processo do fazer poético. Na *Divina
Comédia* nem tudo se esgota com a posição das partes e a fixação dos tipos. A prática do texto move-se ao encalço do *sempre
mais concreto*, que é a figura e a voz da personagem ou do narrador. No movimento acaba se dialetizando também o corpo
mediador, aluindo a sua má positividade e fazendo estalar a
moldura pseudoeterna da redução ideológica.

Os ritmos, a entoação, o andamento, as figuras, tudo traz à vida da fala as categorias morais, mas, fazendo-o, dissolvem o seu teor de categorias.

Como efeito desse novo movimento, o tipo é ultrapassado pela pessoa; a alegoria pelo símbolo; o símbolo pelo nome próprio; e todo o esquema de compor de fora para dentro é superado pela expressão lírica ou dramática. Esta, que é concretíssima, produz-se em último lugar. "Quanto mais verdadeiro, mais poético."

Enfim: o processo que leva ao texto poético carreia a expressão de mais de um tempo: o tempo presente que a ideologia filtra e reduz; o tempo sem tempo da forma feita de imagem; o tempo cíclico do som. Só por um forte desejo de análise é que conseguimos separar o corpo e a cultura, os ritmos do sonho e do sangue e as lutas ingratas do pensamento e do trabalho em sociedade.

5

POESIA-RESISTÊNCIA

rompre brusquement en visière aux maximes de mon temps.

Rousseau, *Confessions*, L, VIII

QUEM DÁ NOME AOS SERES?

Ao primeiro homem, conta o Livro do Gênesis, foi dado o poder de nomear: "Deus formou, pois, da terra toda sorte de animais campestres e de aves do céu e os conduziu ao homem, para ver como ele os chamaria, e para que tal fosse o nome de todo animal vivo qual o homem o chamasse. E o homem deu nome a todos os seres vivos, a todas as aves do céu, a todos os animais campestres" (Gen, 2, 19-20).

O poder de nomear significava para os antigos hebreus dar às coisas a sua verdadeira natureza, ou reconhecê-la. Esse poder é o fundamento da linguagem, e, por extensão, o fundamento da poesia.

O poeta é o doador de sentido. Na Grécia culta e urbana

as crianças ainda aprendiam a escrever frases assim: "Homero não é um homem, é um deus".[1]

No entanto, sabemos todos, a poesia já não coincide com o rito e as palavras sagradas que abriam o mundo ao homem e o homem a si mesmo. A extrema divisão do trabalho manual e intelectual, a Ciência e, mais do que esta, os discursos ideológicos e as faixas domesticadas do senso comum preenchem hoje o imenso vazio deixado pelas mitologias. É a ideologia dominante que dá, hoje, nome e sentido às coisas.

A concorrência entre os nomeadores tem muitas faces históricas; e o exemplo de Dante, punindo moralmente e salvando poeticamente os pobres amantes Paolo e Francesca, ilustra a antiguidade do processo e as suas contradições.

No mundo moderno a cisão começa a pesar mais duramente a partir do século XIX, quando o estilo capitalista e burguês de viver, pensar e dizer se expande a ponto de dominar a Terra inteira. O Imperialismo tem construído uma série de esquemas ideológicos de que as correntes nacionalistas ou cosmopolitas, humanistas ou tecnocráticas, são momentos diversos, mas quase sempre integráveis na lógica do sistema. Nós vivemos essa "lógica" e nos debatemos no meio das propostas que ela faz.

Furtou-se à vontade mitopoética aquele poder originário de nomear, de *com-preender* a natureza e os homens, poder de suplência e de união. As almas e os objetos foram assumidos e guiados, no agir cotidiano, pelos mecanismos do interesse, da produtividade; e o seu valor foi se medindo quase automaticamente pela posição que ocupam na hierarquia de classe ou de status. Os tempos foram ficando — como já deplorava Leopardi — egoístas e abstratos. "Sociedade de consumo" é apenas um aspecto (o mais vistoso, talvez) dessa teia crescente de domínio e ilusão que os espertos chamam "desenvolvimento" (ah! poder de nomear as coisas!) e os tolos aceitam como "preço do progresso".

Quanto à poesia, parece condenada a dizer apenas aqueles resíduos de paisagem, de memória e de sonho que a indústria cultural ainda não conseguiu manipular para vender. A propaganda só "libera" o que dá lucro: a imagem do sexo, por exemplo. Cativante : cativeiro.

Ou quererá a poesia, ingênua, concorrer com a indústria & o comércio, acabando afinal por ceder-lhes as suas graças e gracinhas sonoras e gráficas para que as desfrutem propagandas gratificantes? A arte terá passado de marginal a alcoviteira ou inglória colaboracionista?

Na verdade, a resistência também cresceu junto com a "má positividade" do sistema. A partir de Leopardi, de Hölderlin, de Poe, de Baudelaire, só se tem aguçado a consciência da contradição. A poesia há muito que não consegue integrar-se, feliz, nos discursos correntes da sociedade. Daí vêm as saídas difíceis: o símbolo fechado, o canto oposto à língua da tribo, antes brado ou sussurro que discurso pleno, a palavra-esgar, a autodesarticulação, o silêncio. O canto deve ser "um grito de alarme", era a exigência de Schönberg. E os expressionistas alemães queriam ouvir no fundo do poema o "urro primitivo", *Urschrei!*

Essas formas estranhas pelas quais o poético sobrevive em um meio hostil ou surdo não constituem o ser da poesia, mas apenas o seu modo historicamente possível de existir no interior do processo capitalista.

A árvore que, na falta de luz e calor, se esgueira por entre as sombras dos espinheiros que a oprimem e, magra, torta, aponta ao ar livre onde poderá receber algum raio de sol, não trouxe na raiz a fatalidade daquele perfil esquivo e revolto. A

165

poesia moderna foi compelida à estranheza e ao silêncio. Pior, foi condenada a tirar só de si a substância vital. Ó indigência extrema, canto ao avesso, metalinguagem!

Leonardo da Vinci: "A pintura vai declinando e perdendo--se de idade em idade quando os pintores não têm por autoridade senão a própria pintura".[2]

A poesia, reprimida, enxotada, avulsa de qualquer contexto, fecha-se em um autismo altivo; e só pensa em si, e fala dos seus códigos mais secretos e expõe a nu o esqueleto a que a reduziram; enlouquecida, faz de Narciso o último deus.

Estágio penoso e, no entanto, necessário, se tudo o que é real tem sua razão de ser. Se subtraem ao poeta o direito de dar nome às coisas, é justo que ele, agarrando-se à pele da escrita, exiba, ao menos, sílabas secas, letras traços pontos se não o branco da página:

> *Non chiederci la parola che squadri da ogni lato*
> *l'animo nostro informe, e a lettere di fuoco*
> *lo dichiari e risplenda come un croco*
> *perduto in mezzo a un polveroso prato*
> *[...]*
> *Non domandarci la formula che mondi possa aprirti,*
> *sí qualche storta sillaba e secca come un ramo*
> *Codesto solo oggi possiamo dirti*
> *ciò che non siamo, ciò che non vogliamo**
> [Eugenio Montale, "Non chiederci"]

(*) "Não nos peças a palavra que vasculhe em cada canto/ nosso ânimo informe, e com letras de fogo/ aclare e o faça arder como açafrão/ perdido em meio a poeirento prado// Nem nos perguntes a fórmula que possa abrir-te mundos,/ alguma sílaba torta, sim, e seca como um ramo/ Podemos dizer-te hoje apenas isto/ o que não somos, o que não queremos"

A modernidade se dá como recusa e ilhamento. A metáfora da avestruz que cobre a cabeça diante do inimigo é eloquente demais para exigir comentário. E o inimigo avança sem maiores escrúpulos. No entanto, se não há caminho, o caminhante o abre caminhando, é a lição do poeta Antonio Machado. Autoconsciência não é paralisia. E Baudelaire: "O poeta goza desse incomparável privilégio de poder, à sua vontade, ser ele mesmo e outro".[3]

Diante da pseudototalidade forjada pela ideologia, a poesia deverá "ser feita por todos, não por um", era a palavra de ordem de Lautréamont. Este "ser feita por todos" não pôde realizar-se materialmente, na forma da criação grupal, já que as relações sociais não são comunitárias; mas acabou fazendo-se, de algum modo, como produção de sentido contraideológico válida para muitos. E quero ver em toda grande poesia moderna, a partir do Pré-Romantismo, uma forma de resistência simbólica aos discursos dominantes.

A resistência tem muitas faces. Ora propõe a recuperação do sentido comunitário perdido (*poesia mítica*, *poesia da natureza*); ora a melodia dos afetos em plena defensiva (*lirismo de confissão*, que data, pelo menos, da prosa ardente de Rousseau); ora a crítica direta ou velada da desordem estabelecida (vertente da *sátira*, da *paródia*, do *epos revolucionário*, da *utopia*).

Nostálgica, crítica ou utópica, a poesia moderna abriu caminho caminhando. O que ela não pôde fazer, o que não está ao alcance da pura ação simbólica, foi criar materialmente o novo mundo e as novas relações sociais, em que o poeta recobre a transparência da visão e o divino poder de nomear. Só a Revolução.

O desespero dos poetas advinha de não poderem eles realizar seu sonho de fazer-se entender de todos, encontrar um eco no coração de todos os homens. Eles sabem que a poesia só se fará carne e sangue a partir do momento em que for *recíproca*.

Eles sabem, e é por isso que fazem figura de revolucionários, que essa reciprocidade é inteiramente função da igualdade de ventura material entre os homens. E a igualdade de ventura levará esta a um grau de que só podemos ter, por enquanto, uma pálida ideia. Sabemos que tal felicidade não é impossível.[4]

Essa felicidade não é impossível. Um poeta maldito, Lautréamont, acreditava também: "La fraternité n'est pas un mythe".

UMA SÓ TOTALIDADE: FORMAS CONTRÁRIAS DE DIZÊ-LA

A ideologia não aclara a realidade: mascara-a, desfocando a visão para certos ângulos mediante termos abstratos, clichês, slogans, ideias recebidas de outros contextos e legitimadas pelas forças em presença. O papel mais saliente da ideologia é o de *cristalizar as divisões da sociedade*, fazendo-as passar por naturais; depois, encobrir, pela escola e pela propaganda, o caráter opressivo das barreiras; por último, justificá-las sob nomes vinculantes como Progresso, Ordem, Nação, Desenvolvimento, Segurança, Planificação e até mesmo (por que não?) Revolução. A ideologia procura compor a imagem de uma pseudototalidade, que tem *partes*, justapostas ou simétricas ("cada coisa em seu lugar", "cada macaco no seu galho"), mas que não admite nunca as contradições reais. A ideologia dominante não consegue ser, a rigor, nem empírica nem dialética. Não consegue ser empírica porque as leis do mercado e da burocracia desprezam a face do ser vivo singular. A *ratio* abstrata transformou o corpo e a cabeça de cada indivíduo em mão de obra sem nome nem rosto que pode ser substituída a qualquer hora. Das fontes da natureza fez matéria-prima; do fruto do trabalho fez mercadoria a ser trocada e consumida. Pela força mesma dessa abstração, que o capitalismo incha e reproduz a cada momento, a ideologia tampouco suporta o *momento da negação* com que o pensamento dialético exige que a "má positividade" seja superada.

Sob o peso desse aparelho mental não totalizante, mas totalitário, vergam opressos quase todos os gestos da vida social, da conversa cotidiana aos discursos dos ministros, das letras de música para jovens às legendas berrantes dos cartazes, do livro didático ao editorial da folha servida junto ao café da vítima confusa e mal amanhecida.

A poesia resiste à falsa ordem, que é, a rigor, barbárie e caos, "esta coleção de objetos de não amor" (Drummond). Resiste ao contínuo "harmonioso" pelo descontínuo gritante; resiste ao descontínuo gritante pelo contínuo harmonioso. Resiste aferrando-se à memória viva do passado; e resiste imaginando uma nova ordem que se recorta no horizonte da utopia.

Quer refazendo zonas sagradas que o sistema profana (o mito, o rito, o sonho, a infância, Eros); quer desfazendo o sentido do presente em nome de uma liberação futura, o ser da poesia contradiz o ser dos discursos correntes. (Ainda que nem sempre possa impedir de todo que um ou outro pseudovalor formal vigente — e, daí, obliquamente ideológico — venha a cruzar o seu jogo verbal.)

A luta é, às vezes, subterrânea, abafada, mas tende a subir à tona da consciência e acirrar-se porque crescem a olhos vistos as garras do domínio. Em termos quantitativos, nunca foram tão acachapantes o capital, a indústria do veneno e do supérfluo, a burocracia, o exército, a propaganda, os mil engenhos da concorrência e da persuasão. A ferida dói como nunca. Os seus lábios estão sempre abertos. Não os fechará quem feche os olhos.

Dos caminhos de resistência mais trilhados (*poesia-meta-linguagem*, *poesia-mito*, *poesia-biografia*, *poesia-sátira*, *poesia-utopia*), o primeiro é o que traz, embora involuntariamente, marcas mais profundas de certos modos de pensar correntes que rodeiam cada atividade humana de um cinturão de defesa e autocontrole.

A poesia vista como uma técnica autônoma da linguagem, posta à parte das outras técnicas, e bastando-se a si mesma: eis uma teoria que estende à prática simbólica o princípio fundamental da *divisão do trabalho* e o exalta em nome da maior eficiência do produtor.

O "poético" — deslocado e posto em código até adquirir a consistência de uma retórica de formas ou de conteúdos — já aconteceu no Arcadismo e no Parnasianismo, estilos de versejar rentes ao ascenso burguês. A Arcádia está para a Ilustração assim como o Parnaso está para o Positivismo. Arcádia e Parnaso: os nomes dizem lugares, espaços altos, sólidos e reclusos onde legitimamente se exerça o ofício do verso. Lavor que se aprende pelo compulsar diurno e noturno dos clássicos, modelos acabados da única dicção bela. *Et in Arcadia ego...*, *Gradus ad Parnassum, Nulla dies sine linea, Otium cum dignitate...* Quanta alienação, quanta doce credulidade nessas divisas! Mas ainda aqui vislumbro uma sombra, ambígua sombra, de recusa ao utilitarismo que já toma de assalto os ofícios e as profissões liberais. É o *não* que o velho status eclesiástico diz ao avanço do mercado burguês. O poeta-literato crê isolar-se da tecnocracia do dinheiro opondo-lhe, altivo, a técnica do fonema e do grafema. E, como o concitava Bilac, lutará até a morte, de lança em riste (mas "longe do estéril turbilhão da rua"), "em prol do Estilo".

Antonio Gramsci anotava no seu diário de cárcere quando subia na Itália a maré do caligrafismo:

> Quando uma obra de poesia ou um ciclo de obras poéticas se formou, é impossível prosseguir aquele ciclo com o estudo e com a imitação e com as variações à volta daquelas obras; por esta via obtém-se apenas a chamada escola poética, o *servum pecus* dos epígonos. A poesia não gera poesia; não há aqui partenogênese; requer-se a intervenção do elemento masculino, de tudo quanto é real, passional, prático, moral. Os mais altos críticos da poesia aconselham-nos, neste caso, a não recorrer a receitas literárias, mas, como dizem, a "refazer o homem". Uma vez refeito o homem, refrescado o espírito, uma vez surgida uma nova vida de afetos, surgirá então, se surgir, uma nova poesia.[5]

A "maneira", o "estilismo", o "caligrafismo" são variantes industriosas da letra que sai da letra para compor novas letras.

A era do produto em série para o consumo de massa veio, nesta altura da história da reprodução cultural, simplificar o processo. A maneira e o estilismo acadêmico resultavam de aplicações pessoais ao texto de certas tendências do gosto poético dominante. A escolha do tema, o tom, o modo de compor, as palavras-chave, a natureza das metáforas, as cadências do fraseado, tudo constituía objeto de um saber literário artesanal que encontrava nas retóricas o seu código normativo. Com o advento da automação, a metalinguagem tomou formas ainda mais categóricas do que as sugestões difusas da retórica pré--industrial. Quem lê o *Manifesto técnico do Futurismo*, escrito por Marinetti em 1912, topa com verdadeiras "ordens de serviço" técnico-gramaticais: empregar o verbo só no infinito, abolir o adjetivo, abolir o advérbio, só admitir substantivos compostos (*homem-torpedo*, *porta-torneira*...), suprimir os termos de comparação (*como, qual, semelhante a*), abolir a pontuação, empregar os sinais da Matemática (+ − x : = < >) e as convenções da partitura...

Trata-se de um caso extremo de entrega à concepção tecnicista da linguagem poética que tem seduzido mais de um intelectual em nosso tempo. Querendo libertar o escritor, o futurista dava-lhe novas fórmulas que acabariam compondo a nova retórica do texto. A estrutura que subjaz à poética da metalinguagem é o mito capitalista e burocrático da produção pela produção, do papel que gera papel, da letra que gera letra, da rapidez (*time is money*), da eficácia pela eficácia (o que interessa é o efeito imediato); em Marinetti, da violência pela violência: *guerra sola igiene del mondo*.

Toda vez que por "metalinguagem" entendo o domínio antecipado e vinculante de um código, estou diante de um estágio avançado de reificação do fazer poético: é a ideologia acadêmica que, já na fase tecnicista, põe a nu o seu know-how.

No entanto, posso entender por "metalinguagem" não a ostensão positiva e eufórica do código; não a norma, a regra abstrata do jogo, mas exatamente o contrário: o momento vivo da consciência que me aponta os resíduos mortos de toda retórica, antiga ou moderna; e com a paródia ou com a pura e irônica citação, me alerta para que eu não caia na ratoeira da frase feita ou do trocadilho compulsivo. Aqui, a consciência trava mais uma luta e cumpre mais um ato de resistência a essa forma insinuante de ideologia que se chama "gosto".

A lucidez nunca matou a arte. Como boa negatividade, é discreta, não obstrui ditatorialmente o espaço das imagens e dos afetos. Antes, combatendo hábitos mecanizados de pensar e dizer, ela dá à palavra um novo, intenso e puro modo de enfrentar-se com os objetos. Valéry, Montale, Drummond e João Cabral de Melo Neto são mestres nesse discurso de recusa e invenção.

O MITO COMO RESISTÊNCIA

O caminho que leva a redescobrir as fontes não contaminadas, o mito, o rito e o sonho, abriu-se, como se sabe, na Inglaterra e na Alemanha pré-românticas ao tempo da primeira revolução industrial. E reabriu-se, de modo ainda mais radical, durante a segunda revolução com simbolistas, dadaístas, expressionistas, surrealistas. É uma longa estrada que percorre as voltas da memória, os labirintos do Inconsciente; e, explorando o mundo mediante uma percepção que se quer pré-categorial, surpreende, a todo instante, liames e analogias novas que formam o cerne dos seus procedimentos simbólicos.

O seu vetor de significação parece ser absolutamente esquivo à ordem burguesa. Ao passo que o discurso desta quer manipular a natureza e a alma em nome do progresso de uma classe, a fala mitopoética deplora as úlceras que o dinheiro fez e faz na paisagem (os *lakists* ingleses e escoceses foram os primeiros ecólogos) e tenta reviver a grandeza heroica e sagrada dos tempos originários, unindo lenda e poema, *mythos* e *epos*.

A resposta ao ingrato presente é, na poesia mítica, a ressacralização da memória mais profunda da comunidade. E quando a mitologia de base tradicional falha, ou de algum modo já não entra nesse projeto de recusa, é sempre possível sondar e remexer as camadas da psique individual. A poesia trabalhará, então, a linguagem da infância recalcada, a metáfora do desejo, o texto do Inconsciente, a grafia do sonho:

Ah, quanto mais ao povo a alma falta,
Mais a minha alma atlântica se exalta
E entorna,
E em mim, num mar que não tem tempo ou 'spaço,
Vejo entre a cerração teu vulto baço
Que torna
      [Fernando Pessoa, "A última nau" (*Mensagem*)]

O sonho é ver as formas invisíveis
Da distância imprecisa, e, com sensíveis
Movimentos da esperança e da vontade,
Buscar na linha fria do horizonte
A árvore, a praia, a flor, a ave, a fonte —
Os beijos merecidos da verdade
      [Fernando Pessoa, "Horizonte" (*Mensagem*)]

A poesia recompõe cada vez mais arduamente o universo mágico que os novos tempos renegam.

A condição do poeta expulso da república é agora um fato íntimo e insuperado. Os Lautréamont, Rimbaud, Cruz e Sousa, Pound, Pasternak, foram marcando o descompasso crescente entre a praxe dominante e o sacerdote-poeta que acaba oficiando em altares marginais os seus ritos cada vez mais estranhos à língua da tribo.

HOMENAGEM

Jack London   Vachel Lindsay   Hart Crane
René Crevel   Walter Benjamin   Cesare Pavese
Stefan Zweig   Virginia Woolf   Raul Pompeia
Sá-Carneiro
e disse apenas alguns
de tantos que escolheram
o dia a hora e o gesto
o meio
a dis-
solução

[Carlos Drummond de Andrade,
em *As impurezas do branco*]

Entre os dois séculos, as potências do capital lançaram-se à aventura imperialista na África e em todo o Oriente; e sempre conseguiram encontrar os Kipling (*the burden of the white man...*) e os D'Annunzio, que fizeram suas as sortidas bélicas da Pátria, confundindo na mesma retórica o super-homem e o superimpério. Justificação do presente: má poesia. Os mitos nacional-colonialistas, parto monstruoso da segunda revolução industrial, acharam terreno fértil em uma Alemanha e em uma Itália retardatárias na expansão imperial, e acabaram inflamando duas grandes guerras e deixando um saldo pesado de preconceitos racistas e classistas que envenenam até hoje a ideologia média.

Mas a verdadeira poesia seguiu a senda aberta pelos românticos e pelos simbolistas inventando mitologias libertadoras como resposta consciente e desamparada às tensões violentas que se exercem sobre a estrutura mental do poeta. O Surrealismo e o Expressionismo são viveiros de mitos pessoais ou de pequenos grupos em que se projetam desejos de expansão titânica ou demoníaca de homens cuja força de ação se inflecte sobre si mesma, incapazes que são de dominar sistemas cada vez mais anônimos. Demiurgo da própria impotência, o poeta tenta abrir no espaço do imaginário uma saída possível.

A poesia do mito e do sonho está rente à pura privatividade, mas, pelo discurso articulado, a sua *poética* deve tornar-se pública, universal. Uma coisa é viver subterraneamente a memória dos próprios afetos e configurá-la em imagem, som, ritmo; outra é comunicar a razão da privacidade. Quando se passa a esse estágio, a poética explícita cruza, não raro, com alguma forma conservadora de ideologia que tende a mitificar, sob nomes diversos, interesses de grupos em defensiva: Tradição, Passado, Casa, Nação... "O mito está à direita" é uma frase inquietante de Roland Barthes que, avulsa, pode desnortear. A rigor, *Direita* é toda violência potencial e sempre alerta em uma sociedade de classes. A Direita não cria, ex nihilo, o mito, mesmo porque a Direita não é criadora; mas vale-se do mito e usa o tesouro da memória para "resolver" verbal e emocionalmente as contradições de uma dada formação histórica.

Seja como for, os seus grandes mitos funcionais (*Sangue, Raça, Terra*) não coincidem concretamente com as imagens que os poetas evocam para se refugiar da opressão. E mesmo que coincidam na superfície das letras, não convergem para aquele sentido vivo e encantador que as figuras da infância ou da tradição popular assumem no contexto do poema. Na lírica memorial de Manuel Bandeira e de Jorge de Lima, para ficar só com a prata de casa, o movimento do texto visa ao reencontro do homem adulto com o mundo mágico da criança nordestina em comunidades ainda marginais ao processo de modernização do Brasil. Sei que há diferenças: Manuel Bandeira, poeta sofrido, mas civilizadíssimo, gosta do passado pelo que este tem de definitivamente perdido: é o puro sabor da memória pela memória; Jorge de Lima, místico, revive na linguagem a matéria amada e, possuído pelo objeto, chama a pura presentificação, o transe. Em ambos os casos, porém, a memória, como forma de pensamento concreto e unitivo, é o impulso primeiro e recorrente da atividade poética. Ninguém se admire se a ela voltarem os poetas como defesa e resposta ao "desencantamento do mundo" que, na interpretação de Max Weber, tem marcado a história de todas as sociedades capitalistas.

A descrição do desencantamento já estava no terceiro capítulo da *Estética* de Hegel, "O Belo Artístico ou o Ideal", e, mais precisamente, no tópico sobre o caráter prosaico do tempo presente: "Se, agora, voltarmos o olhar para o mundo atual, com as condições evoluídas de sua vida jurídica, moral e política, somos obrigados a constatar que as possibilidades de criações ideais são muito limitadas. Os meios onde sobra ainda lugar para a independência de decisões particulares são pouco numerosos e muito restritos".[6]

Em seguida, Hegel detalha as "condições evoluídas" da sociedade moderna, na qual espessíssimas mediações estremam o indivíduo do Todo com tal eficácia que pouco ou nada resta a ser cumprido pelo "herói" assim como o concebeu o *epos* clássico ou a canção de gesta medieval.

No entanto, ao analisar a obra juvenil de Schiller, o mesmo Hegel mostra que o espírito poético soube "reencontrar, no meio das complicações preexistentes da vida moderna, a independência individual perdida". Reconhecemos aqui o coração da nossa tese mais cara: a resistência da poesia como uma possibilidade histórica.

Hoje, a cultura está ainda mais fortemente presa à ideologia que nos tempos de Hegel. Isso não impede que ela entre no regime da fantasia poética, e que, no preciso momento em que se muda em canto, ela se desfaça de seus rótulos e se refaça em um jogo de combinações sensíveis. Assim, o mito da Terra (perigosamente acionado pela Direita) se desonera da carga opressiva que o atrela à práxis reacionária; e vai, livre, ao encontro da comunhão do homem com a sua infância. O mito, quando cruza o limiar do poema, recupera a inocência que perdera no compromisso com esta ou aquela ideologia abstratamente considerada. Daí, a regra de ouro, hoje tão difícil de seguir: deve-se ao grande poeta uma suma indulgência em relação a seus equívocos ideológicos. Esses equívocos podem e devem ser objeto de nossa recusa, mas só quando tomados fora do contexto mitopoético onde são redimidos pela paixão, pela música e pela festa livre das palavras.

A saudade de tempos que parecem mais humanos nunca é reacionária:

Sôbolos rios que vão
por Babilônia me achei,
onde sentado chorei
as lembranças de Sião,
e quanto nela passei.

Ali o rio corrente
de meus olhos foi manado,
e tudo bem comparado,
Babilônia ao mal presente,
Sião ao tempo passado

[Camões]

Reacionária é a justificação do mal em qualquer tempo. Reacionário é o olhar cúmplice da opressão. Mas o que move os sentimentos e aquece o gesto ritual é, sempre, um valor: a comunhão com a natureza, com os homens, com Deus, a unidade vivente de pessoa e mundo, o estar com a totalidade.

A poesia mítica, recuperando na figura e no som os raros instantes de plenitude corpórea e espiritual, resgata o sujeito da abjeção a que sem parar o arrasta a sociedade de consumo. A propaganda, obscena caricatura de todos os mitos, barbarizou a vida privada, mecanizou o desejo, deu olhos de voyeur cruel a Eros, menino outrora castamente vendado; depois, assoprou poeira poluída nos olhos do cidadão-consumidor para impedi-lo de ver a mentira que a sustém.

A poesia da natureza não traz em si qualquer sinal de retorno à pura animalidade (esse retorno ronda, aliciante, os planos do lazer burguês); a poesia da natureza é saudade, mas liberação. "O que ameaça a práxis dominante e as suas alternativas inelutáveis não é, por certo, a natureza, com a qual ela, antes, coincide, mas o fato de que a natureza seja recordada."[7]

Aqui, a boa negatividade: "o fato de que a natureza seja recordada". Re(cor)dar a natureza, socializando-a no mesmo passo em que o homem se naturaliza. A poesia que busca dizer a idade de ouro e o paraíso perdido acaba exercendo um papel humanizador das carências primárias do corpo: a comida, o calor, o sono, o amor.

A consciência que se volta, respeitosa e atenta, para o que não é ainda consciência — a pedra, a planta, o bicho, a infância — está prestes a cumprir a síntese entranhadamente poética de sujeito e objeto que se chama conceito concreto.

> *A garupa da vaca era palustre e bela,*
> *uma penugem havia em seu queixo formoso;*
> *e na fronte lunada onde ardia uma estrela*
> *pairava um pensamento em constante repouso.*
>
> *Esta a imagem da vaca, a mais pura e singela*

que do fundo do sonho eu às vezes esposo
e confunde-se à noite à outra imagem daquela
que ama me amamentou e jaz no último pouso.

Escuto-lhe o mugido — era o meu acalanto,
e seu olhar tão doce inda sinto no meu:
o seio e o ubre natais irrigam-me em seus veios.

Confundo-os nessa ganga informe que é meu canto:
semblante e leite, a vaca e a mulher que me deu
o leite e a suavidade a manar de dois seios.

Desse leite profundo emergido do sonho
coagulou-se essa ilha e essa nuvem e esse rio
e essa sombra bulindo e esse reino e esse pranto
e essa dança contínua amortalhada e pia.

Hoje brota uma flor, amanhã fonte oculta,
e depois de amanhã, a memória sepulta
aventuras e fins, relicários e estios;
nasce nova palavra em calendários frios.

Descobrem-se o mercúrio e a febre e a ressonância
e esses velosos pés e o pranto dessa vaca
indo e vindo e nascendo em leite e morte e infância.

E em cada passo surge um serpentário de erros
e uma face sutil que de repente estaca
os meninos, os pés, os sonhos e os bezerros

[Jorge de Lima, *Invenção de Orfeu*,
Canto I, XVI-XVII]

É difícil ler os sonetos encadeados de Jorge de Lima sem
que a imagem de uma contínua transfusão ocupe o nosso espírito: a vaca e o pensamento, o leite e o sonho, a ganga e o canto
decorrem tão fluidamente um do outro, e tão generosamente

revertem do homem ao animal, que somos levados de chofre a habitar um tempo sem rupturas nem contrastes, tempo da graça, anterior ao domínio da máquina sobre toda a natureza; ou tempo órfico, revivido, em que o domínio e o cálculo ficam suspensos enquanto dura o encanto.

Reinventar imagens da unidade perdida, eis o modo que a poesia do mito e do sonho encontrou para resistir à dor das contradições que a consciência vigilante não pode deixar de ver. Às vezes, o intelecto transforma em substância eterna essa pena, como o faz o pessimismo cósmico de Schopenhauer; mas, ainda aqui, o filósofo soube ver na arte a pausa bem-vinda que suspende por algum tempo a certeza da carência e da dor.

KARL MARX: A POESIA COMO INFÂNCIA DA HUMANIDADE

O poeta, dizia Leopardi, não pode ser *absolutamente* poeta do seu tempo. Esse sentimento espinhoso de inadequação encontrará uma teoria em Karl Marx, cujo texto, que transcrevo abaixo, datado de 29 de agosto de 1857, explica a crise da arte pelo desaparecimento da mediação mitológica. Mas tenta apreender, na sobrevida da arte, um fenômeno vital, a infância recorrente na história das gerações humanas.

Interpreto o texto de Marx como a admissão tácita da *co--ocorrência*, no cerne da poesia, de um tempo histórico-social e de um tempo recursivo, corporal, que garante a permanência de estruturas e valores aos quais já não corresponde o sistema econômico dominante. Creio, também, que essa *co-ocorrência* toma, em qualquer filosofia dialética, a forma de uma luta:

Em relação à arte, sabe-se que certas épocas do florescimento artístico não estão de modo algum em conformidade com o desenvolvimento geral da sociedade, nem, por conseguinte, com o da sua base material, que é, a bem dizer, a ossatura da sua organização. Por exemplo, os Gregos, comparados com os modernos, ou ainda Shakespeare. Em relação a certas formas de arte, a epopeia, por exemplo, admite-se mesmo que não poderiam ter sido produzidas na forma clássica em que fizeram escola, quando a produção artística se manifesta como tal; que, portanto, no domínio da própria arte, certas das suas criações importantes só são possíveis num estádio inferior do desenvolvimento artístico. Se isto é verdade em relação aos diferentes gêneros artísticos no domínio da própria arte, é já menos surpreendente que seja igualmente verdade em relação a todo o domínio artístico no desenvolvimento geral da sociedade. A dificuldade reside apenas na maneira geral de apreender estas contradições. Uma vez especificadas, estão automaticamente explicadas.

Tomemos, por exemplo, a relação com o nosso tempo, primeiro da arte grega, depois da arte de Shakespeare. Sabe-se que a mitologia grega não foi somente o arsenal da arte grega, mas também a terra que a alimentou. A maneira de ver a natureza e as relações sociais que a imaginação grega inspira e constitui por isso mesmo o fundamento da mitologia grega, será compatível com as Selfactors (máquinas automáticas de fiar), os caminhos de ferro, as locomotivas e o telégrafo elétrico? Quem é Vulcano ao pé de Roberts & Cia., Júpiter em comparação com o para-raios, e Hermes em comparação com o Crédito Mobiliário? Toda a mitologia subjuga, governa as forças da natureza no domínio da imaginação e pela imaginação, dando-lhe forma: portanto, desaparece, quando estas forças são dominadas realmente. O que seria da Fama em confronto com a Printing--house Square? A arte grega supõe a mitologia grega, isto é, a elaboração artística mas inconsciente da natureza e das próprias formas sociais pela imaginação popular. São esses os seus materiais. O que não significa qualquer mitologia, ou seja, qualquer elaboração artística inconsciente da natureza (subentendendo esta palavra tudo o que é objetivo, incluindo portanto a sociedade). Jamais a mitologia egípcia teria podido proporcionar um terreno favorável à eclosão da arte grega. Mas de qualquer modo é necessária *uma* mitologia. Portanto, nunca uma sociedade em um estádio de desenvolvimento que exclua qualquer relação mitológica com a natureza, qualquer relação geradora de mitos, exigindo assim do artista uma imaginação independente da mitologia.

Por outro lado, Aquiles será compatível com a pólvora e o chumbo? Ou, em resumo, a *Ilíada* com a imprensa, ou melhor, com a máquina de imprimir? O canto, o poema épico, a Musa, não desaparecerão necessariamente perante a barra do tipógrafo? Não terão deixado de existir as condições necessárias à poesia épica?

Mas a dificuldade não está em compreender que a arte grega e a epopeia estão ligadas a certas formas de desenvolvimento social. A dificuldade reside no fato de nos proporcionarem ainda hoje um prazer estético e de terem ainda para nós, em certos aspectos, o valor de normas e de modelos inacessíveis.

Um homem não pode voltar a ser criança, sob pena de cair na puerilidade. Mas não é verdade que acha prazer na inocência da criança e, tendo alcançado um nível superior, não deve aspirar ele próprio a imitar aquela verdade? Em todas as épocas não se julga ver repetido o próprio caráter na verdade natural do temperamento infantil? Por que então a infância histórica da humanidade, naquilo precisamente em que atingiu o seu mais belo florescimento, por que esse estádio de desenvolvimento para sempre perdido não há de exercer um eterno encanto?[8]

Trata-se de uma passagem curiosa que, tudo indica, nasceu de uma aguda perplexidade do seu autor. O nó do problema ainda não foi desfeito: como "o para sempre perdido" não está, na vida da nossa consciência poética, realmente perdido? Se Marx fosse metafísico ou idealista, a resposta teria sido mais fácil: no Ser ou no Espírito nada se perde. Mas, como pensador materialista, o seu último horizonte é a Natureza, onde também "nada se perde", onde os momentos voltam e onde parece que ele faz habitar a infância "eterna" da humanidade. Infância que sobrevive às mudanças de mitologia.

A arte resiste porque a percepção animista ainda é, ao menos para a infância e, em outro nível, para o poeta, uma fonte de conhecimento. O racionalista dogmático tende a subestimar a verdade desse conhecimento como se ela fosse ingênua ilusão; não assim o racionalismo dialético de Marx: "Mas não é verdade que acha prazer na inocência da criança e, tendo alcançado um nível superior, não deve aspirar ele próprio a imitar aquela verdade?".

A consciência, quando amadurece e se aguça, chega à encruzilhada: ou a morte da arte, ou a reimersão no mundo-da-vida que, como a infância, se renova em cada geração.

O tempo vetorial, que passa do inconsciente à consciência, o "desenvolvimento" de Hegel, a passagem da Pré-História à

História de Marx, coexiste e cruza com o tempo cíclico no qual o mesmo inconsciente recobra periodicamente a sua força e a sua voz. Nada se perde nessa *concordia discors*. Ao contrário, algo de novo parece que surde: a consciência tem, no mundo moderno, a ciência daquela dualidade de tempos. Por isso, é uma consciência dividida, infeliz.

O PRESENTE ABERTO

Se considero a poesia mítica em função do *sentimento do tempo*, vejo que nela se opera um circuito fechado: a evocação é um movimento da alma que vai do presente do "eu" lírico para o pretérito, e daí retorna, presentificado, ao tempo de quem enuncia.

Antonio Gramsci notava essa tendência do poeta à *fixação* do passado e da natureza mediante o trabalho forjador da imagem. E formulava, nos seus justos termos, a diferença entre a atitude do homem político, que quer sempre agir sobre a cena histórica modificando a sua aparência, e o poeta que, para bem ou para mal, encerra na figura, portanto na *forma*, a sua intuição das pessoas e das coisas.[9]

Mas essa figura desenhada pela escrita não precisa sair necessariamente do ciclo presente-passado-presente, como em toda poesia conatural ao mito, à infância, ao sonho. Os momentos sofridos e insofridos da práxis também são capazes de gerar poesia. Desde os profetas bíblicos até Maiakóvski, Brecht e Neruda, a recusa irada do presente, com vistas ao futuro, tem criado textos de inquietante força poética.

As suas palavras lançam-se, flechas de Impaciência, contra os deuses dominantes que permanecem os mesmos apesar dos vinte

e cinco séculos que separam o profeta Isaías do nosso tempo: os
ídolos, e, na frente de todos, o bezerro de ouro, a mais-valia:

imagens de metal fundido
sois vento e nada

[Is, 41,29]

Quem jamais fabricou um deus,
quem jamais fundiu uma estátua
para não tirar dela algum proveito?

[Is, 44,10]

O ferreiro trabalha com a lima
com os carvões e a golpes de martelo
o forma
e com o seu braço robusto o amolda,
embora sinta fome e esteja exausto,
não bebe de modo algum
e desfalece de sede.
O carpinteiro estende a régua,
traça um esboço do ídolo com giz;
desbasta-o com a plaina,
delineia-o com o compasso,
converte-o na figura de um homem,
de homem famoso destinado a morar numa casa.
Em busca de lenhos duros para entalhar
ele escolheu uma azinheira e um carvalho,
deixou-os robustecer entre as árvores da floresta,
plantou um freixo
que a chuva fez nascer.
Tudo tornou-se para o homem
lenha de queimar;
toma uma parte e se aquece,

186

ateia-lhe fogo e coze pão,
ou também faz um deus para si
e o adora,
esculpe um ídolo e prostra-se diante dele.
Queima no fogo metade dessa madeira,
sobre as brasas assa a carne,
come o assado até fartar-se, aquece-se,
e depois exclama:
"Muito bem!
aqueci-me ao pé do fogo."
Com o resto faz um deus, o seu ídolo,
faz-lhe reverência, adora-o, roga-lhe, exclama:
"Salva-me, porque tu és o meu deus!"
[...]
Apascentado de cinzas, o seu coração o transviou,
não pode fugir nem dizer:
"Não será falso o que tenho na mão?"

[Is, 44,12-20]

A sátira e, mais ainda, o *epos* revolucionário são modos de resistir dos que preferem à defesa o ataque. O presente solicita de tal modo o poeta-profeta que, em vez de voltar as costas e perder-se na evocação de idades de ouro, rebela-se e fere no peito a sua circunstância.

Ao contrário do cantor da lenda já confirmada na memória pessoal ou coletiva, o profeta vive uma dimensão temporal tensa que vai do presente recusado para o futuro aberto, feito de imagem e desejo. Sobretudo, desejo. Se o círculo presente--passado-presente evoca o paraíso, o eixo sem limite presente--futuro invoca-o.

O Livro de Isaías tem uma estrutura dual, pois dual é a concepção do tempo que nele se forma: a primeira parte é sátira, é imprecação contra o aqui e agora (capítulos 1-39). A última parte prefigura o tempo que há de vir, a plenitude da salvação (capítulos 40-66). Nessa passagem do *agora* para o *ainda não*, move-se a palavra profética. Na hipótese do grande pensador hegeliano e marxista Ernst Bloch, é a *antecipação* que produz, em qualquer tempo, a estrutura simbólica da utopia.[10]

Se passo do contexto judeu-babilônico do século VII a.C., em que ressoou a voz do profeta, para o mundo judeu-greco-romano dos apóstolos de Cristo, onde João Evangelista compôs o Apocalipse (entre 70 e 95 d. C.), encontro o mesmo itinerário de figuras. À treva do Mal, imagem das perseguições sofridas pelos cristãos sob Nero, Tito e Domiciano, justapõem-se as visões luminosas da Jerusalém celeste. O Dragão vermelho de sete cabeças, dez chifres e sete diademas é vencido por Miguel Arcanjo, defensor dos eleitos. Ao reino da Besta blasfema que os homens adoram, sobrevém o da segunda Besta, que veio para servir à primeira, até que todo mal se extirpa com o triunfo dos justos, "mar de cristal misturado com fogo".

Em Isaías o futuro é promessa, é o "ainda não":

Eis que estou para criar novos céus e nova terra [Is, 65,17]

No Apocalipse, o futuro está se realizando:

Vi então um novo céu e uma nova terra [Ap, 21,1]

Isaías:

Do passado não haverá mais recordação [65,17]

Apocalipse:
Sim! as coisas antigas se foram [21,4]

Mas só no último dos livros tudo é presença e comunhão:

O Espírito e a Esposa dizem: Vem!
Quem ouvir diga também: Vem! (Marana tha!)
Quem tem sede venha,
e quem deseja
receba de graça a água da vida [Ap, 22,17]

Há um denominador comum que sustenta o imaginário profético e o apocalíptico: é o eixo presente-futuro com a sua vigorosa e concreta antinomia, pela qual o presente é o cenário da maldição, objeto de escarmento, e o futuro é antecipado pelo sentimento como o reino da justiça e da liberdade.

O vínculo entre recusa e utopia pode vir todo explícito como passagem da treva à luz, da cisão à unidade, do Mal ao Bem; mas pode deixar o segundo termo na sombra. Só o contexto dirá se a sátira é o ataque ao presente feito em nome do bom tempo já passado (sátira conservadora, de tipo romano) ou em nome daquilo que há de vir, do "ainda não" (sátira revolucionária). No primeiro caso, a sátira não está imune de certa ideologização do mito da idade de ouro.

Em uma obra virulentíssima como *Les châtiments*, toda escrita para destruir a imagem e a ideologia da França sob o império burguês de Napoleão III, Victor Hugo, exilado e insubmisso, traça um arco ligando signos opostos: o primeiro poema chama-se "Nox", o último "Lux". O livro começa pelos horrores da noite de 2 de dezembro de 1851, noite do golpe de Estado e da traição à República; e acaba saudando a aurora da libertação que virá no dia em que os povos já não tiverem nem fronteiras nem escravos nem soldados. A palavra em torno da qual se acionam todos os pedais é uma só: futuro, *Avenir!* Entre "Nox" e "Lux", o purgatório da ideologia dominante é figurado na sátira aos sete dogmas em sete livros de escárnio: I. *La société est sauvée*; II. *L'ordre est rétabli*; III. *La famille est restau-*

rée; IV. *La religion est glorifiée*; V. *L'autorité est sacrée*; VI. *La stabilité est assurée*; VII. *Les sauveurs se sauveront.*

Como não lembrar estruturas análogas em outros grandes resistentes? Dante, também exilado, pune nos círculos do *Inferno* os traidores do seu povo e canta no *Paraíso* a utopia medieval do perfeito monarca. Treva e luz, separadas pela penitência, a longa, cinzenta e violácea penitência do Purgatório. Blake, visionário, nutrido fortemente de Dante e do Apocalipse, compõe um texto imprevisível, paradoxo de Noite e Dia, onde a moral sem piedade do inglês puritano significa o Anticristo que deve ser desfeito pelo sopro divino que já vem vindo do horizonte da Nova Jerusalém, cidade mística sem pecado nem lei; cidade onde os opostos se perseguem e se conciliam

(*Without contraries there is no progression*);

cidade onde se festeja o casamento do céu com o inferno:

> *Prisons are built with stones of Law,*
> *Brothels with bricks of Religion.*
> *The pride of the peacock is the glory of God.*
> *The lust of the goat is the bounty of God.*
> *The wrath of the lion is the wisdom of God.*
> *The nakedness of woman is the work of God.*
> *Excess of sorrow laughs. Excess of joy weeps.*
> [...]
> *Joys impregnate. Sorrows bring forth**
> [*The Marriage of Heaven and Hell*, 1793]

(*) "As prisões são construídas com pedras da Lei,/ Os bordéis com tijolos da Religião./ O orgulho do pavão é a glória de Deus./ A lascívia do bode é a generosidade de Deus./ A ira do leão é a sabedoria de Deus./ A nudez da mulher é a obra de Deus./ O excesso de tristeza ri. O excesso de alegria chora./ As alegrias emprenham. As dores dão à luz"

William Blake é o poeta e gravador que da sua escura oficina de Londres canta a Revolução dos Americanos contra a Inglaterra. É o místico que fez hinos à Revolução Francesa; o iluminado iluminista; o homem que quer derrubar os dois pilares ideológicos do século, simétricos e opostos: a hipocrisia dos moralistas e o racionalismo dos ímpios.

PARÓDIA, JOGO E CRISPAÇÃO

> *aquela realidade aparece como que abandonada pelos deuses, como um mundo decaído*
>
> Hegel, *A arte clássica e a arte romântica*, III, 3

O lugar de onde se move a sátira é, claramente, um tópos negativo: a recusa aos costumes, à linguagem e aos modos de pensar correntes. "Mythos do inverno" chamou-a Frye em um estudo rico de modulações teóricas.[11]

A sátira supõe uma consciência alerta, ora saudosista, ora revolucionária, e que não se compadece com as mazelas do presente. Mas como o seu ímpeto vem da agressividade, que é instinto de morte, o teor positivo, "tético", dessa consciência, é, em geral, um termo de comparação difícil de precisar, porque implícito, remoto, embora ativo. Na sátira acham-se ocultos, às vezes ao próprio poeta, o sentido construtivo, a aliança com as forças vitais, em suma, a boa positividade, que nela se confunde com a negatividade.

Na luta contra a ideologia e o estilo vigentes, o satírico e o parodista devem imergir resolutamente na própria cultura. É dela que falam, é a ela que se dirigem. Tal imersão não se faz sem riscos e arrepios: não há nenhum outro gênero que denuncie mais depressa o partido do escritor, as suas antipatias, mas também as suas ambiguidades morais e literárias. O satírico aparece em estágios complexos e saturados da vida urbana; momentos em que a consciência do homem culto já se rala com as contradições entre o cotidiano real e os valores que o enleiam. E a paródia, "canto paralelo", só se faz possível quando uma formação literária e um gosto, outrora sólidos, entram em crise, isto é, sobrevivem apesar do cotidiano, sobrevivem como disfarce, véu ideológico.

A sátira poderá tirar dos seus embates com o presente tanto um moralismo acre e sardônico (há reacionários dotados de forte bílis estilística) como uma crítica lúcida ou desesperada de toda a existência, crítica que fere o que é por amor, oculto amor, ao que deveria ser.

A dissolução da arte clássica deu-se, ensina Hegel, com a sátira romana, peculiar a uma sociedade já complexa, mas prosaica, onde o sujeito verga sob o peso implacável dos *mores* e da Lei. A liberdade de palavra de que dispõem um Horácio e um Juvenal serve apenas para denunciar as falhas que se alargavam entre os costumes privados e a Lei Pública tida por ideal. Uma prosa divertida, mas fria, feita de "sutis gracejos e zombarias elegantes" (Hegel), é o limite da sátira latina.

A sátira moderna, que tem crescido junto com as vicissitudes da arte romântica, é infinitamente mais demolidora. O seu humor beira o nada. O ácido corrói o vaso que o contém, vaso de carne e osso. A lenda celta da espada incontrolável que, vendo-se fora da bainha, salta para perseguir não só o inimigo, mas o cavaleiro que a empunhou, é o emblema da poesia que se castiga até o puro niilismo. Do terrível "Hino a Ariman", em que Leopardi brada o seu pessimismo cósmico ao novo rei da criação, o Mal, até as negras paródias romântico-antirromânticas de Rimbaud e de Lautréamont, confirma-se o que Hegel previa com o destino do humor: a liberdade crescente da subjetividade acaba desgarrando-a de todos os conteúdos que a cultura lhe transmitiu, e vive da sua própria errância.

O humor cortaria, no estado atual das artes, toda ligação com as formas e os significados vigentes. E a ruptura, se absolutizada, implica, a rigor, a morte da fala poética.

Na verdade, resta sempre o arbítrio, que só o homem tem, de autoanalisar-se; e essa condição alimenta o poema contemporâneo em que Narciso se nega a si mesmo:

"Eu, o sobrevivente"

Certamente sei: só por sorte
Sobrevivi a tantos amigos. Mas hoje à noite, em sonho,
Ouvi estes amigos dizerem de mim: "Os fortes sobrevivem."
E odiei-me [...]

[Bertolt Brecht, em *Poemas no exílio*]*12

"Elegia 1938"

Coração orgulhoso, tens pressa de confessar tua derrota
e adiar para outro século a felicidade coletiva.
Aceitas a chuva, a guerra, o desemprego e a injusta distribuição
porque não podes, sozinho, dinamitar a ilha de Manhattan.

[Carlos Drummond de Andrade, em *A rosa do povo*]

(*) O original, cujo título é "Ich, der Überlebende", diz: "Ich weiss natürlich: enzig durch Glück/ Habe ich so viele Freunde überlebt. Aber heute Nacht im Traum/ Horte ich diese Freunde von mir sagen: 'Die Stärkeren überleben.'/ Und ich hasste mich". Trad. Modesto Carone Netto.

Há um momento em que o poeta mostra não tomar a sério os valores de uma certa cultura, ou melhor, as relações entre forma e conteúdo que a dominam: é a hora da paródia.

O retorno sazonal dessa espécie esquizoide de poesia (que é uma literatura antiliterária e, ao mesmo tempo, uma antiliteratura literária) parece dar razão à teoria dos *ricorsi* de Vico. Em cada ciclo histórico, o mito e o *epos* que nele se funda são recalcados por um processo crescente de racionalização (a fase *civile*), que é, por sua vez, precária, sujeita a desequilíbrios e a recaídas na mais cega barbárie..., de onde poderá ressurgir uma nova estação mitopoética.

O ânimo paródico estaria a cavaleiro entre a razão desmistificadora (enquanto analisa e ironiza formas alienadas de dizer) e a pura violência do instinto de morte, jogo arriscado com as forças demoníacas do Terror e da negação absoluta. A paródia brinca com o fogo da inteligência.[13]

É uma impressão eminentemente lúdica a que se recebe, hoje, quando se leem as paródias antigas; hoje, que são outras as mitologias. Talvez nenhum gênero "sério" tenha deixado de produzir, na Grécia, a sua contrafação, a começar pela epopeia, pela *Ilíada*, que, depois de formar gerações e gerações de ouvintes e de ser imitada por todo um ciclo oral, conheceu a imagem inversa do *epos* na Batalha dos Ratos e das Rãs, a *Batracomiomaquia*, cujo estilo a reproduzia com tanta perfeição que muitos filólogos inadvertidos chegaram a atribuir a sua autoria ao próprio Homero. Mas agora os heróis já não são Aquiles nem Heitor: são Inchabochechas e Rói-pão, Manjapresuntos e Lambemó.[14]

Exemplar é a história da tragédia, saga invertida, que vai perdendo em substância mítica de Ésquilo a Sófocles e deste a Eurípides à proporção que passa da comunidade arcaica à pólis dos sofistas. E foi só nesse último estágio que pôde aparecer a *caricatura*, não do trágico em si, remoto e inaferrável, mas do seu esvaziamento: a *comédia* de Aristófanes é marcadamente saudosa e aristocrática; o seu alvo é a palavra de Eurípides e de Sócrates, palavra inquietante porque já não mais puramente mítica... O que o cômico nostálgico parodia não é, evidentemente, o mito primordial, mas, ao contrário, é a cultura urbana, problemática, que já não mantém o sabor das origens; antes, "perverte-se" com o discurso psicológico e crítico... Aristófanes é o modelo do sátiro conservador que a literatura romana iria depois reproduzir e ossificar.

Da velha paródia, mistura de prosa e verso, de canto e crítica, que toma forma canônica nos *Diálogos* do cínico Luciano de Samósata e na "sátira menipeia" de Varrão, fale, por todos, o estudo forte e original de Mikhail Bakhtin, que nela vê o avatar polimorfo do romance de Dostoiévski e de todo texto que abrace, em coro, *epos* e lira, drama e crítica.[15]

Se Homero e os trágicos da Grécia foram contrafeitos jocosamente, algo de parecido veio a acontecer nos "tempos heroicos renovados", para usar da expressão de Vico. Na Idade Média, o ciclo de Carlos Magno, cujo texto de base é a *Chanson de Roland* (séculos XI-XII), conheceu não poucos decalques burlescos. Mas não imediatamente. Entre o original épico e as paródias adensou-se a tradição do *romance de cavalaria*: os remanejamentos que formam o ciclo de Carlos Magno saturaram o imaginário medieval até o momento em que a nova sociedade urbana e burguesa não mais se reconheceu naquela matéria lendária e no gosto épico. O esquema narrativo sobrevive longamente, mas para veicular as mudanças internas de um complexo feudal em vias de perecer. Enfim, depois do *roman* começa-se a fazer a caricatura do velho imperador e dos seus doze pares. No *Roman de Renart*, que é do século XIII, o cavaleiro, o cruzado e o bispo se degradam na forma de animais ora selvagens ora astutamente domesticados: são leões, são lobos, são raposas.

O paralelismo impõe-se entre o mundo antigo e o medievo: a *Ilíada*, os ciclos pós-homéricos, a *Batracomiomaquia*; a *Chanson de Roland*, o ciclo romanesco, o *Roman de Renart*; (1) a epopeia, (2) o romance, (3) o bestiário paródico.

Na Itália, que não viveu o *epos* inaugural, mas o recebeu da França, o primeiro momento é o do romance, o segundo é o da paródia. A corte florentina dos Medici, *signori* burgueses, abrigou um dos mais geniais caricaturistas da poesia universal, Luigi Pulci, que, no *Morgante*, além de refazer gaiatamente as gestas de Carlos Magno, ajunta à velha galeria de heróis duas novas figuras bizarras, Margutte, o gigante pícaro, e Astarotte, o diabo-herege, cortês e sábio.

Uma geração depois, já em plena Renascença, aparece a mais completa e hilariante paródia das tradições cavaleirescas, o *Baldus*, de Merlin Cocai, pseudônimo de um monge literato, eremita e vagabundo, Teofilo Folengo. Agora, a contrafação da epopeia ataca o cerne dos significantes, a língua, mixórdia de latim clássico, latim de igreja, italiano e dialetos vários. O cômico mais imediato deriva precisamente do encontro de flexões latinas e palavras vulgares, que é a estrutura do latim macarrônico. Com o *Baldus*, o Humanismo italiano e europeu diz, aliás precocemente (o poema foi publicado em 1517), a cisão interna que o levaria a rachar-se nas direções opostas do racionalismo e do barroco do século seguinte.

Os valores épicos são resíduo de um tempo que já se foi, legando porém um mosaico de sons e imagens díspares que, postos em conjunto, dão a impressão de farsa erudita ou de loucura. Essa literatura pletórica e sem um centro vivo finge centrar-se no mais nobre dos conteúdos (o *épico*) e na mais nobre das formas (a *língua latina*). Nenhum dos dois resiste: o *epos* desfaz-se em burla, o latim se desconjunta na dança das deformações verbais. Daí em diante está aberto o caminho para o longo estertor da epopeia: é a hora do gênero herói--cômico, réplica da hilarotragédia grega.

Estudando as maiores produções herói-cômicas, Otto Maria Carpeaux mostra o quanto é delicado o problema de definição ideológica de um texto satírico ou paródico.[16] Para o caso do gênero durante o seu século de ouro, o XVII, o motivo da difusão parece ter sido a resistência (ainda barroca, não racionalista) da poesia à sobrevida dos discursos heroicos ou sublimes em uma sociedade já minada por interesses burgueses e pelas "razões de Estado" das monarquias mercantis. A consciência que ditava aquelas paródias do épico fazia a sátira do estilo "alto", mas à luz da saudade de um tempo em que a forma heroica se teria casado harmonicamente com a moral da honra e da devoção. Logo, uma consciência nostálgica que poderia ser vista, dialeticamente, como uma consciência possível inconformista. Consciência que, de algum modo, recusa a situação mais próxima do sujeito criador.

A fusão de nostalgia com paródia, que Carpeaux chama "o cúmulo da dobrez", aparece, por exemplo, no poeta Guilherme de Brébeuf, que publicou, em 1655, a sua tradução muito séria da *Farsália* de Lucano, e deu um ano depois *Le premier livre de Lucain travesti*. Primeiro traduziu, depois traiu. Mas a paródia é uma traição consciente.

Mas a resistência dos parodistas herói-cômicos não se susteve com o fôlego esperado fora da erudição acadêmica dos séculos XVII e XVIII. Talvez porque ela não se fundasse em uma sofrida consciência histórica dirigida para a práxis, o seu fôlego não deu para soprar o futuro. O que resta e, provavelmente, o que mantinha aquelas paródias em movimento, é o espírito lúdico, o prazer da mimese farsesca, o gosto do pastiche e da mistura de linguagens, sempre vivo nesses literatos habilíssimos forrados de Virgílio e Horácio, Ariosto e Tasso.

Parodiar é ato rigorosamente contextual cujo sentido (ideológico? contraideológico?) não pode ser definido a priori. A escrita da paródia é, de raiz, ambígua: repete modos e metros convencionados ao mesmo tempo que os dissocia dos valores para os quais esses modos e metros são habitualmente acionados. *A paródia parodia antes o pastiche que o original.* E os seus efeitos ideológicos não são uniformes. É preciso perguntar, em cada caso: o que se nega na pseudoafirmação que é o texto paródico?

A paródia pode reforçar as potências do significante sempre que agride o significado a que esteve tradicionalmente unido. É o caso de "Comendadores jantando" de João Cabral de Melo Neto, poema em que o decassílabo heroico e a retórica da intensidade se mostram dúcteis e capazes de ferir fundo heróis de gesso:

> *Assentados, mais fundo que sentados,*
> *eles sentam sobre as supercadeiras:*
> *cadeiras com patas, mais que pernas,*
> *e pau-d'aço, um que não manqueja.*
> *Se assentam tão fundo e fundamente*
> *que mais do que sentados em cadeiras,*
> *eles parecem assentados, com cimento,*
> *sobre as fundações das próprias igrejas.*
>
> *Assentados fundo, ou fundassentados,*

à prova de qualquer abalo e falência,
se centram no problema circunscrito
que o prato de cada um lhe apresenta;
se centram atentos na questão prato,
atenção ao mesmo tempo acesa e cega,
tão em ponta que o talher se contagia
e que a prata inemocional se retesa.
Então, fazem lembrar os do anatomista
o método e os modos deles nessa mesa:
contudo, eles consomem o que dissecam
(daí se aguçarem em ponta, em vespa);
o prato deu soluções, não problemas,
e tanta atenção só visa a evitar perdas:
no consumir das questões pré-cozidas
que demandam das cozinhas e igrejas
[Em A educação pela pedra]

A paródia desfaz, no poema de Cabral, um tipo de associação entre estilo e tema, rebaixando este e potenciando livremente aquele. Crispação e jogo.

Em *Kipling revisitado*, de José Paulo Paes, o efeito destrutivo é maior: parodiam-se, no mesmo lance, o *código* e a *mensagem* do famigerado "If" do conselheiro colonial inglês:

Se etc.
se etc.
se etc.
se etc.
se etc.
se etc.
se etc.
serás um teorema
meu filho

[De Anatomias]

No *Primeiro caderno do aluno de poesia* de Oswald de Andrade, formas de dizer infantis, populares ou românticas se retomam jocosamente para exprimir situações da vida brasileira moderna. O caráter ingênuo das formas é desgarrado (em parte) dos seus conteúdos sentimentais; o que sobra é a nomeação da realidade presente de que o poeta está ora próximo ora afastado (a paródia é aqui ambígua, envolvente, irônico-sentimental):

"meus sete anos"

Papai vinha de tarde
Da faina de labutar
Eu esperava na calçada
Papai era gerente
Do Banco Popular
Eu aprendia com ele
Os nomes dos negócios
Juros hipotecas
Prazo amortização
Papai era gerente
Do Banco Popular
Mas descontava cheques
No guichê do coração

"meus oito anos"

Oh que saudades que eu tenho
Da aurora de minha vida
Das horas
De minha infância
Que os anos não trazem mais
Naquele quintal de terra

Da Rua de Santo Antônio
Debaixo da bananeira
Sem nenhum laranjais

Eu tinha doces visões
Da cocaína da infância
Nos banhos de astro-rei
Do quintal de minha ânsia
A cidade progredia
Em roda de minha casa
Que os anos não trazem mais
Debaixo da bananeira
Sem nenhum laranjais

A paródia tem em comum com a sátira o espírito do contraste e leva a dissonância até o coração da ideologia literária, que se chama *gosto*.

A consciência entretém aqui uma relação negativa com o eixo passado-presente, o eixo da tradição. Negativa quanto à harmonia forma-conteúdo. O eixo da tradição literária, em si, é reforçado apesar da corrosão paródica. Mas o bloco da tradição cultural sofre entropia. Há um tom de crepúsculo, um riso de cinza, um esgar frio que sai da paródia.

No limite extremo, o aumento do intervalo crítico e da mediação ideológica, feita juízo de valor, poderia impedir que o canto nascesse. Assim aconteceria se o canto pudesse um dia morrer sob a pressão do gesto crítico. Mas sempre que, na dialética viva do texto, esse gesto não paralisa, antes libera, a paródia exerce a função purificadora de fazer circular nas veias da dicção o sangue da "boa negatividade". O sátiro insofrido quer, tanto quanto o lírico mais ardente, alcançar a difícil transparência dos seres, a rara comunhão com os homens; mas, diversamente do cantor órfico, ele precisa limpar a voz de toda empostação falsa ou injusta para com o seu grau de consciência. A paródia poderá ser, nesse exato momento, o ácido depurador.

Nesse exato momento, apenas. Se extravasa no trabalho da decantação, a paródia arrisca-se a secar as fontes do *epos* e da lira e a barrar o caminho àquelas "verdades da infância" para as quais, segundo Marx, o espírito se volta quando alcança a plena maturidade.

Como crispação do sujeito ante a estupidez e a barbárie, a sátira romana formava-se aquém da síntese poética; e assim pensando, Hegel a situa "no único lugar que lhe convém, o de uma *forma transitória* do ideal clássico".[17] Transitória porque a oposição entre sujeito e mundo, que é a primeira hora de toda sátira, não pode durar indefinidamente se permanece abstrata e "incapaz de contribuir eficazmente, por meios verdadeiramente políticos, para o desaparecimento dos aspectos falsos e sombrios da vida diante da luz ofuscante da verdade".[18] A sátira exige a ação. Por isso, ela não pode durar muito.

Em relação à arte romântica (que, em Hegel, começa com o Cristianismo), o trânsito para o moderno se faz pelo *humor*, definido como atividade que

> dissocia e decompõe, por meio de "achados" espirituosos e de expressões inesperadas, tudo o que procura objetivar-se e revestir uma forma concreta e estável. Assim se tira ao conteúdo objetivo toda a sua independência, e consegue-se ao mesmo tempo abolir a estável coerência da forma adequada à própria coisa; a representação passa a ser um jogo com os objetos, uma deformação dos sujeitos, um vaivém e um cruzamento de ideias e atitudes nas quais o artista exprime o menosprezo que tem pelo objeto e por si mesmo.[19]

Nada mais parecido com a poesia brasileira nesta década de 1970.

O PRESENTE ABERTO, DE NOVO

> *What is now proved was once only imagin'd*
> William Blake,
> *The Marriage of Heaven and Hell*

> *C'est une grande destinée que celle de la poé-*
> *sie! Joyeuse ou lamentable, elle porte toujours*
> *en soi le divin caractère utopique. Elle contre-*
> *dit sans cesse le fait à peine de ne plus être*
> Charles Baudelaire

Na resistência aos ídolos, a voz do canto chama a si todos os tempos. Evoca o passado, provoca o presente, invoca o futuro e o convoca.

Sugeriu-se, páginas atrás, no tópico sobre o presente aberto, que a linguagem dos profetas e do Apocalipse, toda imantada para o futuro, revive em poetas de tempos e sonhos diversos, como Dante, Blake e Victor Hugo, atando sempre *recusa* e *expectação*. Entre nós, o poema *O Guesa*, de Joaquim de Sousândrade, composto no fim do século XIX, funde a sátira (antimonárquica, anti-imperialista, antimilitar, anticlerical) com a utopia de um socialismo indígena cujo herói traz em si a paixão libertária de Prometeu e de Cristo.

Certas narrativas populares em verso ou em prosa reativam o esquema fundamental dos livros proféticos e do Apocalipse. O aqui e agora é descrito com todo o negrume das suas carências, precipitando-se em um abismo de males, que é cavado em um futuro próximo quando tudo vai piorar in extremis para, enfim, inaugurar-se o tempo da salvação, a utopia.

Os estudos sobre o sebastianismo português, de fundo judaico e popular, rimam com os resultados das pesquisas sobre o messianismo rústico. Situações de crise e opressão desencadeiam forças profundas de resistência que, por sua vez, geram movimentos sociais e formas simbólicas de teor radicalmente mitopoético.

As narrativas, as prédicas e os cantos produzidos nessas horas tensas da comunidade são, a um tempo, críticos do presente curvado sob o peso da necessidade, e expectantes de uma condição nova, a condição do Reino, que se cumprirá depois do "Juízo Final". Forma-se um nexo íntimo entre a atual ruptura com o Mundo, o Século, e a regeneração da Terra pelo advento da nova Era.

A primeira parte das *Trovas* do sapateiro de Trancoso, Gonçalo Anes, o Bandarra, escrita por volta de 1530 (muito antes, portanto, da morte de d. Sebastião), é a *crítica* da situação moral portuguesa do tempo:

> *Vejo grandes revoltas*
> *agora nas clerezias.*
> *Porque usam de simonias*
> *E adoram os dinheiros.*
> *[...]*
> *Não vejo fazer justiça*
> *A todo o mundo em geral.*

Que agora a cada qual
Sem letras fazem doutores,
Vejo muitos julgadores
Que não sabem bem nem mal.
[...]
A linhagem dos fidalgos
Por dinheiro é trocada.
[...]
Vejo tanta misturada
Sem haver chefe que mande;
Como quereis que a cura ande
Se a ferida está danada?

A última parte é a *história do futuro próximo*, que vai começar com a vinda do "Ungido do Senhor", ainda Encoberto:

Todos terão um amor,
Gentios como pagãos
[...]
Servirão um só senhor,
Jesus Cristo que nomeio,
Todos crerão que já veio
O Ungido do Senhor [20]

Os espaços opostos e coexistentes do Mal e do Bem estão em luta: Babilônia, ou Babel, de um lado; de outro, a Nova Jerusalém. As quadras que Euclides da Cunha recolheu entre os papéis dos jagunços de Canudos falavam em duas "ordens" conflitantes: a Lei do Cão e a Lei de Deus:

Garantidos pela lei
Aqueles malvados estão.
Nós temos a lei de Deus
Eles têm a lei do cão!

O Anticristo nasceu
Para o Brasil governar
Mas aí está o Conselheiro
Para dele nos livrar![21]

A secularização não é um processo que se dá homogênea e universalmente. E, mesmo na civilização industrial, o espírito utópico refaz-se trabalhando outros conteúdos que não os já cristalizados pela tradição. Caso assim não fosse, como explicar a existência de uma poesia "culta" aberta para o futuro? O realismo, se diz as coisas como estão, não pode ser, rigorosamente, socialista. O socialismo, por sua vez, não pode ser, hoje, rigorosamente realista.

Albert Camus: "Como, com efeito, pode ser possível um realismo socialista se a realidade não é de todo socialista?".[22]

A poesia, se quer uma verdade nova, será utópica.

Utopia: fora do tempo. Como a imaginação criadora.

Marx, em um texto muito citado, mas do qual ainda não se tirou tudo quanto pode dar, diz da religião que "é a realização imaginária da essência humana". O que parece uma definição totalizante da arte.

Em seguida: "A miséria religiosa é juntamente a *expressão* da miséria real e o *protesto* contra ela. A religião é o suspiro da criatura oprimida, a alma de um mundo sem alma, o espírito de situações sem espírito". Dirá também que é "o ópio do povo", mas não antes de ter dito que é expressão e protesto contra a miséria real.[23]

No contexto de Marx, a *idolatria*, ou fetichismo, é a alienação de raiz, a consciência entorpecida que se curva à partilha dos homens em opressores e oprimidos, gloriosos e humilhados. Destruir o fetiche é encetar a tarefa da liberação.

Em outro contexto, mas com igual veemência, vimos como o profeta Isaías clamava para que os ídolos se desfizessem: só assim os antigos idólatras refariam a própria consciência. Em Isaías, a palavra messiânica só é dita depois da palavra-imprecação, signo que nega o ídolo.

Quem interpretou agudamente o sentido dessa poesia profética, em um registro antifetichista, foi Ernst Cassirer, cujo texto sobre a "dialética da consciência mítica" entende o messianismo como o momento subversivo do pensamento religioso.[24]

A religião que exorciza os ídolos desencadeia, no seu processo, a superação do estágio puramente mítico. A palavra do profeta, enquanto nega o eixo passado-presente, e diz o que *ainda não* é, já significa a crise e a destruição simbólica do que já foi e do que ainda é. Paralelamente: a poesia que se despega do fascínio das imagens (passadas ou presentes) está madura para a produção dos signos do futuro. Signos feitos antes de vontade, de consciência e de imaginação do que de pura memória. Signos do poema prometeico. Signos do poema utópico. Signos do poema político.

O "gemido da criatura opressa" não se cala por infinda que seja a espera da liberação. E porque esse gemido é também protesto, altera-se, muda de tom e de timbre, vira grito, rouco desafio, duro afrontamento, até achar os ritmos da poesia utópica. Por exemplo: o poema prometeico "Os Doze", de Aleksandr Blok, trabalha uma dimensão nítida de futuro coletivo, na qual se dialetiza o lastro de milênios de expectação popular judeu-cristã, agora transmutada por um projeto político secular, a Revolução Russa:

[...]

8

Ah, dor-dureza!
Mortal
Tédio sem remédio!

Tempo, tempão
Mato, mato...

Fuzil na mão
Cato, cato...

Grãozinho, grão
Parto, parto...

Faca, facão
Corto, corto...

Burguês, foge como um rato!
Teu sangue barato

Bebo gota a gota
Por minha garota.

Senhor, acalma a alma de tua serva...
Tédio!

9

Tudo é silêncio na cidade.
Torre do Neva. Tudo jaz.

Não há mais guardas, Liberdade!
Viva! sem vinho, meu rapaz!

Eis o burguês na encruzilhada,
Nariz no cache-nez, ao vento.
A seu lado, transido, cauda
Entre as pernas, um cão sarnento.

Eis o burguês, um cão sem osso,
Taciturna interrogação,
E o mundo velho — frente ao moço —,
Rabo entre as pernas, como um cão.

10

A neve investe no vento.
Ah, vento nevoento!
A gente nem vê a gente
Frente a frente.

Neve em funil se revira,
Neve em coluna regira...

—Ah, Senhor, que noite fria!
— Ei, chega de hipocrisia!
Que te adiantou, camarada,
Essa imagem redourada?
Procura ser consciente,
Deixa desse disparate. A
Tua mão ainda está quente
Do sangue da tua Kátia!

— Mantém, revolucionário,
O teu passo vigilante!
Avante, avante, avante,
Povo operário!

II

... Lá se vão sem santo e sem cruz
Os doze — pela estrada,
Prontos a tudo,
Presos a nada...

A mira dos fuzis de aço
Caça inimigos pelo espaço...
Até nos becos sem saída,
Lá onde a neve cai em maços
E a bota afunda, confundida,
Chega, implacável, o seu passo.

Vermelho-aberta,
A bandeira.

Todos alerta,
Em fileira.

Arma o seu guante
O adversário...

E a neve com seu cortante
Açoite
Dia e noite...

Avante, avante,
Povo operário!

12

... Eles se vão num passo onipotente...
— Quem vem aí? Fale ou atiro!
É o vento apenas a zurzir o
Pendão vermelho à sua frente...

Lá adiante, um monte de neve.
— Quem é? Quem está aí oculto?
Só um cachorro se atreve
A entremostrar o magro vulto...

— Some da vista, cão sarnento,
Ou eu te corto a baioneta!
Mundo velho, cão lazarento,
Desaparece na sarjeta!

Mostrando os dentes, como um lobo,
Rabo entre as pernas, segue atrás
O cão com fome, cão sem dono.
— Ei, responde, há alguém mais?

— Quem é que agita a bandeira?
— Olha bem, que noite escura!
— Quem mais por aí se esgueira?
— Saia de trás da fechadura!
— Továrich, se entrega logo!
É inútil. Não há saída.
— Melhor ser pego com vida,
Se entrega ou eu passo fogo!

211

Trac-tac-tac! — Só o eco
responde de beco em beco.
Só o vento, com voz rouca,
Gargalha na neve louca...

Trac-tac-tac!
Trac-tac-tac...
... Eles se vão num passo onipotente...
Atrás — o cão esfomeado.
À frente — pendão sangrento,
Às avalanches insensível,
Às balas duras invisível,
Em meio às ondas furiosas
Da neve, coroado de rosas
Brancas, irrompe imprevisto —
À frente — Jesus Cristo.

Janeiro de 1918[25]

Essas, as últimas estrofes do poema "Os Doze". Na primeira parte, a marcha dos rebeldes é cruzada pela narrativa de um drama passional que envolve um dos Doze, um ex-militante que se passou para o lado inimigo, e a mulher desejada por ambos. Kátia, que fugiu com o traidor, acaba morta pelo revolucionário. Este hesita, na marcha. Mas a marcha não pode esperar, a marcha dos Doze continua cada vez mais violenta e implacável contra a Rússia feudal, contra a Rússia burguesa, contra a Rússia militar, contra a Rússia prostituída.

A visão de Cristo à frente dos Doze é de uma força paradoxal rara em um poema todo composto de imagens de tédio, de ódio (o "são Ódio!"), de traição e desespero. Estranhas metamorfoses do que Marx chamou "o gemido da criatura opressa". Cristo é aqui, mais do que nunca, o Filho do Homem, aquele que disse: "Não penseis que vim trazer paz à terra. Não vim trazer paz, mas espada" (Mt, 10,34). "Eu vim trazer fogo à terra, e o que desejo senão que ele se acenda?" (Lc, 12,49). Cristo--Prometeu, de quem está escrito que foi posto entre os homens como "sinal de contradição" (Lc, 2,34).

Uma das marcas mais constantes da poesia aberta para o futuro é a *coralidade*. O discurso da utopia é comunitário, comunicante, comunista. O poema assume o destino dos oprimidos no registro da sua voz. O coro de todos os homens que trabalham no ritmo da dominação ressoa nestes versos concitados do chileno Pablo Neruda:

Alturas de Macchu Picchu

XII

Sube a nacer conmigo, hermano.
Dame la mano desde la profunda
zona de tu dolor diseminado.
No volverás al fondo de las rocas.
No volverás del tiempo subterráneo.
No volverá tu voz endurecida.
No volverán tus ojos taladrados.
Mírame desde el fondo de la tierra,
labrador, tejedor, pastor callado:
domador de guanacos tutelares:
albañil del andamio desafiado:
aguador de las lágrimas andinas:
joyero de los dedos machacados:
agricultor temblando en la semilla:
alfarero en tu greda derramado:
traed a la copa de esta nueva vida

vuestros viejos dolores enterrados.
Mostradme vuestra sangre y vuestro surco,
decidme: aquí fui castigado,
porque la joya no brilló o la tierra
no entregó a tiempo la piedra o el grano:
señaladme la pietra en que caísteis
y la madera en que os crucificaron,
encendedme los viejos pedernales,
las viejas lámparas, los látigos pegados
a través de los siglos en las llagas
y las hachas de brillo ensangrentado.
Yo vengo a hablar por vuestra boca muerta.
A través de la tierra juntad todos
los silenciosos labios derramados
y desde el fondo habladme toda esta larga noche,
como si yo estuviera con vosotros anclado,
contadme todo, cadena a cadena,
eslabón a eslabón, y paso a paso,
afilad los cuchillos que guardasteis,
ponedlos en mi pecho y en mi mano,
como un río de rayos amarillos,
como un río de tigres enterrados,
y dejadme llorar, horas, días, años,
edades ciegas, siglos estelares.
Dadme el silencio, el agua, la esperanza.
Dadme la lucha, el hierro, los volcanes.
Apegadme los cuerpos como imanes.
Acudid a mis venas y a mi boca.
Hablad por mis palabras y mi sangre.

[De *Canto general*]

Yo vengo a hablar por vuestra boca muerta. E se a fala do poeta parece mais forte ou mais clara do que o gemido da criatura opressa, é porque desta, e só desta, recebeu o fôlego para gritar.

O coro atua, necessariamente, um modo de existência plural. São as classes, os estratos, os grupos de uma formação histórica que se dizem no *tu*, no *vós*, no *nós* de todo poema abertamente político. Mas o coro não se limita a evocar uma consciência de comunidade; ele pode também provocá-la, criando nas vozes que o compóem o sentimento de um destino comum.

A palavra coral é não só *expectante* como *propiciadora*. Daí, a força expansiva dos hinos revolucionários nos quais o futuro parece depender da vontade que canta:

> *Ça ira, ça ira, ça ira!*

> *Debout, les damnés de la Terre!*
> *Debout, les forçats de la faim!*
> *La Raison tonne en son cratère,*
> *C'est l'irruption de la fin!*
> *Du passé, faisons table rase,*
> *Foule esclave, debout, debout!*
> *Le monde va changer de base,*
> *Nous ne sommes rien, soyons tout!*

> *C'est la lutte finale,*
> *Groupons-nous, et demain*
> *L'Internationale*
> *sera le genre humain!*
>
> ["L'Internationale", hino das comunas de Paris, 1871]

Ma verrà il giorno,
o bella ciao
bella ciao bella ciao bella ciao ciao ciao,
ma verrà il giorno
che tutti quanti
lavoreremo in libertà!

["Bella ciao", canto das mondadoras de arroz do vale do Pó, refeito pelos *partigiani* durante a Resistência ao nazismo]

Ira, sera, va changer, verrà: formas de um futuro sentido como o momento que há de vir, advir. Que está por vir: porvir, Futuro como a hora do Advento, eis uma dimensão temporal que chegará ao homem, mítica, utopicamente.

Mas, junto com essa imagem de um horizonte messiânico, o hino e a canção de resistência trabalham o futuro como *potencialidade* que o desejo permite atuar. É o futuro da opção, o imperativo da vontade: "unamo-nos", "trabalharemos".

Essas duas faces do futuro, o *Advento* e o *Projeto* (subjetivamente, a Espera e a Vontade), o futuro temporal e o futuro modalizado, podem aparecer em regime de copresença e na ordem que a significação poética preferir.

No *Hino da Internacional*, "unamo-nos" vem primeiro; depois: "será". Assim, o trabalho da consciência e da práxis comunitária são realçados como produtores do amanhã:

Groupons-nous, et demain
L'Internationale
sera le genre humain.

A palavra propiciadora, o futuro modalizado de opção, rege o texto.

Mas há a outra possibilidade. A ordem inverte-se em "Bella ciao", canção de resistência criada pelas trabalhadoras do arrozal e entoada pelos *partigiani*. É a palavra expectante, a palavra do Advento ("ma verrà il giorno", *mas virá o dia*) que desencadeia uma imagem de futuro em que todos os homens desfrutarão da liberdade:

lavoreremo in libertà!

Em Bertolt Brecht, uma dialética de esperança, desesperança e *re-esperança* dita estes versos paradoxais em que o fechamento absoluto convive com a absoluta abertura:

> *Tudo muda*
>
> *Tudo muda. Começar de novo*
> *Tu podes, com o último alento.*
> *Mas o que está feito, está feito. E a água*
> *Que atiraste ao vinho, não podes*
> *Mais retirar.*
>
> *O que está feito, está feito. A água*
> *Que atiraste ao vinho, não podes*
> *Mais retirar, mas*
> *Tudo muda. Começar de novo*
> *Tu podes com o último alento.*[26]*

Como em Marx, o "para sempre perdido" ("o que está feito, está feito") coexiste com a natureza reversível que está em nós. O "último alento" é a condição de possibilidade da poesia

(*) O original, cujo título é "Alles wandelt sich", diz assim: "Alles wandelt sich. Neu beginnen/ Kannst du mit dem letzten Atemzug./ Aber was geschehen, ist geschehen. Und das Wasser/ Das du in den Wein gossest, Kannst du/ Nicht mehr herausschütten.// Was geschehen, ist geschehen. Das Wasser/ Das du in den Wein gossest, Kannst du/ Nicht mehr herausschütten, aber/ Alles wandelt sich. Neu beginnen/ Kannst du mit dem letzten Atemzug". Trad. Modesto Carone Netto.

política, que já foi profética e utópica antes de ser plenamente instruída, como hoje (?), pela crítica das ideologias.

No mundo visionário e titânico de William Blake, engendrado em plena Revolução Francesa, é a sombra do Poeta (Milton) que desce à treva dos mortos para, como Orfeu ou Dante, predizer a alvorada do novo dia.

O inimigo mais próximo é, agora, o orgulho belicoso e, com ele, o próprio Ego: "the warlike Selfhood", "my own Selfhood".

A passagem da escuridão à luz deve ser feita pelo Poeta, só pelo Poeta:

I will go down to the sepulcher to see if the morning breaks.*

Nessa descida agônica, a consciência do escritor sente-se ainda pressionada pela velha ordem, os "detestáveis deuses de Príamo", que a Revolução ameaçou mas que, hidra de sete cabeças, reergue-se em toda a Europa sob a égide de iracundas restaurações. O poeta sabe que é preciso destruir tanto as falsas pompas do mundo aristocrático como a *hybris* do Indivíduo burguês que, insolente, já vai tomando conta da cena. Luta contra os fantasmas do passado; luta contra o novo Ego onipresente:

> *Não cessarei a luta da Mente*
> *nem a espada dormirá em minha mão,*
> *enquanto não tiver construído Jerusalém*
> *na verde e alegre Inglaterra.*

Viajante perdido em noite escura — *wanderer lost in dreary night* —, o poeta avança por entre espectros, e todos se chamam Satã, pois o nome do diabo é Legião. Milton-Orfeu-Virgílio-

(*) "Descerei ao sepulcro para ver se rompe a manhã."

-Dante-Blake afugenta as sombras do Inferno; ele que, sendo poeta, é uma torrente de luz, "um cometa penetrando no Caos".

A sombra daquele que porta a palavra é dupla, dividida: "hermaphroditic, male & female". Há na travessia um risco mortal de a alma dissolver-se no *turbilhão* que cada coisa traz dentro de si mas que o poeta órfico atravessará ileso. Turbilhão é o velho céu já ultrapassado, o sorvedouro das origens. Turbilhão é também a Terra dos homens que a palavra deve cruzar se quiser construir a Nova Jerusalém. A sombra vai percorrendo uma estrada varrida de coisas-círculos, coisas-redemoinhos que a chamam para o seu vórtice negro. Vem à lembrança o funil do Inferno dantesco, mas aqui dá-se à figura a vertigem do mais célere dos movimentos: é o vórtex.

Se o poeta resiste, se o poeta transpassa, imune, o turbilhão do céu e o turbilhão da terra, é porque já cumpriu o rito do sacrifício, já se autoanulou, para que o Juízo Final não venha surpreendê-lo grávido de si e não o entregue às garras letais do seu próprio Eu:

I will go down to self annihilation und eternal death,
Lest the Last Judgement come & find me unannihilate
And I be seiz'd & giv'n into the hands of my Selfhood*

A semente que cai na terra perde-se, morre para o mundo, morre para si mesma. Mas quando germina, tudo pode recomeçar, para si e para o mundo.

O Poeta, depois de ter conhecido o sepulcro, reergue-se e refaz com o verbo a Terra e os Tempos. Os passos que se seguem à descida de Milton são gravuras indeléveis da Era que

(*) "Descerei à autoaniquilação e à morte eterna,/ De medo que o Juízo venha e, achando-me poupado,/ Me agarre e me entregue às mãos de meu Ego"

há de vir: era de piedade e de amor; lugar "onde os opostos são igualmente verdadeiros", e onde o espírito de negação já não precisa exercer a sua tarefa de espinho:

There is a place where Contrarieties are equally True
[...]
There is a Negation & there is a Contrary:
The Negation must be destroy'd to redeem the Contraries.

Esse espaço conquistado e redimido já é o pórtico da utopia: *Jerusalem* chama-se o último livro de William Blake, escrito entre 1804 e 1820. Entoa-se nele um hino de ressurreição:

Awake! awake o sleeper of the land of shadows,
wake! expand!
I am in you and you in me, mutual in love divine:
[...]
I am not a God afar off, I am a brother and friend;
Within your bosoms I reside, and you reside in me:
Lo! we are One, forgiving all Evil, Not seeking
recompense:
*Ye are my members, o ye sleepers of Beulah, land of shadows!**

Na visão derradeira, o céu é transparência, o céu é comunhão, o céu é reciprocidade. Até mesmo o destino fatal dos ciclos — o tempo inexorável da Natureza — conhecerá enfim repouso no coração de Deus, onde Morte já não há mais.

(*) "Acorda! acorda, ó tu que dormes na terra das sombras, acorda! respira!/ Eu estou em ti, tu em mim, em amor mútuo e divino:/ [...]/ Não sou um Deus distante, sou um irmão e um amigo;/ Em teu coração eu moro, e tu moras em mim:/ Olha! nós somos Um, perdoando todo mal, não perseguindo recompensa:/ Vós sois meus membros, ó vós que dormis em Beulah, terra das sombras!"

A GIESTA OU A FLOR DO DESERTO

A fusão de sagrado com profano, a percepção visionária e escatológica do Todo, formam o horizonte de um poeta radicalmente místico, como é Blake. Mas se quisermos saber como aparece a totalidade quando retrocede à pura imanência da matéria e do homem, sem sombra de esperança religiosa, e, apesar disso, penetrada de uma agônica vontade de futuro, devemos nos voltar para um dos maiores poetas especulativos de todos os tempos, Giacomo Leopardi.

O seu itinerário pelas estações do Tempo é exemplar. Ele fez estancar na maturidade a sua veia idílica; e calando a evocação miraculosamente bela das fábulas antigas, compôs a sátira grotesca dos liberais anfíbios e dos reacionários roazes, a *Batalha das Rãs e dos Ratos*, paródia da mais antiga das paródias; o que lhe deu passagem para a única saída possível — a convocação dos deserdados contra a sorte madrasta. Leopardi exasperou o sentimento de recusa até roçar pelo demonismo (o "Hino a Ariman", fugaz encontro com o desespero romântico), mas desviou-se logo de toda autocomplacência, de toda pose de maldito para perseguir a solução mais alta e árdua: resistir comunitariamente. Este, o vetor do seu poema-testamento, *A giesta*, poema duro, cortado, rente à prosa pensante, ingrato de ler como todo desafio, ingrato de ouvir como um canto que passasse da boca de Orfeu para a boca de um Prometeu desenganado.

La ginestra, longa e intrincada meditação sobre um só e grande tema: o sentido da resistência. O que a provoca é a vista desolada dos flancos do Vesúvio cobertos de cinzas e de lavas empedradas, onde ainda nasce a flor do deserto.

A paisagem-matriz, a metáfora da realidade circundante, é o que sobrou de uma catástrofe, a erupção do Vesúvio no ano

79 depois de Cristo, com o sepultamento de Pompeia, Herculano e Stabia. As correntes de lava calcinaram todas as terras próximas. E o presente tampouco é seguro: o vulcão fuma, o camponês ouve a água ferver no fundo do poço, e o solo que ele ara é mais cinza e areia do que húmus. Esse espaço tem por horizonte a maior das ameaças, a morte sob o fluxo enrijecido, sob o rio de fogo que virou pedra. No eixo que vai do presente ao futuro só existe, portanto, o perigo: o oposto da salvação certa, fundamento da poesia utópica.

A Natureza ignora os desejos e os medos do homem. Ela é aquela figura terrível, porque indiferente, que Leopardi esculpiu no *Diálogo da Natureza com um islandês*, e que Machado de Assis iria retraçar no delírio de Brás Cubas: Mulher e Enigma, só atenta ao seu perene produzir-se e destruir-se e reproduzir-se.

O olho do poeta-narrador vê o deserto. A memória traz a imagem de civilizações derruídas. A consciência se pergunta sobre o sentido da visão e das lembranças; e responde pela certeza de que a sorte do homem é precária. Daí, a ironia voltada contra os que exaltam o próprio século "soberbo e tolo", e falam, boquirrotos, dos "destinos magníficos e progressivos" que esperam o gênero humano. Apelar para os deuses é coisa fútil e covarde, pois a Natureza é para o homem apenas o reino do acaso. Resta ao coração sentir a angústia do aniquilamento que a fumaça do monte não cessa de anunciar. Pensar é, também para Leopardi, aprender a morrer.

Mas o mesmo olho que vê as encostas de pedra do Sterminator Vesevo vê as moitas solitárias que a giesta espalha: a giesta contente com os desertos:

> *Tuoi cespi solitari intorno spargi,*
> *Odorata ginestra,*
> *Contenta dei deserti.*

Afora a giesta, os raros sinais de vida que o observador discerne mostram só raiva e medo: a serpente que se contorce ao sol e o coelho que busca, rápido e trépido, um covil cavernoso onde se esconda.

A giesta não tem ninho nem gruta. E os seus movimentos são de abertura. Para os lados, "espalha os tufos"; para cima, "como se te apiedasses das dores do outro, ao céu/ mandas um perfume de dulcíssimo odor/ que o deserto consola". É na sua imanência, na sua interioridade móvel e aberta, que se cava o eixo que leva do presente ao futuro, do eu ao mundo. Mas nada, neste, promete sobrevivência. Os restos de Pompeia, agora objeto de ganância ou de piedade, exibem colunas truncadas, teatros de vácuo, casas rotas, onde o morcego oculta os seus partos; e sobre esta mesma esparsa ruína impende, ainda e sempre, a eterna ameaça.

É o momento de confrontar, de mover os olhos alternados da giesta para o Vesúvio, do Vesúvio para a giesta. O tempo da flor é o tempo dos seres provisórios; a sua sabedoria está em reconhecê-lo, em aceitá-lo, em compor-se com a pobreza do destino. O adjetivo que diz com perfeição esse grau de consciência, Leopardi foi escavá-lo na língua dos homens que sucumbiram à boca de fogo; no latim que, transvestido de italiano, aparece em "lenta ginestra". *Lenta*: flexível, dúctil, maleável; capaz de durar; por isso, persistente (*lentus amor*, diz Tibulo em uma das suas elegias: um amor tenaz); por isso, resistente.

La ginestra não é, porém, uma alegoria. A sua moral interna não lhe consente posar de poema-enigma. Quem volta ao meio do texto logo encontra o termo da comparação. A giesta é a imagem da consciência possível. A giesta é o eu ideal do poeta nos momentos fortes de lucidez e coragem. Meditação do destino, o poema não teme nada, nem os seus inimigos mais insidiosos, o discurso cerrado e as palavras da prosa:

Nobil natura è quella
Che a sollevar s'ardisce
Gli occhi mortali incontra
Al comun fato, e che con franca lingua,
Nulla al ver detraendo,
Confessa il mal che ci fu dato in sorte,
E il basso stato e frale;
Quella che grande e forte
Mostra se nel soffrir, né gli odii e l'ire
Fraterne, ancor più gravi
D'ogni altro danno, acresce
Alle miserie sue, l'uomo incolpando
Del suo dolor, ma dà la colpa a quella
Che veramente è rea, che de' mortali
Madre è di parto e di voler matrigna.
Costei chiama inimica; e incontro a questa
Congiunta esser pensando,
Siccome è il vero, ed ordinata in pria
L'umana compagnia,
Tutti fra se confederati estima
Gli uomini, e tutti abbraccia
Con vero amor, porgendo
Valida e pronta ed aspettando aita
Negli alterni perigli e nelle angosce
*Della guerra comune**

[v v. III-135]

(*) [Tradução literal] "Nobre natureza é aquela que ousa erguer os
olhos mortais contra o fado comum, e que, com língua franca, nada
mentindo à verdade, confessa o mal que nos foi dado em sorte, o nosso
estado baixo e frágil; a que na dor se mostra grande e forte e, não cul-

Antonio Gramsci, falando do poema, lembrou a presença de imagens sísmicas, como a erupção do Vesúvio, que Leopardi teria explorado para dizer o quanto o Acaso da Natureza desmente e desmonta a ideologia fácil do progresso contínuo.[27]

É verdade; mas convém agora insistir no que acontece *do lado da consciência.* Fazendo a linha do horizonte retrair-se decididamente para a vontade social, Leopardi se recusa ao mito do desenvolvimento "em si", automático. Prometeu sabe que o fogo do espírito se pagará a preço de sangue; o que lhe resta, como defesa e projeto, senão aliar-se ao semelhante, aconteça o que acontecer? Trata-se de uma decisão rigorosamente política ditada pela consciência de uma comunidade de destinos. Nada se há de esperar fora da aliança entre os que partilham a mesma situação de risco.

A situação de risco é o contexto de base, o momento dado, já ameaçador: o deserto, o Vesúvio. A afirmação da vontade na giesta — e no poeta — aparece como negação da negação. Vendo de mais perto o texto, percebe-se que a giesta nasce e cresce apenas no ermo e no chão árido, sendo, portanto, *coextensiva* e *coexistente* com suas origens perigosas. Giesta: flor do deserto. A giesta revela um mundo que já foi abalado até as raízes por uma violência brutal (o passado certo); e que poderá, não se sabe quando, ser de novo queimado pelo fogo dos

---

pando o irmão da sua pena, não acresce às próprias misérias os ódios e as iras fraternas, ainda mais graves que os outros males, mas dá a culpa àquela que verdadeiramente é ré, mãe dos mortais no parto e na vontade madrasta. A esta chama inimiga, e pensando, como é verdade, que contra ela desde o princípio se uniu a humana companhia, entre si, aliados, julga os homens, e a todos abraça com verdadeiro amor, oferecendo e esperando válida e pronta ajuda nos perigos alternados e nas angústias da guerra comum"

ínferos (futuro incerto). O seu aqui e agora exige a lucidez de um sobrevivente frágil.

Mas a giesta não está só. Leopardi fala em selvas, *selve odorate*. A dimensão do estar-com-os-outros não lhe permite nem a covardia nem "o louco orgulho em face das estrelas"; antes, dá-lhe a sabedoria de estender as mãos,

> *oferecendo e esperando válida*
> *e pronta ajuda nos perigos alternados*
> *e nas angústias da guerra comum.*

A negação move-se para o campo da possibilidade: "oferecendo", "esperando". Sem esse movimento parece impossível fundar o conceito de resistência.

Resistir é subsistir no eixo negativo que corre do passado para o presente; e é persistir no eixo instável que do presente se abre para o futuro.

Poemas como os de Blok, Brecht, Neruda e Leopardi antecipam um estado melhor de convívio entre os homens; e fazem-no mediante símbolos de perigo, apelo e comunhão. Acercam-se da fronteira móvel que separa a palavra da práxis. Se esta é trabalho que muda as relações de força no tempo social, o discurso poético também é, a seu modo, um trabalho que se faz no tempo do corpo (som, imagem) e no tempo da consciência enquanto produz sentido e valor.

Nem todo trabalho torna o homem mais homem. Os regimes feudais e capitalistas foram e são responsáveis por pesadas cargas de tarefas que alienam, enervam, embrutecem. O trabalho da poesia pode também cair sob o peso morto de programas ideológicos: a arte pela arte, tecnicista; a arte para o partido, sectária; a arte para o consumo, mercantil. Não é, por certo, dessas formas ocas ou servis que tratam as páginas precedentes, mas daquelas em que a ruptura com a percepção cega do presente levou a palavra a escavar o passado mítico, os subterrâneos do sonho ou a imagem do futuro.

O trabalho poético é às vezes acusado de ignorar ou suspender a práxis. Na verdade, é uma suspensão momentânea e, bem pesadas as coisas, uma suspensão aparente. Projetando na consciência do leitor imagens do mundo e do homem muito mais vivas e reais do que as forjadas pelas ideologias, o poema acende o desejo de uma outra existência, mais livre e mais bela. E aproximando o sujeito do objeto, e o sujeito de si mesmo, o poema exerce a alta função de suprir o intervalo que isola os seres. Outro alvo não tem na mira a ação mais enérgica e mais ousada. A poesia traz, sob as espécies da figura e do som, aquela realidade pela qual, ou contra a qual, vale a pena lutar.

6
UMA LEITURA DE VICO

Há, pois, uma oposição fundamental, na história do espírito humano, entre o simbolismo, que apresenta um caráter de descontinuidade, e o conhecimento, marcado pela continuidade. O que resulta disso? Que as duas categorias, a do significante e a do significado, se constituíram simultânea e solidariamente como dois blocos complementares; mas que o conhecimento, o processo intelectual que permite identificar, uns em relação aos outros, certos aspectos do significante e certos aspectos do significado — e, mesmo, escolher, no conjunto do significante e no conjunto do significado, as partes que apresentam as melhores relações de conveniência mútua —, o processo só se pôs em marcha muito lentamente.

Lévi-Strauss, *Introduction à l'oeuvre de Marcel Mauss*

VICO ANTI-DESCARTES

Giambattista Vico, falando do discurso cartesiano, julga-o tão sutil e retesado que, "se por acaso se rompe algum elo, deixando-se escapar alguma sentença, fica negado a quem o ouve entender qualquer parte do que se arrazoa".

O modo de descrever de Descartes, feito de razões geométricas estiradas ao extremo, apartaria de si aqueles traços de necessária redundância que tornam a Filosofia uma conversação humana, inervada pela experiência poética e histórica.

Para quem, dócil a esquemas hoje difusos, não vê, entre Descartes e Rousseau, senão o reiterar-se de um único modelo de saber (*parler/classer/échanger...*),[1] é instrutiva a leitura de Giambattista Vico, professor de Retórica da Universidade de Nápoles nos fins do século XVII, e pensador solitário da *Scienza Nuova*, publicada em 1725 e reescrita até 1744.

O triunfo da *raison* cartesiana é, para Vico, o triunfo da redução absoluta do sensível ao sentido, do corpo à mente. É o recorte da frase sem equívocos, cujo ponto de referência obrigatório será o *significado claro e distinto*. É, igualmente, a aplicação de um critério de valor que estima os gêneros, mas desdenha o singular; e hierarquiza o saber em luminoso e cego, racional e sensível, lógico e empírico. (E se os românticos inverteram o sinal de valor a ser atribuído a cada membro da oposição, mantiveram, no fundo, o esquema bipolar e ordenaram-no sob a égide do irracionalismo.) Mas a resposta de Vico à redução cartesiana foi mais original e vigorosa. E pode ser transposta em termos de um pensamento que é estrutural sem deixar de ser rigorosamente histórico.

A leitura da *Scienza Nuova* nos dá pistas para pensar que há uma diferença, uma distância qualitativa, mas não um salto gratuito, entre modos de dizer que unem convencionalmente significante e significado, e modos de dizer que deixam aos estratos sensíveis do ser humano margens consideráveis de liberdade.

Vico sabia que a linguagem da lírica, de Petrarca a Tasso, e a música da ópera barroca, não se produziram de acordo com os cálculos propostos por Descartes, duais, encerrados entre as categorias do verdadeiro e do falso.

Vico percebeu o *caráter específico do discurso histórico* que procede observando casos individuais e situações prováveis e infere tendências por meio de tópicos (*topoi*), em vez de obedecer a critérios de evidência e a regras dedutivas como as da Geometria fixadas desde e para sempre.

Vico intuiu o *intervalo* que separa sociedades nas quais um grande número de ritos e brasões do poder (camada significante) se espalha no interior da economia comunitária (significado); e sociedades em que se ajustam, por direito ou convenção, os signos do domínio e os interesses do todo social. O que era, para ele, a diferença entre regimes aristocráticos e regimes republicanos.

Vico entendeu que o culto dos ídolos, disperso em deuses, semideuses e heróis, não é a teologia bem regrada da Escolástica nem o discurso unido dos teístas, classificador e *rationale*.

Que ele haja escalonado *no tempo histórico* esses diferentes sistemas culturais, propondo a teoria das três idades sucessivas (divina, heroica, humana), é um fato que o historicismo, de Herder a Michelet, já explorou com zelo indiscreto. Mais fecundo será ver na teoria das recorrências (os *ricorsi*) uma porta aberta para conceber tais sistemas como *possíveis estruturais* da História: modos realizados e realizáveis de figurar a relação entre o homem e a sociedade.

Segundo Vico, o fato de terem os homens vivido, na Idade Média, um regime de produção e de linguagem semelhante ao da Grécia arcaica (regime que ele mesmo chama de feudal) provaria o fenômeno das reatualizações de uma *storia ideale*, mais inteligível que o respigamento de dados que a erudição fradesca e caliginosa do seu tempo se pusera a acumular. No entanto, essa mesma erudição, a que Descartes aludira com desdém ("saber latim não é saber mais do que sabia a serva de Cícero"), essa mesma erudição é necessária, pois a História dá a tópica, o *repertório dos possíveis já realizados*; por isso, é a única fonte honesta daquelas informações que, à luz da ciência nova, se transformarão em paradigmas.

"O verdadeiro e o que já foi feito convertem-se mutuamente." Ou "a verdade é o próprio feito".*[2] A estrutura e a obra aparecem mutuamente conversíveis; e a síntese de modelo e ação empírica não pode ser desfeita por arbítrio de métodos unilaterais. Vico é, rigorosamente, precursor do "tudo o que é *real* é racional", de Hegel. Ao homem, pensa Vico, é dado conhecer por dentro só o que ele e os outros homens fizeram, quer dizer, a História, a poesia, a religião, a política, o direito. A teoria das ciências do homem é a teoria que a sua práxis tornou possível; pelo que, a Filosofia é, sempre, metodologia da cultura como trabalho humano. Fora dessa conexão, o pensamento fica abstrato.

Como se faria, hoje, uma leitura da *Scienza Nuova*? Repensando, por exemplo, em termos de semiologia da cultura, a tese de Croce segundo a qual Vico fundou a Estética moderna como filosofia primeira, isto é, como fenomenologia do saber imaginário, "fantástico".[3]

(*) "Verum et factum convertuntur." Ou "verum ipsum factum".

Os textos da *Scienza Nuova* e dos escritos menores são ricos de exemplos e de axiomas (as *degnità*) que propõem a vigência de períodos da História nos quais teria prevalecido, ou poderá ainda prevalecer, uma ordenação mitopoética tanto da vida material como das esferas simbólicas da cultura. O que importa salientar é a recorrência *ideal* e *eterna* dessa possibilidade.

Na aula inaugural que o filósofo ministrou, em 18 de outubro de 1699, aos alunos da Universidade de Nápoles, define-se o modo de ser da atividade mitopoética: "Na verdade, aquele poder de modelar as imagens das coisas, que se chama *fantasia*, enquanto gera e cria novas formas, afirma por certo e confirma a divindade da origem. Foi a fantasia que imaginou os deuses dos povos maiores e menores; ela imaginou os heróis; ela ora muda, ora compõe, ora separa as formas das coisas".*[4]

O pensamento fantástico que, no princípio, fingiu (*finxit*) os mitos, agora e sempre lida (*vertit, componit, secernit*) com as imagens. Se o idealismo daí extraiu a precedência do mito e da poesia em relação ao lógos, a antropologia de um Lévi-Strauss aí teria boa matéria de reflexão sobre a aliança constante de "pensamento selvagem" e jogo artístico, distintos ambos do pensamento dedutivo, "civilizado".

Mas o que são essas *formas das coisas* (*rerum formae*) que a fantasia muda, separa, compõe? Seriam a camada irreal dos objetos enquanto fantasmas gerados na interioridade do sujeito? Não parece ser bem essa a resposta de Vico. Mais do que psicólogo da criação mítica, ele é o seu antropólogo e, num segundo

(*) "Vis vero illa rerum imagines conformandi quae dicitur *phantasia*, dum novas formas gignit et procreat, divinitatem profecto originis asserit, et confirmat. Haec finxit maiorum minorumque gentium Deos; haec finxit heroas; haec rerum formas modo vertit, modo componit, modo secernit."

tempo, o seu semiólogo. A produção dos fantasmas vincula-se à *experiência social* e o seu órgão primeiro é a *memória*:

> Entre os latinos chama-se "memória" a faculdade que guarda as percepções recebidas pelos sentidos, e "reminiscência" a que as dá à luz. Mas memória significava também a faculdade pela qual nós conformamos as imagens, e que os gregos chamaram "fantasia", e nós, "imaginativa": pois o que nós comumente dizemos "imaginar" dizem os latinos *memorare*. Será, por acaso, porque não podemos fingir em nós senão o que recordamos, nem recordamos senão o que pelos sentidos percebemos? Decerto, nenhum pintor pintou jamais qualquer gênero de planta ou de ser animado que não o retirasse da natureza: porque hipogrifos e centauros são verdades da natureza ficticiamente combinadas.[*][5]

A "força capaz de modelar imagens" é tanto a fantasia que produz mitos (ver o primeiro texto) como a prática do poeta (segundo texto). E uma e outra lidam com experiências retidas pela memória, que aparece como a faculdade poética de base.

(*) "*Memoria* Latinis quae per sensus percepta condit, quae *reminiscentia*, dum promit, appellatur. Sed et facultatem, qua imagines conformamus, et *phantasia* Graecis, et nobis *imaginativa* dicta est, significabat: nam quod nos vulgo *imaginare*, Latini *memorare* dicunt. An quia fingere nobis non possumus nisi quae meminimus, nec meminimus nisi quae per sensus percipiamus? Certi nulli pictores, qui aliud plantae aut animantis genus, quod natura non tulerit, pinxerunt unquam: nam ist hyppogryphes et centauris sunt vera naturae falso mixta."

AS IDADES QUE VOLTAM

A *Scienza Nuova* organiza em dois níveis os seus princípios de base. No *nível temporal*, dispõe a História em três momentos sucessivos e recorrentes: era dos deuses, era dos heróis, era dos homens. No *nível estrutural*, dispõe cada momento em um sistema internamente coeso no qual se integram os diversos subsistemas simbólicos e normativos da vida social: mitologia, poesia, moral, direito, política...

O método de descoberta inclui o estudo das fábulas, das metáforas (que são *picciole favolette*), das etimologias; em suma, da linguagem de cada instituição, a começar pelas arcaicas, cujos documentos são fornecidos pelos textos sagrados e poéticos da Antiguidade (a *Ilíada*, a *Teogonia*, o Livro do Gênesis); e, no caso dos *ricorsi*, por textos da Idade Média: lendas, histórias de santos, gestas de cavalaria, a *Divina Comédia*.

O exame histórico da palavra (*filo-logia*) é o princípio metódico que rege a obra toda e prepara o acesso à sabedoria (*filo-sofia*). Por sua vez, a Filosofia assume a Filologia no momento crucial da interpretação, isto é, no momento da verdade. "A verdade e o que foi feito convertem-se mutuamente." *Verum et factum convertuntur.*

Não sendo possível sondar a fase mais arcana, entranhada no silêncio sacro do inconsciente (a idade das "línguas mudas"), Vico faz conjecturas, mas entrega-se com fervor à decifração dos documentos das idades heroicas e civis, assim caracterizadas e distinguidas:

O saber heroico (= poético) *foi, é* e *será* sempre afetado pelas relações estreitas com o natural e o corpóreo: "e fazem de toda a Natureza um vasto corpo animado que sente paixões e afetos".[6]

	IDADE DIVINA	IDADE HEROICA	IDADE CIVIL
NATUREZA	crua, ferina: gigantes, homens-bestas	severa, poética	racional, inteligente, modesta, benigna
PSICOLOGIA	sentidos	memória, fantasia	razão
RELIGIÃO	selvagem, idolátrica	olímpica: deuses, semideuses, heróis	providencial, racional, Deus único
COSTUMES	temerosos, pios	severos, coléricos, suscetíveis	oficiosos
DIREITO	sagrado	cavaleiresco	convencionado
REGIME	teocrático: rei-sacerdote	aristocrático: senhores feudais	popular: republicano e/ou monárquico
JURISPRU-DÊNCIA	mística: auspícios, oráculos	aristocrática: valor dos "auctores"	legal
LINGUAGEM	mimética: "por atos e gestos", "quase toda muda", "pouquíssimo articulada"	analógica: "universais fantásticos", "tanto articulada como muda"	racional: "universais lógicos", "quase toda articulada, pouquíssimo muda"
ESCRITA	hieróglifos	*sémata* de Homero; *imprese* da Idade Média	signos convencionais: letras, números

O filósofo atribui à mente heroica uma vizinhança da linguagem com os referentes naturais ainda não mediada por uma rede de categorias convencionadas.

A conaturalidade, que nos tempos mitopoéticos se instaura entre palavra e cosmos, configura-se em interjeições, onomatopeias, metáforas, metonímias e fábulas antropomórficas que guardam, porém, uma sua lógica peculiar, o seu jogo de transformações internas, ditadas por aquela "capacidade de moldar as formas das coisas" admitida desde os primeiros escritos e explorada, sem cessar, até a última redação da *Scienza Nuova*.

A LINGUAGEM ENTRE O CORPO E A CONVENÇÃO

Vico nos faz pensar em *graus de convencionalidade do signo*. A relação *significante-significado-referente* é menos convencional, logo mais naturalizável, no sistema heroico, aquele em que se produzem, por necessidade vital, os universais fantásticos, as fábulas, os metros poéticos e musicais.

A mesma relação *som-ideia-objeto* passa por um processo de ajustes e adequações à medida que se vão consolidando as praxes semânticas do sistema social. À medida que se estabilizam as normas de comunicação, a cada significante deve responder um significado; e a cada significado, um objeto do conhecimento. É o processo pelo qual se produzem os universais abstratos, ou gêneros lógicos, que marcam o saber das idades terceiras, ditas racionais: Vico pensa na Atenas de Péricles, na Roma de Augusto, na Renascença persistente em Descartes, em Galileu, em Leibniz. O grau-limite do arbítrio se encontraria nas fórmulas algébricas, exemplos cabais de construção mental.

Mas sistemas diversos de significar *coexistem* na História ideal eterna, mesmo porque "é preciso supor que haja na natureza das coisas humanas uma língua mental comum a todas as nações, a qual uniformemente entenda a substância das coisas factíveis na vida humana em sociedade".[7]

Contemporâneo da frondosa lírica italiana e espanhola da sua Nápoles barroca, imerso na sonoridade *sensuosa* da ópera, católico praticante de uma liturgia toda ritos e cantos e cores como a da Igreja romana sob o império da Contrarreforma, Vico sabia e sentia que a relação *assimétrica* entre o sensível e o conceitual se mantém viva, apesar do triunfo dos métodos cartesianos que ressecam (*inaridiscono* e *steriliscono*) a mente dos jovens. E via que o corpo, embora mortificado, ou porque mortificado, pelo cilício das normas abstratas, acaba tomando fisionomia nova: aquele misto de vigor e maceração, de sensualidade e espanto que se esculpe nas imagens da arte sacra do século XVII.

Há um *plus* de significantes no rito, na lírica, no teatro, nas artes plásticas do Barroco: que é o modo de aparecer das forças mitopoéticas em tempos mercantis de constrangedora redução das mil formas a unívocos significados.

Vico foi o pensador que viu de maneira dinâmica não só as *diferenças* entre modos de se enfrentarem palavra e realidade, mas, e sobretudo, o seu tenso convívio.

A linguagem originária que, pelo uso de mimese e semelhanças, animava toda a Natureza e dela fazia "um vasto corpo", conseguia abreviar o hiato fatal entre o som-representação e o mundo. Em termos de uma das linguísticas de hoje, essa linguagem ainda não se assentara de todo no esquema da dupla articulação, pelo qual há, no interior do signo, elementos mínimos, opacos, despidos de significado. A palavra mítica, ao contrário, tenderia a ser um projeto expressivo imanentemente dotado de significação, assim como os gestos do desejo, do medo, do prazer e da dor, que recebem de um só golpe sentido e valor para a alma que os experimenta.

Mas a rede crescente de necessidades sociais vai fazendo derivar dessa fala musical e corpórea outra linguagem, que reduz a força viva dos sons e a matéria opaca a ser utilizada para a cunhagem de novos e mais genéricos significados. "[...] e ao mesmo tempo começaram as tais três línguas [...] mas com estas três grandíssimas diferenças; que a língua dos deuses foi quase toda muda, pouquíssimo articulada; a língua dos heróis misturada igualmente, articulada e muda [...] a língua dos homens toda articulada e pouquíssimo muda".[8]

As descrições que Vico faz da cultura heroica evocam um universo que vai da violência ao espanto, da euforia ao êxtase. Nesse mundo, havia pouco habitado por feras e gigantes, mutuavam-se imaginação e realidade. Povoam o universo da *Ilíada* raptos, cruezas sem nome, deuses que exigem hecatombes. O que se dá também nos livros iniciais do Velho Testamento. A fantasia veemente dos povos arcaicos não se reconhece por tal, mas por revelação dos céus. Homero "faz os homens deuses e os deuses homens". A mediação jurídica, que selará os sistemas contratuais, não tomou ainda forma no mundo arcano e poético: e aqui, falando de uma pré-humana *morale eroica*, Vico se adianta a Nietzsche na proposição de um éthos sobre-humano, para além do bem e do mal, engendrado no calor das paixões que lhe dariam, por si mesmas, um estatuto próprio, sacral.

Analogamente: faltando ainda a redução aos "universais" lógicos, capazes de operar um corte nítido entre certeza e ilusão, a melhor fábula consiste em "dizer o inventado, mas que tenha, de todos os lados, semblante de verdadeiro".

E porque a linguagem se formou, ab initio, no espaço da corporeidade, "os seus símiles são ferinos e selvagens, as suas descrições são cruas, e a locução é toda evidência, esplendor".[9]

Para Vico, é erro próprio dos pensadores das idades civis buscar na sabedoria poética filosofemas recônditos. É engano (histórico e estrutural) supor a existência de um muro de conceitos entre as palavras míticas e os seus referentes.[10] Essas palavras, "robustas e corpulentíssimas imagens", identificam-se com o modo heroico de existir e nele se resolvem sem resíduos.

O distanciamento será outro modo de significar a relação Homem-Natureza: o modo da convencionalidade e do pacto civil. Para este, que alinha o saber em sentenças precisas e segmentares, de que é modelo o silogismo, tem algo de estranho ou de excessivo o discurso mitopoético: é difícil de atingir, deve primeiramente perder a autoevidência, o *splendore* que enceguece, e transformar-se em alegoria. Então, e só então, mito e poesia começam a ser explicados, isto é, reduzidos a esquemas de significados genéricos.[11]

Os românticos, fiados na empostação geral, anticartesiana, da *Scienza Nuova*, leram-na carregando nos tons irracionalistas. Era leitura anacrônica. Ao distinguir fala mítica e silogismo, Vico não entendia atribuir à primeira o caráter de pura e necessária ilogicidade; o que seria, afinal, uma análise ainda cartesiana dos textos heroicos, uma leitura que se moveria apenas no espaço repartido pelas coordenadas do verdadeiro e do falso. A sua posição é, ao contrário, a de quem descobriu o caráter *próprio* da atividade fantástica, por meio do estudo das fábulas e figuras inscritas nas línguas antigas. Esse caráter dispõe de uma lógica interna, nada tem de bizarro, nem de absurdo. É necessário entendê-lo em suas leis imanentes: "que a fala heroica [...] foi uma fala por semelhanças, imagens, comparações, nascidas da carência de gêneros e de espécies necessárias para definir as coisas com propriedade, e, em consequência, nascida por necessidade de natureza comum a nações inteiras".[12]

É uma linguagem que inclui também um princípio classificador: o que foi mais uma intuição certeira de Vico, plenamente confirmada pelos estudos de Marcel Mauss e de Lévi-Strauss sobre a coerência do pensamento selvagem. O processo de nomeação de experiências singulares faz-se mediante a incorporação dos "fantasmas" aos protoconceitos, que são universais poéticos ou analógicos. Que correspondem, no seu nível, aos universais lógicos dos sistemas reflexivos.[13]

A classificação por semelhanças faz-se, em geral, a partir de notações antropomórficas: "Os homens ignorantes das causas naturais que produzem as coisas, quando não as podem explicar nem sequer por coisas parecidas, dão às coisas a sua própria natureza (humana), como o povo, por exemplo, diz que o ímã está enamorado do ferro".[14]

Mas a analogia "simpática" é apenas um primeiro passo em direção a processos mais livres, lúdicos: "O trabalho mais sublime da poesia é dar senso e paixão às coisas sem sentido, e é próprio das crianças tomar coisas inanimadas entre as mãos e, brincando, falar-lhes como se fossem pessoas vivas".[15]

O lúdico ("brincando") acaba reconhecendo constantes que tornam possível a sua reprodução:

> A mente humana é naturalmente levada a deleitar-se no uniforme.[16]

É da natureza das crianças [este processo]: a partir das ideias e dos nomes de homens, mulheres e coisas que conheceram pela primeira vez, apreendem e nomeiam mais tarde todos os homens, mulheres e coisas que têm com os primeiros alguma semelhança ou relação.[17]

Determinando os postulados que dão "o princípio dos caracteres poéticos, os quais constituem a essência das fábulas", diz Vico:

[...] o primeiro demonstra a natural inclinação do vulgo para imaginar as fábulas, e imaginá-las com decoro.

O segundo demonstra que os primeiros homens, como se fossem crianças do gênero humano, não sendo capazes de formar os gêneros inteligíveis das coisas, tiveram necessidade natural de imaginar os caracteres poéticos, que são gêneros ou universais fantásticos, a que se devem reduzir, como a certos modelos, ou retratos ideais, todas as espécies particulares semelhantes a seu gênero respectivo: pela qual semelhança as antigas fábulas não podiam imaginar-se com decoro.[18]

Os nomes analógicos, as figuras, são a face da composição, o aspecto organizado, *decoroso*, da linguagem mitopoética.

A poesia, assim fundada nas exigências de simbolização dos primeiros homens, sobrevive por lei "eterna", *porque sempre reaparecerão nos cursos da História as possibilidades de usar figurativamente a linguagem.*

O realismo epistemológico de Vico inclui o estágio da mimese, mas o prolonga até o momento lúdico e formalizante:

Nas crianças é vigorosíssima a memória; portanto, vívida até o excesso a fantasia, que nada mais é do que memória ou dilatada ou composta.[19]

[...] a memória é igual à fantasia [...] memória, enquanto relembra as coisas; fantasia, enquanto as altera e contrafaz; engenho, enquanto as contorna, combina e ordena.[20]

As imagens, vindas da experiência e guardadas pela memória, podem dilatar-se: é o que se diria hoje a "expansão do significante"; e podem também organizar-se, produzindo conjuntos, com a "articulação dos significantes".

A articulação é possível porque os elementos de base linguística dados pela Natureza, os *sons*, se integram no *discurso*, por meio de uma operação que já não é mimética, mas simbólica. Com isso dá-se um salto qualitativo em relação aos gestos e gritos do primeiro modo de significar. A linguagem poética "mistura" o mundo dos gestos e os gritos com o articulado do discurso analógico.

Quanto à "linguagem racional", não se contenta com a convivência de memória e fantasia produtiva. Vai mais longe: subordina os nomes e as figuras a *categorias*, que são os universais lógicos.

De tudo isso parece ficar demonstrado que a locução poética nasceu por necessidade da natureza humana antes da locução prosaica; como por necessidade da natureza humana nasceram as fábulas, universais fantásticos, antes dos universais arrazoados, ou seja, filosóficos, os quais nasceram por meio dos falares prosaicos. Por isso, pondo-se os poetas, no começo, a formar a fala poética com a composição de ideias particulares, dela vieram depois os povos a formar os falares da prosa contraindo em cada palavra, como em um gênero, as partes que a fala poética havia composto.[21]

A passagem do poético ao prosaico, do heroico ao convencional, dá-se, portanto, por um processo de *contração*. Importa lembrar, esse processo é recorrente. A contração é, a rigor, um trabalho a posteriori que reduz, abstrai, esquematiza, enrijece. Nada tem que ver com a *concisão* primitiva, etapa da fala simbólica em que se produzem os nomes concretos.

Despegando-se da fala poética, das afinidades por imagem e som, o discurso convencional instala o domínio das relações por ideias gerais. O nível mais alto de abstração alarga a distância entre formações sonoras e enunciados lógicos, concentrando nestes o poder de fixar e de controlar significados.

Do dizer selvagem ao "civil" dá-se uma progressiva mediatização, um crescente alongamento no interior dos sistemas pelos quais se diz a relação entre o homem e o mundo.

Os três processos — a) a imediação por gestos ou gritos, b) a articulação por universais fantásticos, ou narrativas (*favolette*), e c) o reagrupamento dos universais fantásticos em universais lógicos — são três sistemas, nascidos por necessidade, dominantes sucessivamente nas idades divina, heroica e civil, e recorrentes nos ciclos da História. A poesia (idealmente, o momento *b*) conserva, em qualquer tempo, o seu modo próprio de ser.

O ENCONTRO DOS TEMPOS

Se há um tema que merece ser explorado à luz das conquistas de Vico é o da condição da poesia em fases de cultura reflexiva e crítica.

Creio que alguns dos traços considerados essenciais ao texto pelas abordagens correntes em teoria da poesia, hoje (Formalismo, Estruturalismo, Semiótica do discurso...), podem entender-se como resultantes da *convivência de sistemas assimétricos de expressão*, tais como os descreveu Giambattista Vico. Termos como *ambiguidade, desvio* e *estranhamento* remetem, em última instância, ao uso conotativo e à polissemia da palavra poética. A conotação e o enlace de significados tornam-se possíveis quando se encontram dois planos: 1) um plano semântico no qual para cada significante há um, e só um, significado (sistema institucional, do dicionário: *ouro = metal amarelo*), e 2) um outro plano semântico em que, para um significante x (o conjunto sonoro *o u r o*), há: a) outros significantes x', x'', que mantêm com x correspondências sensoriais (conjuntos de afinidades intralinguísticas: *ouro/touro/mouro; ouro/ouço*...), e b) significados que transbordam da categoria convencional em 1 e que obedecem a possibilidades várias de associação (sistemas simbólicos: *ouro=luz; ouro=alegria; ouro=glória; ouro=dinheiro*...).

O plano semântico 1 é o mais corrente na prosa racional. O plano semântico 2 é, tanto pela liberdade associativa de sons como pela riqueza metafórica que propicia, o plano figurativo e poético por excelência.

Ora, o uso "poético" da linguagem, na vigência das idades "civis" (que trazem em si as precedentes, mas as subordinam à convenção), será, por força, polissêmico, enquanto abraça modos diferentes de significar: o institucional, unívoco e denotativo; o mitopoético, analógico; o selvagem ou sacral (que irrompe no gesto, no tom, no olhar, no corpo que fala).

Aliás, esse encontro de sistemas (ou de "idades", diria Vico) não acontece só no nível da palavra. Alcança também o da frase. Um verso que não coincide com o período completo (fluxo sonoro ≠ segmento lógico) explica-se pela coexistência não homóloga de conjuntos modulados pelo ritmo da fala e sentenças adequadas, sintaticamente, a certos significados.

O discurso prosaico e, em especial, os textos científicos descartam-se por princípio das semelhanças sonoras e desconfiam das virtudes "simpáticas" do signo: a sua moral é a da nua e sóbria exposição dos conceitos.

O discurso poético, embora não consiga reimergir-se de todo nas águas do imaginário (pois seria tarefa de Sísifo livrar os signos do peso dos significados com que os grava continuamente a vida em sociedade), joga, quanto pode, com os processos da "lógica poética", isto é, com as figuras sonoras e semânticas, sobrevivendo como algo obscuro, objeto surpreendente e estranho nos céus sempre mais aclarados pelas luzes de uma cultura científica e tecnológica.

A FALA POÉTICA E A CIVILIZAÇÃO

O fantasma de um irracionalismo de base ronda todo projeto de conferir autonomia à função poética da linguagem. Do Romantismo ao Surrealismo desfilam protestos do Imaginário contra o prestígio tirânico da Consciência racional ou prática. São as várias poéticas do Inconsciente, do sonho e dos sentidos, que se esforçam por mudar em penhor de glória a acusação movida por Platão à arte como perturbadora da pólis.

Em Vico não está posta a díade poesia-filosofia em termos de absurdo-lógico, desordem-ordem, mentira-verdade. Nem a sua obra dá margem a leituras báquicas, pelas quais o mito surgiria como a única verdade revelada, e o saber racional como ideologia ou entropia. Esse jogo polar, fértil de mútuos anátemas, não ocorre em nenhum passo da *Scienza Nuova*, toda voltada para entender a natureza do trabalho poético, o *ser* da Poesia, em termos de linguagem, cuja ordem imanente se colhe na unidade de sentidos, memória e fantasia.

Este ser de som e de imagem conhece condições diversas. Há, mesmo, passos da obra que veem a "sutileza" e a "finura" das artes e das técnicas em relação direta com a agudeza das épocas mais civilizadas: "Porque a sutileza é fruto das filosofias; por isso, tão só a Grécia, que foi a nação dos filósofos, fulgurou com todas as belas-artes que jamais inventou engenho humano: pintura, escultura, fundição, arte de entalhar, as quais são sutilíssimas porque devem abstrair as superfícies dos corpos que imitam".[22]

É um texto que não contradiz outros em que Vico acentua os traços corpóreos do poema. Antes, completa-os e banha-os no fluxo da temporalidade social a que estão sujeitas também as operações estéticas.

Nas idades civis, refinadas, a arte muda de fisionomia, porque outros são os pontos de vista, outras as ideologias, outras as redes de significados que a rodeiam e amarram.

Em tempos de aguda autoconsciência, a poesia mutua com o seu meio uma lucidez nova que adelgaça a sua carne e deixa transparecer uma armação óssea. Ela se dispõe, então, ao lado de um pensamento que analisa enquanto imagina, abstrai enquanto forma, depura enquanto cria. Sua matéria passa da aristotélica "imitação das ações humanas" ao "impossível crível", fórmula viquiana e barroca do verossímil: produto da imaginação que, nem por isso, deverá ser exorcizado com o selo do absurdo.

Mesmo nesses tempos, ingratos para a sensibilidade heroica, o poeta procura reconquistar, "com arte e indústria", o poder inventivo da linguagem, que lhe é conatural, e tenta evitar a redução do seu discurso a um universo de juízos convencionais. Mais de um século antes de Karl Marx ter denunciado a hostilidade do sistema capitalista à arte, Vico advertia as angústias do poeta que precisava submeter, na idade áurea do mercantilismo, a imaginação à Ordem, a fantasia ao Bom Gosto, a linguagem inteira às luzes da *Raison*.

A CONSCIÊNCIA RETÓRICA, ÚLTIMA A CHEGAR

Mas o que outrora foi ímpeto agora é razão. Os tratados de Retórica foram todos escritos em tempos tardios, de metalinguagem. Vico sabia disso, pois como professor de Eloquência também precisou redigir as suas instituições oratórias. No entanto, as figuras e os metros, nelas estudados como "artifícios", assumem, na *Scienza Nuova*, a sua verdadeira natureza de *consequências da lógica poética*. É só abrir a obra na seção destinada ao exame das figuras, dos "monstros" e das "transformações poéticas".

A função da *metáfora* é "dar sentido e paixão a corpos mortos", realizando uma operação de transporte existencial e semântico. Vico entende que o processo inerente à formação das mais belas metáforas seja o da *narração*, "de tal sorte que toda metáfora assim feita vem a ser uma breve fábula".

É estimulante para uma teoria do discurso integrada essa analogia: atribuir uma qualidade de um ser a outro (metáfora) semelharia o processo antropomórfico que sustém a fábula mínima elementar. Os exemplos estão na *Scienza Nuova*; metáforas e frases narrativas de fundo animista são:

ri o céu, ri o mar; o vento assobia; murmura a onda; geme o corpo sob um grande peso; e os camponeses do Lácio diziam *sitire agros*, *laborare fructus*, *luxuriare segetes*; e os camponeses italianos dizem *andar in amore le piante*, *andar in pazzia le vite*, *lagrimare gli orni*, e outras metáforas que se podem recolher, inumeráveis, em todas as línguas. O que tudo segue aquele axioma: que "o homem ignorante faz de si regra do universo", assim como nos exemplos alegados ele faz de si mesmo um mundo inteiro.[23]

Tal modo de significar foi dito, mais tarde, "figurado", em oposição a um hipotético falar "próprio", mas, na história ideal, *a figura precedeu ao falar por gêneros e espécies*:

> Por força dessa mesma lógica (poética), parto de tal metafísica (poética), tiveram os primeiros poetas que dar nomes às coisas a partir das ideias mais particulares e sensíveis: o que vêm a ser as duas fontes, esta da metonímia, aquela da sinédoque. Assim, a metonímia do autor pela obra nasceu porque os autores eram mais nomeados do que as obras; a dos conteúdos pelas suas formas e adjuntos nasceu porque não sabiam abstrair as formas e as qualidades dos objetos; certamente, a das causas pelos efeitos faz uma só coisa com outras pequenas fábulas com as quais imaginaram as causas vestidas de seus efeitos: feia a Pobreza, ingrata a Velhice, pálida a Morte.[24]

Ao produzir-se a metonímia, ocorre uma concentração semântica em um dado termo: este arca com o significado de outro com o qual guarda alguma relação de dependência ou de causalidade. Não é a Morte que é pálida, mas a face do morto. Atribui-se poeticamente à causa (à Morte) o que, logicamente, se deveria dizer do efeito (o rosto morto).

Quanto à sinédoque, Vico aprofunda a distinção feita por Quintiliano no oitavo livro das *Instituições oratórias*: "é sinédoque quando digo de modo plural o que é singular".

A sinédoque passou a translato mais tarde, quando os particulares subiram a universais, ou quando as partes se compuseram com outras partes de modo a perfazer os seus inteiros. Assim, "mortais" foram, no começo, propriamente, só os homens, os únicos que deviam sentir-se mortais. A "cabeça" pelo homem ou pela pessoa, o que é tão frequente no latim popular, porque dentro dos bosques se via de longe tão só a cabeça do homem; a qual palavra *homem* é termo abstrato que compreende, como em um gênero filosófico, o corpo e todas as partes do corpo, a mente e todas as faculdades da mente, a alma e todas as disposições da alma. Assim deve ter acontecido que *tignum* e *culmen* significaram com toda propriedade "travezinha" e "palha" no tempo dos palheiros; depois, com o lustro das cidades, significaram toda a matéria e a cobertura dos edifícios.

Do mesmo modo, *tectum* pela "casa" inteira, porque nos primeiros tempos bastava um coberto para casa. Assim, *puppis* por "nave", que a popa, por ser alta, é a primeira que se vê dos que ficam em terra firme, como nos tempos bárbaros reiterados se disse "vela" por "nave". Assim, *mucro* pela "espada", pois esta é palavra abstrata e, como em um gênero, compreende maçã, guarda-mão, lâmina e ponta; e os homens sentiram a ponta que lhes dava pavor. Assim, a matéria pelo todo formado, como o "ferro" pela "espada", porque não sabiam abstrair as formas da matéria. Aquele laço de sinédoque e metonímia

Tertia messis erat

nasceu, sem dúvida, de necessidade de natureza, porque foi mister correr muito mais de mil anos para que surgisse entre as nações o vocábulo astronômico *ano*, assim como nos campos à roda de Florença ainda dizem "semeamos tantas vezes" por "tantos anos". E aquele grupo de duas sinédoques e uma metonímia

Post aliquot, mea regna videns, mirabor, aristas

bem acusa a dificuldade de explicar-se dos primeiros tempos rústicos, nos quais diziam "tantas espigas", que são mais particulares do que as *messes*, para dizer "tantos anos"; e como fosse demasiado custosa essa expressão, os gramáticos nela supuseram excessiva arte.[25]

Vico acaba reafirmando a sua hipótese: o que os retóricos classificaram de "tropos" nos tempos reflexivos seriam, a rigor,

modos necessários de se explicarem todas as primeiras nações poéticas e, na sua origem, continham toda a sua propriedade nativa; mas depois que, com o maior desdobramento da mente humana, se encontraram palavras para significar formas abstratas, ou gêneros, que compreendiam as suas espécies, ou que compunham as partes com seus inteiros, tais modos de falar dos primeiros povos foram considerados "translatos". Por aí se começam erradicar aqueles dois erros comuns aos gramáticos: que a fala dos professores seja própria, imprópria a dos poetas; e que primeiro tenha sido o falar da prosa, depois o do verso.[26]

Deslocando a *ironia* (último tropo fundamental) para os tempos de reflexão, já propensos a "jogar com as máscaras da verdade" e pouco dispostos a aceitar o mito como *vera narratio*,

250

Vico acaba reduzindo os genuínos modos de explicar-se da fala poética aos dois processos básicos da *analogia* e da *dependência*. Analogia: *símile*, *metáfora*. Dependência espacial, temporal ou causal: *metonímia*, *sinédoque*.

Consequência da mesma lógica poética é a constituição de certos personagens-nome (semideuses ou heróis ou sábios) que comparecem nas fabulações de todos os povos, também por necessidade interna, e não como resultado de influências de uma cultura em outra. As figuras de *Hermes Trimegisto*, herói cultural egípcio, inventor de práticas úteis à vida cotidiana; de *Sólon*, legislador popular na Atenas aristocrática; de *Rômulo*, ordenador dos estratos sociais de Roma; de *Drácon*, juiz drástico da antiga Hélade; de *Orfeu*, domesticador da natureza ferina e inventor da lírica; de *Zoroastro*, mestre da sabedoria religiosa persa; enfim, de *Homero*, primeiro poeta da gentilidade — são todas *caracteres poéticos*, menos indivíduos históricos do que nomes-símbolo que compendiam funções e relações da vida social.

Vê-se de novo, em ato, a teoria dos universais fantásticos, signos constituintes do primeiro vocabulário mítico. No caso dos "caracteres" poéticos, o procedimento pelo qual se dá um só nome a toda uma classe de pessoas, ou seja, a passagem ao *tipo*, será chamado, nos tempos reflexivos, "antonomásia". Na *Scienza Nuova*, esse procedimento aparece como uma hipótese para compreender a formação de nomes próprios.

Em suma: está explícita em Vico uma visão da história da linguagem como trânsito da expressão motivada para o signo institucional. E mais: uma teoria da fala poética como reabertura ao dinamismo da expressão motivada.

LINGUAGEM E ESCRITA

Houve uma idade primordial, em que a linguagem era quase muda, gestos e atos: tempo de deuses ctônicos, de gigantes, de homens-bestas. Entre aqueles atos e gestos, a maioria visava à interação social, mas, não se tendo ainda formado sequer os universais fantásticos, representava-se *pelo desenho* a intenção das mensagens. Assim, a primeira escrita foi icônica, *ut pictura poësis*, feita de *hieróglifos*, sagrados grifos.

Vieram depois os tempos heroicos, já não mais imersos na terrível e sacra naturalidade. Articulam-se as palavras-frases, símbolos das relações entre o homem e o seu ambiente. Ao mesmo tempo (e Vico destaca a simultaneidade), inventa-se a *escrita simbólica*, que não é puramente imitativa, mas já um produto da atribuição comunitária de sentido a certas formas, ligadas por traços de afinidade, a certos significados. É um grau de abstração ainda não puramente lógico, mas mediado por "significações análogas", as únicas que propiciam o aparecimento das figuras poéticas.

Por exemplo, a imagem de "três espigas" ou de "três atos de ceifar" significava naturalmente: "três anos". Naturalmente, diz Vico, é força de expressão, pois quer dizer aqui: natural e socialmente. Do todo de alimentos colhido pela comunidade escolheu-se um dado particular (*uma espiga*) e atribuiu-se à sua imagem, ao traço inscrito, um significado que se pôde comunicar a todos: o significado de "um ano". A imagem particular conquistou conotações de trabalho e de tempo. Essas passagens simbólicas são ainda motivadas pela experiência. Não se deve esquecer que Vico, em outro texto, fez a fantasia derivar da memória dilatada ou composta.

Nessa fase segunda, poética, o fator motivador existe mas não está isolado; o processo inteiro de significação é também *simbólico-formal* e *transmissível como signo*, vindo a integrar um instituto da comunidade, a língua.

A motivação de base remete o traço às necessidades e às vivências do grupo, no caso os semeadores, ceifadores e consumidores do trigo. Depois, a simbolização, isto é, a passagem do significado primitivo ao significado novo (uma espiga = um ano de colheita) dá a possibilidade de o Homem pensar em termos de "universais analógicos", figuras. Enfim, o uso social confere ao mesmo traço um caráter de moeda intercambiável, caráter que irá prevalecer nos códigos dos tempos civis, tempos de convenção.

Nestes últimos, a rica analogia das figuras foi temida por excessivamente densa, geradora de ambiguidades; logo, insuficiente para separar com nitidez o bloco que cada palavra deveria fazer com o seu conceito, aquele único conceito que cada palavra deveria representar. *Espiga* (tanto o conjunto sonoro /espiga/ como o traço) significa apenas "espiga" ou significaria "ano"?

Para afugentar qualquer sombra de mistério os homens da terceira idade começam a escrever sob a figura a legenda, a inscrição que se pretende clara e unívoca: chegou a etapa avançada da abstração, o *alfabeto fonético*. Os traços, outrora icônicos, passam a *letras*. Vico propõe como invenções correlatas a escrita alfabética e a fixação de uma nomenclatura da realidade: "De onde veio que se converteram mutuamente os 'caracteres' e os 'nomes'".[27]

Começa-se a ter consciência da palavra como um "ente" graficamente isolável. O nome vira coisa, a voz vira letra.

253

Foram estes, portanto, os cursos ou percursos da escrita: hieroglífica (mimese, abstração 1); analógica (mimese mais abstração 2), e alfabética ou "convencionada" ou "epistolar" (abstração 3).

Chegados os *ricorsi* da História, os homens pobres, que não puderam ser instruídos nos signos institucionais dos escribas (os homens analfabetos), assinalavam seus nomes em cruz, voltando ao modo de explicar-se da figura. A cruz é a cruz e é a marca do homem dominado.

E na alta Idade Média, que dá cabal exemplo do retorno dos tempos poéticos, fazem-se de novo simbólicos os sistemas de comunicação. Escudos, brasões, emblemas, estandartes, insígnias, armoriais, medalhas, moedas, ritos, liturgias, cerimoniais... diziam então, mais que os raros textos, as relações entre o homem e a sociedade.[28]

O modo poético de comunicar sofre, nos tempos de cultura analítica e abstrata, a concorrência do falar por gêneros. A *tópica sensível*, que tanto deve à memória e à fantasia, matrizes da invenção, se vê preterida ou inibida por uma *tópica crítica*. Esta tem por método peculiar a redução: o uso de nomes-siglas que contraem a variedade das expressões-imagens na unidade dos gêneros. Uma frase como "ferve-me o sangue no coração" (*mi bolle il sangue nel cuore*), que ata em um feixe contínuo as sensações de fervura, sangue e coração, é contraída no conceito de *ira*. Na redução, cala-se e perde-se o momento do corpo subjetivo, o corpo de quem fala, que ferve, que tem sangue, que tem coração.

A palavra-ficha veio muito depois da expressão-frase; se esta cria e compõe os símbolos da experiência, aquela resulta de um mecanismo de contração. Pelo mesmo princípio redutor, que age sempre a posteriori, os infinitos traços da escrita hieroglífica e os muitos traços da escrita simbólica se apertaram nas poucas letras do alfabeto, produto de convenção das sociedades mercantis.

O sistema das proporções seria este: o alfabeto fonético está para os gêneros lógicos, assim como os símbolos para os universais fantásticos e os grifos para as expressões gestuais do tempo sagrado.

Nas sociedades racionalizadas reina, quase sem contraste, o discurso conceitual ou ideológico, *pré-conceitual*. E reina uma forma de escrever por esquemas. Aceita-se como estrutura ideal de significado o "silogismo", que se enrijeceu na Atenas "clássica"; e, vindos os retornos modernos, é a vez das sentenças dedutivas e matemáticas. Mas Vico, na sua Itália que está passando de jesuítica a cartesiana, teme que a arrogância dos novos mestres racionalistas faça para sempre estéreis as mentes dos jovens, pois a educação geométrica, quando precoce, adelgaça numa só linha o engenho e deixa-o rombo e inepto à intuição do natural, à inteligência do poético e do histórico: "Mas com tais lógicas os rapazelhos são transportados para a crítica antes do tempo, e levados a bem julgar antes de bem aprender, contra o curso natural das ideias, que primeiro aprendem, depois julgam, finalmente raciocinam: daí resulta a juventude árida e seca no explicar-se, e, sem fazer nada, quer julgar de todas as coisas".[29]

Esse estado de aridez e secura no falar a que conduz uma pedagogia excessivamente crítica é sinal de tempos que já estão perdendo o equilíbrio entre a vida dos afetos e a forma social. A última, alienando-se e ressecando-se até o formalismo, acabará inflectindo para a perversão: "A natureza dos povos primeiro é crua, depois severa, daí benigna, em seguida refinada, finalmente dissoluta".[30]

255

De inspiração igualmente histórica e profética é este outro período: "Os homens primeiro sentem o necessário, depois atentam para o útil, em seguida advertem o cômodo, mais adiante deleitam-se com o prazer, daí dissolvem-se no luxo, e finalmente enlouquecem dilapidando o substancial".[31]

MAS A RAZÃO TEM SUAS RAZÕES...

A sabedoria histórica não pode levar ao gesto tentador da desesperança. É verdade que mito e poesia vivem o seu purgatório nas idades da convenção; mas é também verdade que nestas podem prevalecer certos valores consensuais de moderação e equidade, inviáveis nos tempos heroicos.

As leis civis tomam o lugar dos ordálios e dos veredictos proferidos em nome do sangue e da honra patrícia. Faz-se mediada pela palavra eclesial e teológica a terrível relação com o sagrado. O direito das gentes codifica-se e atinge todos os cidadãos. O furor heroico, mas atroz, das guerras de clã ou de religião cede à linguagem cautelosa dos tratados diplomáticos. Os regimes políticos, transcorridas as fases da teocracia e da nobreza feudal, assumem um fácies popular, mesmo quando monárquicos. O gênio divino de alguns poucos é substituído pela instrução mediana da maior parte, enformada pelas "artes críticas". A sublimidade, cujas expressões são tantas vezes selvagens, baixa a um tom sóbrio e deferente nas relações humanas. Os estímulos da "libido bestial" e os terrores da "espaventosa superstição", uns e outros violentíssimos na primeira idade, represam-se em "honestos matrimônios" e no culto espiritual e ordenado do Deus único: "A terceira natureza foi humana, inteligente, por isso modesta, benigna e razoável, reconhecendo por leis a consciência, a razão e o dever".

Nela, a autoridade não se assenta no sangue, mas "no crédito de pessoas experientes, de singular prudência nas coisas da ação e de alta sabedoria nas coisas do entendimento".[32]

Essa "terceira natureza" não predomina sempre; como as outras, é instável, sujeita ao curso dos tempos e à queda em renovadas barbáries. Mas, pelo mesmo curso e *re-curso*, poderá refazer-se, um dia, mais sábia e humana, instruída pela memória das civilizações já mortas e desenganada pela consciência da sua caducidade.

A "equidade natural", sugere Vico no último dos cento e quatorze elementos, não é primitiva, não é dada, mas levou dois mil anos para que dela se provessem os filósofos, não excluídos aqueles que a revelação cristã assistiu.

Desponta, assim, dialeticamente, no discurso de Vico (mente poética em tempos analíticos), o ideário da Ilustração italiana que ressalta os valores da *civiltà* e da *ragionevolezza* mas não volta as costas para a herança que de Dante à Renascença situara Arte e Poesia no centro da vida humana em sociedade: "A fala poética, como a temos meditado por força desta lógica poética, escorreu por um longuíssimo período dentro do tempo histórico, como os grandes rápidos rios se espalham muito dentro do mar e conservam doces as águas aí lançadas pela violência do curso".[33]

Nas águas salobras da História ainda não se perdeu o sabor doce do mito e da poesia. A ingrata condenação da Arte em nome da Ética e da Política seria de novo proferida por Rousseau e por Hegel, mas foi poupada à fantasia especulativa de Giambattista Vico.

257

Posfácio
A POESIA É AINDA NECESSÁRIA?

Leitor de poemas desde os anos da adolescência, nunca pensaria que devesse, um dia, falar da necessidade da poesia. O tema talvez seja mais um sinal dos tempos. Acredito que é nossa obrigação estar sempre atentos ao que esses sinais querem dizer, pois eles não são gratuitos nem aleatórios. Quem pergunta sobre a necessidade da poesia poderá estar experimentando uma falta e provavelmente um sentimento misto de saudade do que terá passado sem retorno e angústia por um presente cujo futuro é ainda enigma. No entanto, durante milênios e certamente muito antes da invenção da escrita a poesia habitou entre os homens para seu encantamento e consolo.

Identificando-se com a linguagem dos primeiros homens, a poesia lhes deu o abrigo da memória, os tons e as modulações do afeto, o jogo da imaginação e o estímulo para refletir, às vezes agir. Se acolhermos os termos da meditação que Heidegger empreendeu em torno do poético, diremos que antes de ser sentimento e pensamento, memória e fantasia, a linguagem-poesia foi, para a humanidade emergente, a "casa do Ser". A expressão tem alcance ontológico, mas pode ser interpretada existencialmente: a linguagem permite que as coisas ganhem um sentido público e comunicável na teia intersubjetiva.

Embora poucos sejam os que duvidem do "desencantamento do mundo", fórmula incisiva com que Max Weber qualificou o éthos capitalista moderno, ainda há quem sinta a magia de um verso musical, o esplendor de uma imagem luminosa ou a melancolia do poema que fale de um bem para sempre perdido. A poesia sobreviveria não só no ato de ressignificar e, não raro, reencantar pessoas, coisas e eventos, mas também ao recolher-se em si mesma, palavra que se dobra sobre a palavra.

De todo modo, a pergunta persiste: afinal, para que a poesia seria hoje necessária? E, quem sabe, ainda mais necessária do que antigamente, em tempos em que a própria questão não se propunha. Toda tentativa de resposta é aqui puramente exploratória.

O QUE ERA SOMBRA ERRANTE VIRA GENTE

A poesia seria hoje particularmente bem-vinda porque o mundo onde ela precisa subsistir tornou-se atravancado de objetos, atulhado de imagens, aturdido de informações, submerso em palavras, sinais e ruídos de toda sorte. *Much ado about nothing*. Então vem o poeta e divisa na massa amorfa que passa pela rua uma figura humana, mulher, homem, velho, jovem, criança; em um relance, o que era sombra errante vira gente. O que era opaco transparece varado pela luz da percepção amorosa ou perplexa, mas sempre atenta. Aquele vulto que parecia vazio de sentido começa a ter voz, até mais de uma voz, vozes. Irrompe o fenômeno da ex-pressão. Quem tem ouvidos, ouça!

Em "A morte do leiteiro", poema que figura na *Rosa do povo*, Carlos Drummond de Andrade transpôs a notícia da morte de um rapaz, entregador de leite. Nada se sabe nem da pessoa nem da vida do moço a não ser que, tomado por ladrão, foi morto a tiros por um morador sobressaltado. O leiteiro ficará sem rosto nem alma para todos os que souberam do fato lendo por acaso a seção policial do jornal. Mas para o poeta não será assim. O rapaz acordou cedo, "porque há pouco leite no país" e "há muita sede no país". Ele é "leiteiro de madrugada", que "sai correndo e distribuindo/ leite bom para gente ruim". O seu trabalho parece indiferente e automático; porém traz nas latas e garrafas e no sapato de borracha a graça inconsciente da bondade, pois "vai dizendo aos homens no sono/ que alguém acordou cedinho/ e veio do último subúrbio/ trazer o leite mais fino/ e mais alvo da melhor vaca/ para todos criarem força/ na luta brava da cidade". Graça atribuída, decerto involuntária, nem por isso menos pura e dadivosa:

Na mão a garrafa branca
não tem tempo de dizer
as coisas que lhe atribuo
nem o moço leiteiro ignaro,
morador na Rua Namur,
empregado no entreposto
com 21 anos de idade,
sabe lá o que seja impulso
de humana compreensão.
E já que tem pressa, o corpo
vai deixando à beira das casas
uma apenas mercadoria.

O rapaz é sutil, tem passo maneiro e leve, antes desliza que marcha. No entanto, algum ruído sempre acabou provocando: queda de um vaso no corredor estreito, um cão, um gato, o bastante para acordar o morador armado e temeroso de ladrões que assaltam de madrugada.

Agora os olhos abertos pela imaginação do poeta só têm pela frente o corpo do mocinho morto.

> *Os tiros na madrugada*
> *Liquidaram meu leiteiro.*

Já não se fala a distância, prosaicamente, do empregado no entreposto morador na Rua Namur; agora ele é "meu leiteiro". Quanto ao homem que o matou por engano, foge pela rua, grita consternado, mas não chamará médico nem polícia; afinal, diz o poeta, "está salva a propriedade". A noite prossegue longa, a aurora custa a chegar. Mas não virá nem da terra nem do céu. De onde então?

> *Da garrafa estilhaçada,*
> *Do ladrilho já sereno*
> *Escorre uma coisa espessa*
> *Que é leite, sangue... não sei.*
> *Por entre objetos confusos,*
> *Mal redimidos da noite,*
> *Duas cores se procuram,*
> *suavemente se tocam,*
> *amorosamente se enlaçam,*
> *formando um terceiro tom*
> *a que chamamos aurora.*

Convivem no texto o sentimento fundamental de compaixão e a atividade que Kant chamou de "livre jogo de imaginação", considerando-a peculiar à construção poética (*Crítica do Juízo*, § 51).

Outros poemas falariam, a seu modo, desse mesmo movimento de tornar próximo e singular o que a desmemória cotidiana vai deixando remoto e indistinto. *O desaparecimento de Luísa Porto*, também de Drummond, é um apelo de mãe aflita lançado no espaço vazio da indiferença geral:

> *Procurem Luísa...*
> *Procurem, procurem.*
> *Pede-se a quem souber*
> *do paradeiro de Luísa Porto,*
> *avise sua residência*
> *à Rua Santos Óleos, 48.*
> *Previna urgente*
> *solitária mãe enferma*
> *entrevada há longos anos*
> *erma de seus cuidados.*

E há os desdobramentos secos e dilacerantes que João Cabral de Melo Neto soube dar à figura de um dos muitos *severinos* retirantes do sertão pernambucano em busca da vida através de caminhos de morte. Ou ainda a *Notícia da morte de Alberto da Silva* com que Ferreira Gullar transformou um pobre-diabo da classe média carioca na figura pungente do sonhador para sempre frustrado:

> *Começou contínuo e acabou funcionário*
> *sempre eficiente e cumpridor do horário.*

Morreu de repente ao chegar em casa
ainda com o terno puído que usava.

Não saiu notícia em jornal algum.
Foi apenas a morte de um homem comum.

Que nos importa agora se na mente confusa
ele às vezes pensava que a vida era injusta?

E agora, quando se vai perder no mar imenso,
tudo isso, nele, virou rigidez e silêncio.

A todos a poesia redimiu do anonimato, em cada um reconheceu a face única, inconfundível. Luísa Porto que, sendo alta, magra, morena, levemente estrábica, vestidinho simples, óculos, ficou para nós inerte, "cravada no centro da estrela invisível. Amor".

A menção à poesia de João Cabral oferece estímulo para refletir sobre o par *reificar/individualizar*, que rege a percepção do outro em contextos onde o espaço da dominação social parece absoluto, sem brechas. Comparem-se "Festa na Casa-grande", poema incluído em *Dois parlamentos*, com o discurso que fecha *O cão sem plumas* e o final de *Morte e vida severina*.

A voz que diz "Festa na Casa-grande" é a de um deputado com acento nordestino. Onde não há perspectiva clássica (pois João Cabral prefere a *poética da superfície* trabalhada por Miró, seu mestre), é a *voz* que assume o papel de doador de sentido. E o que diz essa voz saída das entranhas do poder?

Que o cassaco de engenho é um fora sem dentro: parece gente, mas de perto vê-se que é homem de menos preço; quando dorme não sonha, cai na treva; vive no barro e do barro não sai; a sua febre não aquece, é morta como o engenho que já não bota e está de fogo morto; quando criança, não é cana, é caniço, cana de soca, fim de roça; o seu corpo não é carne nem osso, é estopa, pano que virou trapo; mesmo acordado, vive em marasmo pantanoso; o seu estado de espírito é o nada da calmaria; agonizando, toma a transparência da vela, a mesma cera que vela o defunto; se é mulher, é saco de açúcar vazio, não para em pé; ao seu corpo tudo lhe pesa: o sangue, posto que ralo, é como caldo cozido e melaço; pesam-lhe a roupa, a mão, o ar, o chão; no que toca à cor, ele passa do amarelo-azul, que lhe dá a aguardente, ao roxo quando lhe vem o desejo de morte, e amarelo é o amargor da ressaca que o espera; quando velho, caminha para virar esqueleto, e já é taipa em ruína. O cassaco morto vai em caixão vazio, seu cadáver é oco, não tem dentros.

Posto em confronto com o seu referente narrativo mais próximo ou afim, a história dos retirantes em *Vidas secas*, o poema de João Cabral força até o limite o processo de reificação: a cachorra Baleia ao menos sonhava com um osso grande e cheio de tutano, e o menino mais velho fantasiava paraísos além da serra azulada e dos bancos de macambira. Mas Graciliano não delegava a ninguém (e muito menos a um deputado nordestino) a voz narrativa como o poeta entendeu fazer ao tentar um lance de objetivação extrema.

Em contrapartida, desde que haja história, há movimento, há um dentro que responde ao fora, há um embate que se exerce no tempo, objeto primeiro, sujeito depois, sujeito-objeto em discorde concórdia. É *a voz do poeta* que fala do seu Capibaribe em *O cão sem plumas*. O rio está chegando ao mar. Águas fluviais vindas daqui e dali se juntam e formam lagunas. E "preparam sua luta/ de água parada,/ sua luta/ de fruta parada". Resistindo à força do oceano que tudo invade e ameaça engolir as flores e as frutas do mangue, o rio-pântano recobra vida e "porque vive, não entorpece". O que era ralo se adensa como o sangue de um homem "que é muito mais espesso do que o sonho de um homem". A consistência derradeira, simétrica e oposta ao desfazimento da última hora, se produz no combate, simétrico e oposto à estagnação sofrida pelo rio no meio do percurso:

"Espesso, porque é mais espessa vida que se luta cada dia, o dia que se adquire cada dia (como uma ave que vai cada segundo conquistando seu voo)".

Do *Auto de Natal pernambucano*, não há quem não tenha lido sem surpresa entre alegre e dolorida os versos do remate que trazem ao leitor, já instruído por tantas lições de morte, a expressão da vida, mesmo quando é uma vida severina.

A comparação entre as vozes assume o papel que teria o confronto das perspectivas. Quando fala o calor da empatia, o sertanejo e o rio reassumem a dignidade de seres vivos. Mas se predomina o gelo do distanciamento e do desprezo, o cassaco já esta morto, mesmo quando ainda vive. O móvel secreto do poema é a sátira indireta do rico poderoso que, com a sua voz desalmada, presume saber tudo da vida e da morte do cassaco que trabalha no seu engenho.[1]

O PERTO VIRA LONGE

A poesia devolveu corpo e alma, forma e nome ao que a máquina social já dera por perdido. Poderá também sobrevir um gesto em sentido contrário: a imagem do ser familiar converte-se, de súbito, em figura estranha. O rosto que se dava tão facilmente aos nossos olhos domesticados pelo hábito de todo dia ensombra-se como se uma fuligem o cobrisse. Próximo há pouco, agora distante: o poema dirá com palavras justas essa desconcertante mudança que nos pôs diante do insólito. O *Soneto da separação* de Vinicius de Moraes sugere, mais do que descreve ou narra, o caráter repentino, quase misterioso, da metamorfose:

> *De repente, do riso fez-se pranto*
> *Silencioso e branco como a bruma*
> *E das bocas unidas fez-se a espuma*
> *E das mãos espalmadas fez-se o espanto.*
>
> *De repente, da calma fez-se o vento*
> *Que dos olhos desfez a última chama*
> *E da paixão fez-se o pressentimento*
> *E do momento imóvel fez-se o drama.*
>
> *De repente, não mais que de repente*
> *Fez-se de triste o que se fez amante*
> *E de sozinho o que se fez contente.*
> *Fez-se do amigo próximo o distante*
> *Fez-se da vida uma aventura errante*
> *De repente, não mais que de repente.*

O poeta aqui é brasileiro e nosso contemporâneo. Mas o tema e a angústia que o ditou vêm de longe. Quantas vezes o trovador medieval lamentou a frieza da amada que de próxima se fez distante não mais que de repente... O cancioneiro de Petrarca, matriz da lírica renascentista, reviveu na figura mutante de Laura a imagem impassível de Beatriz que, de um dia para outro, negou a Dante até mesmo o gesto de saudação. E de amadas ora promissoras, ora esquivas senão cruéis, está repleto o nosso cancioneiro clássico e neoclássico, que vai de Camões a Cláudio Manuel da Costa.

Mas hoje, salvo engano, os motivos de estranheza entre pessoas próximas parecem mais fortes que em tempos anteriores à civilização de massas, épocas nas quais a palavra *comunidade* significava alguma coisa de vivido e cotidiano, e não uma aspiração quase utópica. O *Soneto da separação* de Vinicius talvez até sirva em nossos dias de epígrafe a uma pesquisa estatística que trace a curva crescente dos divórcios acompanhando ou superando a curva das uniões conjugais. E não é impossível que os mesmos recursos da sociologia registrem, um triste dia, as separações entre velhos amigos. Teríamos então um quadro de referência, um contexto psicossocial que indicaria de modo quantitativo e abstrato o que a poesia faz concretamente no seu trabalho de singularização das pessoas, coisas e atos. O poeta, é verdade, já reagiu soberbamente à violência que preside tantas vezes a essas mudanças bruscas de amor em desamor. É de José Paulo Paes esta quadra que ele chamou "Drummondiana":

> *Quando as amantes e o amigo*
> *Te transformarem num trapo,*
> *Faça um poema,*
> *Faça um poema, Joaquim!*
> (*O Aluno*)

DAS PESSOAS ÀS COISAS

A poesia não se limita a refazer por dentro a percepção do outro. Também nomeia o mundo de objetos que nos rodeiam e constituem nosso espaço de vida, balizas do itinerário cotidiano. Aqui a operação que re-apresenta a coisa pode ser contrastada por uma estratégia que acena para os seus perfis quando não os dissolve em uma atmosfera onírica.

O que faz o poeta Manuel Bandeira quando contempla a maçã que pousa "ao lado de um talher num quarto pobre de hotel"? Suspende em um relance de epifania a opacidade da percepção cotidiana que relega o objeto à esfera do utilizável, do meio para consumar um fim. Tocada pelo novo olhar, a maçã converte-se em seio murcho, depois em ventre fecundo, divino amor, fruto onde palpita infinitamente uma vida prodigiosa.

Quando se compara o projeto parnasiano de descrever miudamente quadros e cenas com o estilo alusivo dos simbolistas, entende-se melhor essa capacidade, que é apanágio do poeta, de traçar desenhos nítidos ou esfumar contornos. Mas o poeta moderno foi além: desentranhou do objeto um sentido latente, reconheceu a sua vida perene e abriu novo horizonte à percepção do leitor.

Ut pictura poësis? Poesia é ainda imitação? Todas as vanguardas modernistas nos estão respondendo em coro indignado que não! Não lhes faltam razões históricas: pois é precisamente na sua vetusta função descritiva que a literatura parece ter sido ultrapassada pelos procedimentos hipermiméticos da televisão, do cinema de efeitos especiais, da internet. É lugar-comum dizer que entramos, a partir da segunda metade do século xx, na civilização da imagem que, por sua vez, está cedendo lugar a uma vasta cultura da representação, do espetáculo e do simulacro. Não foi por acaso que os projetos de poesia concreta surgidos no segundo pós-guerra reativaram algumas técnicas futuristas de linguagem que já se propunham, no começo do século, fazer uma poesia correspondente à nova era do cinema e do avião. Assim o exigiam os manifestos de Marinetti. Imagens dotadas de velocidade deveriam presidir à construção do poema. Aqui, é forçoso admitir a vigência dos sinais dos tempos. No entanto, sem detrimento dos êxitos estéticos do neofuturismo, mantiveram-se no poema modernista e pós-modernista peculiaridades de forma e sentido que o impediram de reduzir-se a um programa de arte visual.

A imagem da lua — fotográfica ou estilizada em risco de desenho abstrato — não traz em si a mesma ressonância subjetiva da palavra *lua* com a sua sonoridade permeada das conotações existenciais difusas quando o leitor a reproduz na própria voz. O mesmo ocorre com palavras que evocam aspectos da paisagem ou cenários urbanos. Quem quiser entender o quanto o verso pode dizer de uma cidade, detenha-se nos poemas em que Mário de Andrade fala da sua Pauliceia, Drummond das cidades mineiras e do Rio de Janeiro, Murilo Mendes de Ouro Preto, João Cabral do Recife e Sevilha, Ferreira Gullar de São Luís do Maranhão. Seria fácil multiplicar exemplos dessa poesia de enraizamento afetivo modulada em verso tradicional ou livre.

Mas à medida que a máquina capitalista vai destruindo uma a uma as paisagens da infância, a poesia dirá antes a perda do que a fruição da cidade natal. Poetas que chegaram à maturidade no último quartel do século XX assistiram às investidas de uma urbanização deletéria. Uma cidade como São Paulo tornou-se irreconhecível aos olhos de seus próprios filhos. A familiaridade decaiu à condição de estranheza. No lugar da poesia do enraizamento não restaram senão expressões de nostalgia travestidas muitas vezes pelo registro da amarga decepção. A cidade passou a ser o lugar do desencontro, a alegoria da mais hostil exterioridade. Mas é necessário que o diga o poema:

Cidade, por que me persegues?

Com os dedos sangrando
já não cavei em teu chão
Os sete palmos regulamentares
Para enterrar meus mortos?
Não ficamos quites desde então?

Por que insistes
em acender toda noite
as luzes de tuas vitrinas
com as mercadorias do sonho
a tão bom preço?

....
Cidade, por que me persegues?
ainda que eu pegasse
o mesmo velho trem,
ele não me levaria
a ti que não és mais.[2]

A poesia é ainda nossa melhor parceira para exprimir o outro e representar o mundo. Ela o faz aliando num só lance verbal sentimento e memória, figura e som. Momento breve que diz sensivelmente o que páginas e páginas de psicólogos e sociólogos buscam expor e provar às vezes pesadamente mediante o uso de tipologias. O seu regime é o da *densidade*, que se alcança pela inumerável combinação de sons, ritmos, palavras.

MANTER VIVA A PALAVRA

A teoria estruturalista do poema, formulada na década de 1950 por um linguista da envergadura de Roman Jakobson, apontou como objeto da "função poética" a estrutura mesma da mensagem. O signo que se destaca pela sua posição ou repetição seria a célula do poema na medida em que põe em evidência os procedimentos com que foi construído.

A fórmula do *eixo dos paradigmas* que prevalece sobre o *eixo dos sintagmas* diz o quanto importa ao estudioso do poema assinalar as idas e vindas dispostas de maneira estratégica em meio às diferenças que marcam o caráter sequencial da frase. A função poética encurva com seus retornos a linha reta da série verbal.

Trata-se de um modelo simples, igualmente aplicável a uma partitura musical.[3] A sua simplicidade, que tende ao esquema, rendeu-lhe farta aplicação didática nos anos de ouro do estruturalismo que foram as décadas de 1960 e 1970. Faltou, porém, a alguns dos seguidores do método a capacidade de avaliar *o grau de intencionalidade semântica das recorrências* assinaladas no corpo do poema. Para tanto teria sido eficaz valer-se das bem-sucedidas análises da Estilística que não abstraíam os procedimentos da linguagem poética do seu potencial expressivo.

O som que se reitera na rima, o ritmo que se produz com o reforço da sílaba tônica, a palavra que volta, o metro que ordena o padrão musical do poema *significam, mimetizam, exprimem* o movimento que vai da intuição às coisas e da paixão à figura do outro. Ou, em torna-viagem, rebatem as imagens do mundo para o centro da elocução que se convencionou chamar "eu lírico".

A prática da linguagem poética assim exercida torna-se então inestimável: limpa a palavra das escórias do desgaste rotineiro e mantém vivo o seu potencial de som e significação. O retorno não entorpece a atenção como se fora uma canção de ninar que induz o ouvinte ao sono; ao contrário, *chama a percepção do leitor para as virtualidades semânticas da palavra*. Na concepção do poema até mesmo a expressão mais apaixonada traz dentro de si uma lógica de afinidades ou contrastes que requer do poeta uma perfeita coerência entre som e sentido.

Uma exposição convicta do caráter purificador da palavra poética encontra-se em algumas passagens dos ensaios de Ezra Pound.[4] O poeta, fazendo-se pensador da poesia, insiste na ideia de que a poesia mantém *eficiente* a linguagem, restituindo-lhe dimensões originárias de radiante clareza e rara intensidade. E, acima de tudo, precisão e concisão. São qualidades que podem também irrigar a prosa das ciências humanas ressecada pelo abuso de termos abstratos. Esse modo de valorizar as propriedades da palavra filia-se a um pensamento estético que se reconhece em Leopardi, Poe, Baudelaire, Flaubert, Mallarmé, Valéry, Yeats, Eliot, Pound, Borges e João Cabral de Melo Neto; recebe formulações precisas em textos dos formalistas russos, mas não pode ser confundido com a bandeira alienante da "arte pela arte" levantada por todos os que separam arbitrariamente a forma e o significado do poema.

O BELO COMO CATARSE

Quem de nós já não teve a experiência de que os acontecimentos nunca se mantêm iguais depois de serem ditos? A palavra altera nossa lembrança do fato, ora tornando-o mais grave, ora aliviando-o de seu fardo molesto quando não trágico. O absurdo que ronda tantas vezes o cotidiano precisa da palavra para dar-lhe algum sentido ou, no limite, manifestar a estranheza pela sua falta de sentido. É matéria que exigiria longa meditação existencial e está fora do alcance destas linhas. Mas como foi um poeta que exprimiu (como talvez ninguém o fizera antes) a sua admiração por esse poder a um só tempo intensivo e catártico da arte, termino com uma citação sua estas reflexões sobre a necessidade permanente da poesia. Leopardi anotava no seu diário aos 4 de outubro de 1820:

Têm de particular as obras de gênio que, mesmo quando representem ao vivo o nada das coisas, mesmo quando demonstrem evidentemente e façam sentir a inevitável infelicidade, mesmo quando exprimam os desesperos mais terríveis, todavia para uma alma grande que se encontre também em estado de extremo abatimento, desengano, nulidade, tédio e desencorajamento da vida, servem de consolação, reacendem o entusiasmo, e não tratando nem representando outra coisa que não a morte, lhe devolvem ao menos por um momento aquela vida que ela havia perdido. E assim aquilo que, visto na realidade das coisas, confrange o coração e mata a alma, visto na imitação, ou de qualquer outro modo, nas obras de gênio (como, por exemplo, na lírica, que não é propriamente imitação), abre o coração e o reaviva.[5]

274

NOTAS

1. *IMAGEM, DISCURSO* (pp. 19-47)

1. Em outras línguas convivem ambos os significados. Em francês: *semblant* (aparência) e *sembler* (parecer). Em inglês: *semblance* (aparência e semelhança). Em italiano: *sembianza* (aparência) e *sembrare* (parecer).

2. "Parece a coisa mais simples do mundo ver uma superfície plana; nada sabemos das forças que lhe dão existência e, no entanto, a mera percepção é uma coisa altamente dinâmica que se altera de imediato se as forças que a mantêm sofrerem interferência" (KOFFKA, *Principles of Gestalt Psychology*, 4ª ed., Londres, Routledge & Kegan, 1955, p. 117. A primeira edição é de 1935. Há tradução brasileira, publicada em 1975 pelas editoras Cultrix e Edusp).

Em outro passo, Koffka chega a sugerir que uma absoluta homogeneidade de forças nada produziria no sistema neuroperceptual: "Seria temerário demais dizer que, se todos os estímulos, e não apenas os visuais, fossem completamente homogêneos, não haveria em absoluto organização perceptiva? Que acontece quando estamos nas trevas e fechamos os olhos? Vemos a princípio um pequeno espaço, escuro acinzentado, mas depois de algum tempo não *vemos* mais nada. O mundo da visão deixou de existir para o ser. Não estou certo de que o mesmo efeito não possa ocorrer se estivermos num espaço homogêneo que não seja totalmente escuro" (idem, ibidem, p. 120).

Quanto à formação da imagem na criança, os trabalhos de PIAGET e INHELDER acentuam o caráter não só mimético mas também simbólico da imagem enquanto "imitação interiorizada" (ver *L'image mentale chez l'enfant*, Paris, PUF, 1966). Para o nosso discurso, importa assumir a imagem constituída, na sua fisionomia última, que não pode deixar de nos aparecer como estática.

3. *De l'interprétation — Essai sur Freud*, Paris, Seuil, 1965, pp. 143-4.

4. *Filosofia da história.*

5. Cf. LEROI-GOURHAN, *Le geste et la parole*, Paris, Albin Michel, 1964, I, pp. 41-56.

6. *Teoría del lenguaje*, Madri, Revista de Occidente, 1967, §§ 6-9.

7. Jorge de LIMA, *Invenção de Orfeu*, XXVI.

8. *Teoría del lenguaje*, cit., § 13.

9. Jonathan SWIFT, *As viagens de Gulliver*, Terceira Parte (Viagem à Lapúcia, Balnibarbi, Luggnagg, Glubbdubdribb e ao Japão), cap. VI, trad. José Maria Machado, São Paulo, Clube do Livro, 1956, pp. 267-8.

10. *Arte y percepción visual*, Buenos Aires, Eudeba, 1962, p. 305.

11. *Models and Metaphors*, 4ª ed., Cornell University Press, 1968, pp. 38 ss.

12. Max BLACK, op. cit., p. 41.

13. *Logique du sens*, Paris, Ed. de Minuit, 1969, p. 272.

2. *O SOM NO SIGNO* (pp. 48-76)

1. A citação está em *As onomatopeias e o problema da origem da linguagem*, de Rodrigo de SÁ NOGUEIRA, Lisboa, Livraria Clássica Editora, p. 61.

2. Cf. W. KÖHLER, *Psychologie de la forme*, Paris, Gallimard, 1964, p. 224.

3. Cf. E. SAPIR, "Estudo do simbolismo fonético" (1929), em *Linguística como ciência*, trad. Mattoso Câmara Jr., Rio de Janeiro, Acadêmica, 1969, pp. 101-17.

4. Cf. M. GRAMMONT, *Traité de phonétique*, Paris, Delagrave, 1933.

5. Cf. Roman JAKOBSON, "Por que *mama* e *papa?*", em *Fonema e fonologia*, trad. Mattoso Câmara Jr., Rio de Janeiro, Acadêmica, 1967, pp. 75-85. O original, em inglês, publicou-se em 1960.

6. Cf. Giacomo LEOPARDI, *Zibaldone di pensieri*, aos cuidados de Francesco Flora, 2ª ed., Milão, Mondadori, 1945. O texto foi escrito por volta de 1818.

7. Cf. K. BÜHLER, *Teoría del lenguaje*, trad. Julián Marías, 3ª ed., Madri, Revista de Occidente, 1967, § 13.

8. Cf. N. S. TRUBETZKOY, *Principes de Phonologie*, trad. franc. J. Cantineau, Paris, Klincksieck, 1964, p. 28.

9. Cf. Max BENSE, *Estética*, trad., 2ª ed., Buenos Aires, Nueva Visión, 1960, p. 38.

10. Cf. J. LACAN, *Écrits*, Paris, Seuil, 1966.

11. Cf. A. PAGLIARO, *A vida do sinal*, Lisboa, Fundação Gulbenkian, 1967, p. 18.

12. Cf. K. BÜHLER, op. cit., p. 309.

13. Cf. E. SAPIR, op. cit., pp. 23-4.

14. Cf. B. SNELL, *La estructura del lenguaje*, Madri, Gredos, 1966, p. 49.

15. Cf. A. LEROI-GOURHAN, *Le geste et la parole*, Paris, Albin Michel, 1964, p. 120, fig. 44.

3. *FRASE: MÚSICA E SILÊNCIO* (pp. 77-129)

1. Em *Il linguaggio*, Turim, Einaudi, 1970, p. 124.

2. Em "Sur le vers", texto inserto na *Théorie de la littérature*, aos cuidados de Todorov, Paris, Seuil, 1965, p. 155.

3. A sucessão *canto — fala ritmada — prosa* está indicada na *Scienza Nuova*, Livro I, Seção 2ª, "Dos elementos", LVIII-LXII, e desenvolvida no Livro II, Seção 2ª [cap. V].

4. Em *História da literatura latina*, Lisboa, Estúdios Cor, 1955.

5. Em *La música*, 3ª ed., México, Fondo de Cultura Económica, 1967, p. 51.

6. Em WHITMAN, *A Collection of Critical Essays*, ed. Roy Harvey Pearce, Englewood Cliffs, New Jersey, Prentice-Hall, Inc., 1962, p. 9.

7. Cf. Stéphane MALLARMÉ, *Propos sur la poésie recueillis et présentés par Henri Mondor*, Mônaco, Ed. du Rocher, 1946.

Em carta dirigida a Léo d'Orfer, datada de 27 de junho de 1884, assim Mallarmé define a poesia: "A Poesia é a expressão, por via da linguagem humana levada ao seu ritmo essencial, do sentido misterioso dos aspectos da existência: ela dota assim de autenticidade nossa permanência neste mundo e constitui a única tarefa espiritual" (p. 118).

Ressaltam aqui, pelo menos, três postulados: 1) a fusão do ritmo da poesia com o ritmo essencial da linguagem. Em outro passo, o poeta fala de "instrumento arcaico e eterno" (p. 169); 2) o caráter velado, misterioso, da existência que a poesia traduz; e 3) a exclusividade da poesia como tarefa espiritual do poeta ("la seule tâche").

8. Em *Propos sur la poésie*, cit., p. 164.

9. De *Variété*, v, Paris, Gallimard, 1944, pp. 92-4.

10. Em *Variété*, cit., p. 161.

11. As oscilações que se dão na maior dosagem do mimético ou do sugestivo devem-se a pressões culturais e emotivas, sempre cambiantes, que envolvem os momentos de criação. A história das poéticas tem se feito na linha dessas tensões: estudar como se formam estilos é, muitas vezes, analisar os efeitos que elas produziram na concepção do texto. Nos tempos modernos, em que o ritmo das propostas literárias foi acelerado pela revolução técnica, as mudanças se têm feito quase da noite para o dia. Depois do simbolismo, cujo modelo é a música, vem o letrismo, cujo modelo é o desenho. Depois da melopeia, vem o texto espacial. As exclusões são peremptórias e cruas: ora morte à representação, ora morte à melodia. Tempos violentos.

12. Trad. fr. Damião Berge, em *O Logos heraclítico*, Rio de Janeiro, INL, 1969, p. 239.

13. HUGUET, *Acupuncture et arts martiaux*, Paris, Ed. Maisonneuve, 1972, pp. 231-3.

14. E. BENVENISTE, *Problèmes de linguistique générale*, Paris, Gallimard, 1966.

15. SCHOPENHAUER, *Le monde comme volonté et comme représentation*, trad. A. Burdeau, Paris, PUF, 1966, cap. "De la métaphysique de la musique".

16. Tomás NAVARRO TOMÁS, *Manual de entonación española*, 4ª ed., Madri, Guadarrama, 1974, p. 27.

17. SCHOPENHAUER, op. cit., p. 336.

18. Em *Théorie de la littérature*, cit., p. 163.

19. Cf. *O Logos heraclítico*, cit., p. 112.

20. Em *A linguagem — Introdução ao estudo da fala*, trad. Mattoso Câmara Jr., Rio de Janeiro, INL, 1954, p. 45.

21. André MARTINET, *Éléments de linguistique générale*, Paris, Armand Colin, cap. 3, § 33.

22. HEGEL, *Estética. Poesia*, trad. Orlando Vitorino, Lisboa, Guimarães Ed., p. 17.

4. *O ENCONTRO DOS TEMPOS* (pp. 130-62)

1. Giacomo LEOPARDI, *Opere*, aos cuidados de Francesco Flora, Milão, Mondadori, vol. II, pp. 183-4. Novalis dizia, em outros termos, a mesma coisa: "Os homens adivinhos, mágicos, verdadeiramente poéticos, não podem existir em condições como as nossas" (*Parágrafos sobre a poesia*).

2. LEOPARDI, op. cit., p. 87.

3. Devo ao amigo Flávio Vespasiano Di Giorgi, escafandrista de muitas línguas e linguagens, a lembrança dessa bela etimologia. *Concretus*, particípio passado do verbo latino *concrescere*, que quer dizer: crescer junto, formar-se em densidade, *con-crescer*.

4. O movimento do Concretismo vem propondo, a partir da década de 1950, um projeto de poema que motive, em primeiro plano, a matéria gráfica (logo: *visual*) do texto. Este é considerado "concreto" na medida em que os seus significantes assumam as propriedades do *ícone*. Trata-se de uma poética operacional que, por necessidade de coerência, atribui ao termo *concreto* um significado muito mais restrito do que o hegeliano assumido na presente exposição. Ver Augusto e Haroldo de CAMPOS e Décio PIGNATARI, *Teoria da poesia concreta*, São Paulo, Invenção, 1965.

5. De *Follas novas*, Livro V, trad. Ecléa Bosi, em Rosalía de CASTRO, *Poesias*, São Paulo, Ed. Nós, 1966.

6. *Eneida*, VI, 851.

7. HEGEL, *Estética. Poesia*, trad. Orlando Vitorino, Lisboa, Guimarães Ed., p. 14.

8. B. CROCE, *La poesia di Dante*, 1921.

9. *De vulgari eloquentia*, I, 3.

10. *De vulgari eloquentia*, II, 4.

5. *POESIA-RESISTÊNCIA* (pp. 163-227)

1. H. I. MARROU, *Histoire de l'éducation dans l'antiquité*, 3ª ed., Paris, Seuil, 1955, p. 226.

2. Dos *Frammenti letterari e filosofici*, escolhidos por Edmondo Solmi, Florença, Barbèra, 1925, p. 79.

3. BAUDELAIRE, *Petits poèmes en prose*, XII, "Les foules".

4. Paul ELUARD, "La poésie française devant le monde", em *Écrits de France*, I, 1946.

5. A. GRAMSCI, *Obras escolhidas*, Lisboa, Estampa, 1974, vol. II, pp. 219-20. A citação final é de Benedetto CROCE, *Cultura e vita morale*, 1922, p. 241.

6. HEGEL, *Esthétique*, Paris, Aubier, 1944, vol. I, p. 231.

7. HORKHEIMER e ADORNO, *Dialettica dell'Illuminismo*, 3ª ed. italiana, Turim, Einaudi, 1971, p. 271.

8. K. MARX, "Introdução à Crítica da economia política", em *Contribuição para a Crítica da economia política*, Lisboa, Estampa, 1974, pp. 239-40.

9. A. GRAMSCI, *Obras escolhidas*, cit., vol. II, p. 223.

10. Ernst BLOCH, cuja obra-chave, *Das Prinzip Hoffnung* ("O princípio esperança"), apareceu em Berlim, de 1954 a 1959. Mas o tema nasceu em Bloch muito antes: é o centro do seu primeiro ensaio, *Geist der Utopie* (1918), que exerceu influência duradoura em filósofos tão diferentes como Lukács e Adorno.

11. V. Northrop FRYE, *Anatomia da crítica*, trad. Péricles Eugênio da Silva Ramos, São Paulo, Cultrix, pp. 219 ss.

12. De *Gedichte*, Frankfurt a. M., Suhrkamp Verlag, 1964, vol. 6, p. 42.

13. MARX, na esteira de Hegel, disse lapidarmente: "A última fase de uma forma histórica mundial é a sua comédia. Os deuses gregos, já feridos de morte uma vez, tragicamente, no *Prometeu acorrentado* de Ésquilo, tiveram de morrer uma vez mais, comicamente, nos diálogos de Luciano" (*Critique of Hegel's "Philosophy of Right"*, Cambridge University Press, 1970, p. 134).

14. O poemeto foi traduzido com brio e leveza por LEOPARDI, que lhe antepôs o "Discurso sobre a Batracomiomaquia" (1816). O fascínio que essa paródia primeira do primeiro poema exercia em Leopardi o fez escolher o mesmo tema da guerra entre ratos e rãs para satirizar os dois partidos da Itália romântica, os liberais e os reacionários, nos *Paralipomeni della Batracomiomachia*, de 1834.

15. M. BAKHTIN, *La poétique de Dostoievski*, Paris, Seuil, 1970, pp. 151-86.

16. Otto Maria CARPEAUX, *História da literatura ocidental*, Rio de Janeiro, O Cruzeiro, 1960, vol. II, pp. 820-9.

17. HEGEL, *Estética — A arte clássica e a arte romântica*, trad. Orlando Vitorino, 2ª ed., Lisboa, Guimarães Ed., 1972, p. 161.

18. HEGEL, op. cit., p. 165.

19. Idem, ibidem, p. 313.

20. Apud J. Lúcio de AZEVEDO, *A evolução do sebastianismo*, 2ª ed., Lisboa, Livraria Clássica, 1947, pp. 13-5.

21. Em *Os Sertões*, São Paulo, Cultrix, 1973, pp. 154-5. Para a análise e o confronto de vários contextos messiânicos ou utópicos, podem se destacar da já vasta bibliografia: E. J. HOBSBAWM, *Primitive Rebels*, Manchester Univ. Press, 1959 (trad.: *Rebeldes primitivos*, Rio de Janeiro, Zahar, 1970); Maria Isaura Pereira de QUEIROZ, *O messianismo no Brasil e no mundo*, São Paulo, Dominus, 1965; Henri DESROCHE, *Dieux d'hommes*, Paris; Haia, Mouton, 1969; idem, *Sociologie de l'espérance*, Paris, Calmann-Lévy, 1973; Duglas TEIXEIRA MONTEIRO, *Os errantes do novo século*, São Paulo, Duas Cidades, 1975.

Valeria a pena seguir o rasto do ciclo épico de Carlos Magno e dos romances que tratavam da cavalaria e das cruzadas; em contato com comunidades messiânicas rústicas, essa poesia, *que nas cortes burguesas da Europa já tinha virado paródia*, exerceria uma função de mito exemplar, propulsor de imagens e de comportamentos ajustados a uma nova ordem, ideal.

22. V. *Discours de Suède*, Paris, Gallimard, p. 47.

23. K. MARX, "A Contribution to the Critique of Hegel's Philosophy of Right" (1844), em *Critique of Hegel's "Philosophy of Right"*, Cambridge University Press, 1970, p. 131.

24. Segundo a leitura de CASSIRER, os profetas alargaram violentamente o campo subjetivo da consciência mítica, varrendo os ídolos que a atulhavam.

A simples imagem do objeto sagrado cede à "prática da significação", que só se dá pelo trabalho da consciência e do discurso.

Está claro que toda a dialética da consciência mítica aprofunda a consciência, mas não anula o mito: despoja-o, sublima-o. Cassirer recusa polemicamente as teorias positivistas que propõem a passagem sem resíduos do mítico para o racional: "O conhecimento teórico puro não admite meio-termo entre a realidade e a aparência, entre o ser e o não ser. Respeita-se nele a alternativa de Parmênides, o veredicto: 'estin hê ouk estin': 'é ou não é'. Mas na esfera religiosa, e sobretudo no ponto em que ela começa a destacar-se da esfera puramente mítica, essa alternativa não é absolutamente válida nem constrangedora. Quando a religião nega e descarta de si certas figuras míticas que regiam outrora a consciência, essa negação não significa, porém, que elas caiam radicalmente no nada. As criações míticas, mesmo quando ultrapassadas, não perderam inteiramente sua força e seu valor" (*La philosophie des formes symboliques*, Paris, Ed. de Minuit, 1972, II, pp. 285-7).

O mesmo dá-se com as criações poéticas para as quais vale o princípio da coexistência dos tempos: o tempo da figura-som e o tempo do discurso.

A poesia utópica pode avançar, miticamente, contra os mitos que a consciência ultrapassou. Assim, uma forma de pensamento selvagem, que já foi pré-ideológica, pode operar em um contexto contraideológico.

25. Trad. Augusto de Campos. Em Augusto e Haroldo de CAMPOS e Boris SCHNAIDERMAN, *Poesia russa moderna*, Rio de Janeiro, Civilização Brasileira, 1968, pp. 32-6.

26. De *Gedichte*, Frankfurt a. M., Suhrkamp Verlag, 1964, vol. 6, p. 98.

27. A observação está nas *Obras escolhidas* de GRAMSCI, cit., vol. I, p. 80.

6. *UMA LEITURA DE VICO* (pp. 228-57)

1. Penso em uma obra que fez época há alguns anos, *Les mots et les choses*, de Michel FOUCAULT (Paris, Gallimard, 1966). A vária, curiosa e medusante erudição do autor é toda carreada para preencher um esquema regido pela obsessão da simetria. Nos últimos seiscentos anos, as coisas ter-se-iam passado assim: a Idade Média e a Renascença somadas (primeira e não menor entre as violências feitas ao teor diferencial de cada momento histórico) identificaram magicamente signo e objeto: o seu discurso é a "prosa do mundo" fervilhante de metáforas animistas. Depois, os séculos XVII e XVIII (isto é, o Barroco *mais* a Ilustração) são com igual savoir-faire aglutinados para celebrar a razão cartesiana, a prosa "clássica" que tudo ordena e classifica, da planta à moeda, do verme ao mais puro pensamento. Cada signo representa uma ideia que, por sua vez, já é representação. Enfim, veio o século XIX com suas disciplinas vitais e temporais, da Biologia à História, que fundaram o humanismo, cuja morte a nova razão estrutural vem anunciar e promover. Na episteme do século XIX, o signo vira uma função do Desejo ou do Trabalho.

Parece que Foucault mapeia o mundo antes de explorar os seus inumeráveis caminhos. Acontece que lhe teria bastado cruzar os Alpes para ver que na Itália, por exemplo, a Renascença é Leonbattista Alberti, Maquiavel e Leonardo, que já nos fins do século XV representavam a Natureza e a História sob as espécies de uma nova perspectiva inversa, polemicamente inversa, à perspectiva gótico-feudal. Misturar Renascença e Idade Média no mesmo modelo é ignorar toda a batalha da *ratio* burguesa que vai das comunas até Galileu. Mas para Foucault Renascença é magia (Paracelso...) ou utopia (Campanella).

Quanto à segunda fusão, válida, em parte, para o país de Descartes (séculos XVII e XVIII), choca-se brutalmente com a diversidade entre as culturas barroca e ilustrada na Itália, na Inglaterra e nos países ibéricos. O Barroco poético e religioso de Marino, Góngora ou do nosso padre Vieira é a apoteose da semelhança sensível e da metáfora, justamente o contrário do que diz Foucault ("Au début du XVII siècle, en cette période qu'à tort ou à raison on a appelée baroque, la pensée cesse de se mouvoir dans l'élément de la ressemblance", p. 65). O que se poderia dizer, antes, é que alguns esquemas intelectuais já começam a congelar o trabalho da pura analogia poética, ou seja, entram vezos maneiristas nos discursos literários, um gosto da simetria pela simetria, da antítese pela antítese, que os tornam frios, engenhosos, pedantes. Mas não é esse o grande barroco de Santa Teresa, dos místicos alemães, nem o que está abertamente no teatro espanhol do século (Calderón, Lope, Tirso) ou subterraneamente na tragédia de Racine.

A cultura europeia dos séculos XVII e XVIII viveu, portanto, contradições intensas que permitiram a Vico ser polemicamente anticartesiano em 1700. É a análise interna e diferencial dessas contradições que falta à série de blocos epistemológicos cortados com tanto brilho por M. Foucault.

2. De *Antiquissima italorum sapientia ex linguae latinae originibus eruenda*, Liber primus, caput I. A primeira edição é de 1710. Servi-me da edição cuidada por G. Gentile e F. Nicolini, Bari, Laterza, 1914, p. 131.

3. Ver Benedetto CROCE, *La filosofia di Giambattista Vico*, 4ª ed., Bari, Laterza, 1947. A primeira edição é de 1910.

4. De *Le orazioni inaugurali...*, Bari, Laterza, 1914, p. 9.

5. De *Antiquissima*, cit., VII, 2.

6. *La Scienza Nuova Seconda giusta l'edizione del 1744*, Bari, Laterza, 1953, Parte I, Livro II, cap. I. Em português há uma seleção bastante significativa de textos da *Ciência Nova* traduzida por Antônio Lázaro de Almeida Prado (São Paulo, Abril, 1974).

7. Ibidem, Livro I, "Degli elementi", pp. 81-2.

8. Ibidem, Livro II, Seção 2ª, cap. IV, "Corollari d'intorno all'origini delle lingue e delle lettere", p. 190.

9. Ibidem, Livro III, "Della discoverta del vero Omero", passim.

10. Leio na hegeliana *Dialética do Iluminismo* de ADORNO e HORKHEIMER: "Na fase mágica sonho e imagem não eram considerados somente como um signo da coisa, mas estavam unidos a ela pela semelhança ou pelo nome. Não é uma relação de intencionalidade, mas de afinidade" (da trad. italiana, *Dialettica dell'Illuminismo*, Turim, Einaudi, 1971, p. 19).

11. "A metafísica se alça sobre os universais, a faculdade poética deve aprofundar-se dentro dos particulares" (Livro III, Seção Iª, cap. v).

12. Ibidem, Livro III, Seção 7ª.

13. Diz LÉVI-STRAUSS: "L'esprit va ainsi de la diversité empirique à la simplicité conceptuelle, puis de la simplicité conceptuelle à la synthèse signifiante" (*La pensée sauvage*, Paris, Plon, cap. IV).

14. *La Scienza Nuova*, Livro I, Seção 2ª, "Degli elementi", *degnità* XXXII.

15. Ibidem, *degnità* XXXVII.

16. Ibidem, *degnità* XLVII.

17. Ibidem, *degnità* XLVIII.

18. Ibidem, *degnità* XLIX.

19. Ibidem, *degnità* L.

20. Livro III, "Della discoverta del vero Omero", I, v, 9.

21. Livro II, Seção 2ª, cap. v, pp. 195-6.

22. Livro I, Seção Iª, "Annotazioni alla Tavola Cronologica", p. 38.

23. Livro II, Seção 2ª, cap. II, "Corollari d'intorno a' tropi, mostri e trasformazioni poetiche", p. 165.

24. Ibidem.

25. Ibidem, pp. 166-7.

26. Ibidem, p. 167.

27. Livro II, Seção 2ª, cap. VI, p. 206.

28. Valeria a pena desenvolver as poderosas intuições de Vico no nível da análise genética dos sistemas simbólicos. Lembro apenas a história que ele faz na *Scienza Nuova* das relações entre a necessidade de definir os limites da terra, após as invasões germânicas, e o uso de insígnias, próprio da nobreza feudal, de que é exemplo o parentesco entre *marca*, *marco* e *marquês*.

29. Da *Autobiografia*, edição aos cuidados de B. Croce, Bari, Laterza, 1947, cap. III.

30. Livro I, "Degli elementi", LXVII.

31. Ibidem, LXVI.

32. Livro IV, Seção Iª.

33. Livro II, Seção 2ª, cap. III, p. 169.

POSFÁCIO (pp. 259-74)

1. Retomo a argumentação de meu artigo "Fora sem dentro? Em torno de um poema de João Cabral de Melo Neto", publicado em *Estudos Avançados*, n. 50, janeiro-abril de 2004, pp. 195-207. A análise do sentido das vozes em poemas de João Cabral foi exemplarmente desenvolvida por Antonio Carlos SECCHIN em *João Cabral: a poesia de menos e outros ensaios cabrainos* (2ª ed., Rio de Janeiro: Topbooks, 1999, p. 180).

2. José Paulo PAES, "Revisitação", em *A meu esmo* (Florianópolis: Noa Noa, 1995).

3. O modelo canônico dos retornos estruturais conheceu, porém, rupturas preconizadas pelas vanguardas musicais do século 20, o serialismo, o dodecafonismo e o atonalismo. 286

4. *Literary Essays of Ezra Pound edited with an introduction by T.S.Eliot*. Londres: Faber and Faber, esp. o capítulo "The serious artist", pp. 41-7.

5. Giacomo Leopardi, *Zibaldone di pensieri,* em *Tutte le opere*, aos cuidados de Francesco Flora, Milão, Mondadori, 1945, vol. 1, pp. 252-3. [Tradução de Alfredo Bosi]

ÍNDICE ONOMÁSTICO

Adorno, Theodor W., 17, 280, 284
Agostinho, Santo, 24, 114, 141
Alberti, Leonbattista, 283
Althusser, Luis, 11
Andrade, Mário de, 103, 270
Andrade, Oswald de, 16, 200
Anes, Gonçalo, o Bandarra, 204
Ariosto, Ludovico, 12, 198
Aristófanes, 195
Aristóteles, 39, 146, 147, 153, 161
Auerbach, Berthold, 154
Azevedo, Álvares de, 64, 65

Bachelard, Gaston, 25, 31
Bakhtin, Mikhail, 195
Bandeira, Manuel, 13, 65, 92, 94, 97, 103, 123, 124, 127, 137, 141, 176, 269
Barthes, Roland, 176
Baudelaire, Charles P., 12, 99, 102, 165, 167, 203, 273, 280
Bilac, Olavo, 171

Black, Max, 39, 276
Blake, William, 12, 190, 191, 203, 218, 219, 220, 221
Bloch, Ernst, 188, 280
Blok, Alexandr, 207
Boaventura, São, 146
Borges, Jorge Luis, 273
Born, Bertrand de, 149
Brébeuf, Guilherme de, 197
Brecht, Bertolt, 13, 185, 193, 217, 226
Bühler, Karl, 29, 31, 56

Calderón de la Barca, Pedro, 284
Camões, Luís de, 12, 43, 65, 138, 178, 268
Campos, Augusto de, 279, 282
Campos, Haroldo de, 97, 279
Camus, Albert, 206
Carpeaux, Otto Maria, 197, 281
Cassirer, Ernst, 207, 282
Castro Alves, Antônio de, 63, 64

Castro, Rosalía de, 12, 92, 135
Catulo, 12
Celan, Paul, 13
Cocai, Merlin, 196
Coleridge, Samuel Taylor, 26
Costa, Cláudio Manuel da, 268
Crátilo, 48, 72, 74
Croce, Benedetto, 154, 231, 280, 284, 285
Cruz e Sousa, João da, 65, 122, 174
Cunha, Euclides da, 205

D'Alembert, Jean Lerond, 63
da Vinci, Leonardo, 166
Dante Alighieri, 12, 44, 89, 90, 138, 146, 147, 148, 149, 150, 151, 152, 153, 154, 155, 157, 159, 161, 164, 190, 203, 218, 219, 257, 284
de la Cruz, Juan, 12, 38
De Sanctis, Francesco, 149, 155
Descartes, René, 229, 230, 231, 236, 283
Dias, Gonçalves, 65, 123
Dickinson, Emily, 12
Diderot, Denis, 63, 101
Donne, John, 12
Dostoiévski, Fiodor, 195
Drummond de Andrade, Carlos, 13, 16, 94, 103, 115, 169, 173, 175, 193, 261, 263, 270

Eliot, T. S., 13, 273
Eluard, Paul, 280

Ésquilo, 194, 281
Eurípides, 194, 195

Farinata, 155
Ferreira Gullar, 263, 270
Flaubert, Gustave, 273
Folengo, Teofilo, ver Cocai, Merlin
Fóscolo, Ugo, 149
Foucault, Michel, 283, 284
Francisco de Assis, São, 146
Freud, Sigmund, 25, 26, 31, 37

Galileu Galilei, 236, 283
García Lorca, Federico, 12
Ghil, René, 98
Goethe, Johann Wolfgang von, 12, 19, 46
Góngora y Argote, Luis, 65, 283
Grammont, Maurice, 54
Gramsci, Antonio, 171, 185, 225, 280, 283
Gregório de Nissa, São, 28
Griffin, Vielé, 98

Hauser, Arnold, 154
Hegel, Georg W. Friedrich, 12, 15, 17, 28, 46, 76, 128, 140, 145, 155, 177, 184, 191, 192, 193, 202, 231, 257, 279, 280, 281
Heine, Harry, 12
Heráclito, 107
Herder, Johann Gottfried, 230
Hesíodo, 12

Hjelmslev, Louis, 49, 78
Hölderlin, Friedrich, 12, 165
Homero, 12, 131, 137, 164, 194, 195, 235, 238, 251
Horácio, 192, 198
Horkheimer, Max, 280, 284
Hugo, Victor, 12, 189, 203
Huguet, Christian, 109
Huidobro, Vicente, 92
Husserl, Edmund, 37, 132

Jakobson, Roman, 34, 35, 55, 272, 277

Kahn, Gustave, 98
Kant, Immanuel, 263
Köhler, Wolfgang, 53

La Fontaine, Jean de, 87, 88, 89
Lacan, Jacques, 72, 277
Laforgue, Jules, 92, 98
Latini, Brunetto, 155
Lautréamont, conde de, 167, 168, 174, 193
Leibniz, Gottfried Wilhelm, 236
Leopardi, Giacomo, 12, 27, 55, 89, 130, 131, 137, 140, 141, 158, 164, 165, 181, 192, 221, 222, 223, 225, 226, 277, 279, 273, 274, 281
Leroi-Gourhan, André, 75
Lévi-Strauss, Claude, 228, 232, 240, 285

Lima, Jorge de, 13, 66, 103, 120, 133, 176, 177, 180, 276
Lope de Vega, 284
Lucano, 197
Luciano de Samósata, 195
Lucrécio, 12, 21

Machado de Assis, Joaquim Maria, 153, 222
Machado, Antonio, 167
Maiakóvski, Vladímir V., 92, 94, 185
Mallarmé, Stéphane, 12, 97, 98, 99, 273, 278
Maquiavel, Niccolò, 283
Marinetti, Filippo Tommaso, 172, 270
Marmorale, Enzo, 83
Martinet, André, 121, 263
Marx, Karl, 120, 181, 184, 185, 202, 206, 212, 217, 247, 280, 281, 282
Mauss, Marcel, 228, 240
Melo Neto, João Cabral de, 16, 66, 173, 198, 199, 263, 264, 265, 270, 273
Mendes, Murilo, 103, 270
Michelet, Jules, 230
Milton, John, 138, 218, 219
Miró, Joan, 264
Montale, Eugenio, 166, 173
Moraes, Vinicius de, 103, 267, 268
Moréas, Jean, 98
Morice, Charles, 99

Navarro Tomás, Tomás, 84, 113, 279
Neruda, Pablo, 13, 185, 213, 226
Nietzsche, Friedrich, 131, 238
Novalis, Friedrich, 130, 279

Paes, José Paulo, 5, 199, 268
Pagliaro, Antonino, 72
Panofsky, Erwin, 154
Pascal, Blaise, 13, 19
Pasternak, Boris L., 13, 174
Paz, Octavio, 38
Péguy, Charles, 92
Peirce, 29, 30
Pessoa, Fernando, 12, 16, 92, 174
Petrarca, Francesco, 12, 89, 230, 267
Pignatari, Décio, 279
Pike, Kenneth, 113
Pirandello, Luigi, 14
Platão, 48, 110, 111, 112, 245
Poe, Edgar Allan Poe, 12, 97, 98, 165, 273
Poulantzas, Nicos, 11
Pound, Ezra, 90, 174, 273
Púchkin, Alexander S., 12
Pulci, Luigi, 196

Quintiliano, 78, 86, 249

Racine, Jean, 12, 88
Ramos, Graciliano, 265
Ravel, Maurice, 118
Regnier, Henri de, 98

Ricoeur, Paul, 25, 26
Rilke, Rainer Maria, 12
Rimbaud, Arthur, 174, 193
Rimini, Francesca da, 155
Rousseau, Jean Jacques, 114, 163, 167, 229, 257

Safo de Lesbos, 12
Salazar, Adolfo, 84
Sapir, Edward, 54, 72, 120
Saussure, Ferdinand de, 47, 48, 49, 51, 55
Schiller, Friedrich von, 12, 177
Schnaiderman, Boris, 282
Schönberg, Arnold, 165
Schopenhauer, Arthur, 112, 113, 131, 181, 278, 279
Shakespeare, William, 12, 77, 89, 94, 182
Simmel, Georg, 14
Snell, Bruno, 73
Sócrates, 74, 195
Sófocles, 12, 194
Swift, Jonathan, 276

Tasso, Torquato, 12, 138, 198
Tirso de Molina, Gabriel, 284
Tomachévski, B., 81, 117
Tomás de Aquino, Santo, 146
Trubetzkoy, Nicolas S., 56

Ugolino, conde, 155
Ungaretti, Giuseppe, 13, 92, 103, 137

Valéry, Paul, 13, 89, 99, 100, 102, 103, 106, 173, 273
Vallejo, César, 92
Varrão, Marcus Terentiur, 195
Verhaeren, Émile, 98
Verlaine, Paul, 89
Vico, Giambattista, 7, 12, 41, 83, 112, 194, 195, 228, 229, 230, 231, 232, 234, 236, 237, 238, 239, 240, 241, 243, 244, 245, 246, 247, 249, 250, 251, 252, 253, 255, 257

Vieira, Antônio, padre, 283
Vigne, Pier delle, 155
Villon, François, 12
Virgílio, 12, 139, 146, 147, 150, 152, 198, 218

Weber, Max, 177, 260
Wertheimer, Max, 23

Yeats, W. B., 273

6ª EDIÇÃO [2000]
7ª EDIÇÃO [2004] 1 reimpressão
8ª EDIÇÃO [2010] 3 reimpressões

ESTA OBRA FOI COMPOSTA PELA PÁGINA VIVA EM GARAMOND
E IMPRESSA PELA DOCUPRINT SOBRE PAPEL PÓLEN
PARA A EDITORA SCHWARCZ EM JUNHO DE 2025

A marca FSC· é a garantia de que a madeira utilizada na fabricação do papel deste livro provém de florestas que foram gerenciadas de maneira ambientalmente correta, socialmente justa e economicamente viável, além de outras fontes de origem controlada.